ŒUVRES

DE

DENIS DIDEROT.

TOME IX.

VIE DE SÉNÈQUE.

MÉLANGES DE LITTÉRATURE ET DE PHILOSOPHIE

TOME SECOND.

ŒUVRES

DE

DENIS DIDEROT,

publiées sur les manuscrits de l'Auteur,

PAR JACQUES-ANDRÉ NAIGEON,

de l'Institut national des sciences, etc.

TOME NEUVIEME.

A PARIS,

Chez DETERVILLE, Libraire, rue
du Battoir, N.° 16.

AN VIII.

VIE

DE SÉNÈQUE.

A

VIE
DE SÉNÈQUE.

SUITE DU LIVRE SECOND.

CONSOLATION A MARCIA.

§. 41. Eloge de Marcia. Exemples, inutilité
de la douleur. Incertitude des événemens. Liaison
de la vie avec la mort. Sort dont son fils étoit
menacé. Discours du père à sa fille.

Marcia étoit fille de Crémutius Cordus, à qui
l'on fit un crime d'avoir loué Brutus (*), et appelé Cassius *le dernier des Romains*, dans une
histoire qu'il venoit de publier. Crémutius se laissa
mourir de faim, pour se soustraire à la haine
de Séjan. Alors, par une mort volontaire, on
affligeoit des scélérats privés du plaisir d'assassiner.

_____

(*) *Voyez* la note de l'éditeur sur le chap. 1 de
cette *Consolation*, Œuvres de Sénèque, tom. IV,
pag. 1 et 2.

NOTE DE DIDEROT.

Les livres de Crémutius furent condamnés au feu ;
sa fille les conserva.

On lit, dans cet ouvrage de *Sénèque*, que les
flammes avoient consumé la plus grande partie
des monumens, des lettres romaines ; trait qui
ne peut avoir rapport à l'incendie de Néron, pos-
térieur à cette *Consolation*.

Le philosophe débute avec une fermeté, une
noblesse dont tout homme, qui a de l'élévation
et quelque génie, sera frappé. Son exorde n'est
indigne ni de Démosthène, ni de Cicéron, ni de
Bossuet. Sénèque propose à Marcia l'exemple
d'Octavie après la mort de Marcellus, et celui
de Livie après la mort de Drusus ; il assied à
côté d'elle le philosophe Aréus ; ce qu'Aréus disoit
à Livie, il l'adresse à Marcia. Après Aréus, c'est
Cordus qui parle à sa fille. Aux traits empruntés
de l'histoire, il fait succéder les raisons de la
philosophie, l'apologie de la mort, le tableau des
dangers de la vie, l'apothéose de son fils admis
au rang des immortels ; et il finit par une très-
belle prosopopée, dans laquelle Cordus, du haut
des cieux, relève l'ame abattue de Marcia sa fille.

§. 42. Il me semble que la Consolation est
un genre d'ouvrage peu commun chez les anciens, et tout-à-fait négligé des modernes. Nous

louons les morts qui ne nous entendent pas : nous ne disons rien aux vivans qui s'affligent à nos côtés. Cependant à quoi l'homme éloquent peut-il mieux employer son talent qu'à essuyer les larmes de celui qui souffre ; à l'arracher à sa douleur pour le rendre à ses devoirs ; à le reconcilier avec la vie, avec ses parens, avec ses amis, par la considération du bien qui lui reste à faire ; à déchirer le crêpe qui voile le ciel aux regards du malheureux, et à restituer la sérénité au spectacle de la nature ? Ce seroit d'ailleurs un moyen très-délicat de louer le mort, s'il en valoit la peine.

A quelque heure du jour ou de la nuit qu'Ariste lise ces lignes, il se rappele ce que Pithias lui disoit, lorsqu'après la perte d'une épouse chérie il s'écrioit en versant un torrent de larmes : « Il n'y a plus de bonheur pour moi dans ce » monde... Il n'y a plus de bonheur pour vous » dans ce monde ! et vous êtes opulent, et il » existe autour de vous tant de malheureux à » soulager » !

La vie d'Ariste a bien prouvé jusqu'à ce jour, qu'entre toutes les consolations qu'on pouvoit lui proposer, Pithias avoit rencontré celle qui convenoit à son ami : le temps lui en offrit d'autres qui n'étoient pas moins solides.

§. 43. Il y avoit trois ans que Marcia pleuroit la mort de son père, lorsque Sénèque lui adressa cet ouvrage.

Je tiendrai parole ; je me contenterai d'indiquer quelques-uns des beaux traits qu'on y lit.

« Ce ne sont pas les pleurs qu'on se permet,
» qui prolongent le spectacle de la douleur ; ce
» sont ceux qu'on se commande ».

Rien de plus ingénieux que la comparaison du voyage de la vie avec le voyage de Syracuse.

Vous vous embarquez pour Syracuse ; qui que vous soyez, connoissez les avantages et les in-convéniens de votre voyage. Vous verrez les bras de la mer qui sépare l'île du continent ; vous côtoyerez l'abîme si célébré par la fable, et dont le vent impétueux du midi change la surface pai-sible en un gouffre où les vaisseaux vont se perdre ; vous boirez les eaux limpides de l'Aréthuse, qui semble traverser celles de la mer sans en prendre l'amertume ; vous visiterez les lieux où la puis-sance d'Athènes vint échouer ; vous entrerez dans ces prisons ou rochers creusés à une profondeur in-croyable, séjour de la douleur et des gémissemens ; vous jouirez du spectacle étonnant d'une ville dont la vaste enceinte renfermeroit des états. Si les

hivers de la contrée sont doux, ses étés sont
funestes. Là, vous trouverez un tyran, ennemi
de la liberté, étranger à toute justice, à qui la
philosophie ne put inspirer un sentiment d'humanité, quelque respect pour les loix, plongé
dans la débauche au milieu d'un troupeau d'émules,
de fauteurs et de compagnons de sa lubricité;
des tyrans subalternes à la merci desquels la fortune et la vie des citoyens sont abandonnées,
des assassins soudoyés, un sénat sans force
et sans dignité, des prêtres sans mœurs, tous
les vices du luxe, tous les crimes de la misère,
toutes les perfidies de l'intérêt personnel, toutes
les alarmes suscitées par le despotisme, l'espion-
nage et les délations; vous entendrez les imputations de la jalousie accréditées par la haine
et répétées par l'ennui; vous tomberez dans un
chaos de forfaits et de vertus. Vous voilà bien
prévenu; si vous vous trouvez mal de votre séjour en Sicile, ne vous en prenez qu'à vous.
Je vous entends, vous ne vous êtes pas mis en
mer librement; c'est le sort qui vous a jeté
dans Syracuse: j'en conviens; mais qui vous y
retient?.... Sénèque compare ensuite l'homme
prêt à entrer dans le monde avec le voyageur
embarqué pour Syracuse; et le discours qu'il
adresse au premier sur la limite de l'existence
et du néant, est d'un philosophe instruit pour

son siècle, et d'un orateur éloquent dans tous les temps. On seroit tenté de croire que la peinture de Syracuse est celle de Rome sous Tibère ou sous Caligula.

§. 44. « L'affliction devient la volupté lugubre » d'une ame infortunée »…. La vérité de cette pensée ne sera sentie que des ames tendres.

« Sylla prit le surnom d'*Heureux*, sans re- » douter ni la haine des hommes sur le malheur » desquels il avoit fondé sa prospérité, ni la » jalousie des dieux complices de l'excès et de » la durée de son bonheur ».

En prenant au pied des autels le surnom d'*Heureux*, il se mit sous la protection des dieux ; son assassin auroit commis un sacrilége. Je n'en regarderai pas moins son impunité comme un prodige de la générosité romaine.

« La douleur des animaux est violente et » courte »…. Est—ce une raison pour blâmer la douleur profonde et durable de l'homme ? La brute ! beau modèle à proposer à l'homme affligé.

« Que l'homme connoît peu la misère de son » état, s'il ne regarde pas la mort comme la plus » belle invention de la nature !

« Vous enviez à votre fils la destinée de votre
» père ; et vous le plaignez sur un sort que votre
» père a desiré ».

Les motifs que Sénèque emploie dans ses consolations sont une cruelle satyre du règne des tyrans ; je me plais à l'avouer : combien il en faudroit
effacer de lignes aujourd'hui !

« Les funérailles des enfans sont toujours pré-
maturées , lorsque les mères y assistent.

Idée touchante, qui a tout-à-fait le caractère de
l'ancien temps et le tour homérique.

Au chap. 18 , dans l'endroit où il arrête un
des ancêtres de Marcia sur la limite de l'existence
et du néant, le livre des destinées lui est ouvert
et la nature lui dit : « Tu connois à-présent les
» biens et les maux qui t'attendent, toi et ta longue
» postérité ; veux-tu être ou ne pas être » ?...
Puis il ajoute: « Marcia , on a choisi pour vous.

» Je vois toutes les misères de la vie ; mais à
» côté d'elle je vois la mort ».

Il faut convenir que ce motif de consolation
donne une haute idée de la fermeté de caractère
dans la personne à qui l'on ose le proposer. Les
sentimens religieux à part , quelle est celle d'entre

nos femmes à qui l'on pourroit dire : *Vous ne sauriez cesser de souffrir ; mourez ?*

« Votre fils est mort trop tôt ? Et Pompée, » et Cicéron, et Caton, et tant d'autres ont vécu » trop d'une année, trop d'un jour »... Cela est beau.

Ce qui suit est de tous les pays et de tous les temps. « Voyez la multitude des mères qui » se désolent sur leurs enfans vivans : votre fils » a échappé à la perversité de son siècle, et vous » le regrettez » !

J'ai à côté de ma table, tandis que je prononce tout haut ces dernières lignes que je viens d'écrire, une mère qui me répond : « Avec tout cela, je veux conserver mes enfans »... Mais puisque vous êtes à chaque instant menacée de les perdre ; apprenez ce que vous auriez à vous dire, si ce malheur vous arrivoit.

Sénèque évoque des cieux l'ame de Crémutius, qui s'adresse à sa fille ; et la Consolation finit par ce morceau d'éloquence, qui mérite d'être lu.

DE LA COLÈRE.

§. 45. Il faut connoître cette passion ; il faut la dompter en soi ; il faut l'éviter dans les autres.

Quels en sont les symptômes ? Quelles sont ses
définitions ? l'homme colère en est-il la seule victime ? Est-elle dans la nature ? Est-elle utile ,
même modérée ? Augmente-t-elle la force ?
Ajoute-t-elle au courage ? Y a-t-il des circonstances qui l'excusent ou qui la justifient ? Marque-t-elle
une ame foible ou une ame forte ?

Ce traité est adressé à un homme très-doux,
à Annæus Novatus , celui des frères de Sénèque
qui prit dans la suite le nom de Junius Gallion.

On a pensé que l'instituteur l'avoit écrit à l'u- .
sage de son élève ; je n'en crois rien. Les leçons de
sagesse qu'il y donne sont si générales , qu'à-peine
en distingueroit — on quelques — unes applicables
aux souverains, en particulier , et encore moins
au prince dont on lui avoit confié l'éducation.
Elles ont le caractère de la secte et le ton du portique : elles ne sentent en aucun endroit ni le palais
de l'empereur , ni le fond de la caverne du tigre.

Si Sénèque , en généralisant ses préceptes , s'é-
toit proposé d'instruire Néron sans l'offenser , il
auroit montré de la prudence et de la finesse ;
mais cette circonspection se concilie mal avec
la franchise d'un philosophe et la roideur d'un
stoïcien.

Sénèque est ici grand moraliste , excellent rai-

sonneur, et de temps-en-temps peintre sublime.
Une réflexion qui se présente après la lecture de ce
traité, c'est qu'il est parfait dans son genre, et
que l'auteur a épuisé son sujet.

Si l'on y rencontre quelques opinions hasardées, ce sont des corollaires outrés de la philosophie qu'il avoit embrassée.

« La colère est une courte folie, un délire pas-
» sager... Les bêtes sont dépourvues de colère »...
Et pourquoi de la colère, plutôt que de l'amour,
de la haine et de la jalousie et des autres passions ? ... « C'est que la colère ne naît que dans
» les êtres susceptibles de raison »... Dites de
mémoire et de sentiment. Mais pourquoi les animaux en seroient-ils dénués ? Je crains bien que,
dans cet endroit et quelques autres, Sénèque n'ait
donné des limites trop étroites aux qualités in-
tellectuelles de l'animal.

« Les animaux sont privés des vertus et des vices
» de l'homme »..... Je n'en crois rien, pas plus
que l'homme soit privé des vices et des vertus
de l'animal : il n'y a de différence réelle que dans
les vêtemens.

« La colère n'est pas conforme à la nature de
» l'homme »..... Je ne connois pas de passion

plus conforme à la nature de l'homme. La colère est un effet de l'injure ; et la sagesse de la nature a placé le ressentiment dans le cœur de l'homme, pour suppléer au défaut de la loi. Il étoit important qu'il se vengeât lui - même au temps où il n'y avoit aucun tribunal protecteur de ses droits. Sans la colère et le ressentiment, le foible étoit abandonné sans ressource à la tyrannie du fort, et la nature eût fait autour de quelques-uns de ces violens enfans une multitude innombrable d'esclaves.

« La vertu seroit bien à plaindre, si la raison » avoit besoin du secours des vices (1) »... C'est que les passions ne sont pas des vices ; selon l'usage qu'on en fait, ce sont des vices ou des vertus. Les grandes passions anéantissent les fantaisies , qui naissent toutes de la frivolité et de l'ennui. Je ne conçois pas comment un être sensible peut agir sans passion. Le magistrat juge sans passion ; mais c'est par goût ou par passion qu'il est magistrat.

Quoi , Senèque (2) ! « Le sage n'entrera pas » en colère , si l'on égorge son père , si l'on enlève » sa femme, si l'on viole sa fille sous ses yeux » ?... » Non ... ». Vous me demandez l'impossible,

(1) Liv. I , chap. 10.
(2) *Ibid.* chap. 12.

le nuisible peut-être. Il ne s'agit pas de se conduire ici en homme, c'est presque dire en indifférent ; mais en père, en fils, en époux. Socrate
est en colère, lorsqu'il dit à son esclave : Comme
je te battrois, si je n'étois pas en colère !

« Il est impossible que l'homme de bien n'entre
» pas en colère contre le méchant, disoit Théo-
» phraste (*) »... « Ainsi, lui répond Sénèque,
» on sera d'autant plus colère qu'on sera meil-
» leur... ». Vous vous trompez, repliquerai-je à
Sénèque ; vous oubliez la distinction que vous avez
faite vous-même de l'homme colère et de l'homme
qui se met en colère. Dites : Ainsi, l'indignation
contre le méchant sera d'autant plus forte, qu'on
aimera davantage la vertu ; et je serai de votre avis.

L'indignation contre le méchant, la bienveillance pour l'homme de bien, sont deux sortes
d'enthousiasme également dignes d'éloges.

« C'est la multitude des méchans qui doit ré-
» primer la colère du sage... ». C'est, ce me
semble, cette multitude qui doit l'irriter. Qu'un
pervers soit assis parmi des magistrats ; qu'il y
ait aux pieds des autels un ministre scandaleux,
à-peine en serai-je surpris : mais si la masse d'un

(*) Liv. I, chap. 14.

sénat ou d'un clergé est corrompue, comment retiendrai-je mon indignation ?

« Pourquoi s'irriter contre celui qui se trom- » pe... »? Le méchant se trompe presque toujours dans son calcul, presque jamais dans son projet. Pour faire son bien, il n'ignore pas qu'il fait le mal d'autrui. S'il n'étoit que fou, j'en aurois -pitié.

« S'il falloit se fâcher contre le méchant, on se » mettroit souvent en colère contre soi-même... ». C'est ce qu'on fait, et pas aussi souvent qu'on le devroit.

§. 46. Pison condamne à mort un soldat, pour être retourné du fourage sans son camarade (*). Ce soldat présentoit sa gorge au glaive, lorsque son camarade reparut. Ces deux hommes se tenant embrassés, sont reconduits, aux acclamations du camp, dans la tente de Pison, qui dit à l'un : Toi, tu mourras, parce que tu as été condamné à mourir; à l'autre : Toi, tu mourras, parce que tu as occasionné la condamnation de celui là; et au centurion : Toi, pour n'avoir pas obéi... A ce récit, dites-moi, que se passe-t-il en votre ame « Est-ce que vous ne sentez pas la fureur s'en

_____

(*) Liv. 1, chap 16.

emparer ? Est-ce que vous ne criez pas à ces trois
malheureux : Lâches, que faites-vous ? Quoi! vous
vous laissez égorger sans résistance ? Suivez-
moi : élançons-nous tous les quatre sur cette bête
féroce, poignardons-la ; et qu'après il soit fait de
nous tout ce que l'on voudra ; nous ne mourrons
pas du-moins sans être vengés. Je le sens au bouil-
lon de mon sang, j'en conviens ; c'est la passion
qui me transporte et qui m'associe dans ce moment aux trois soldats exécutés il y a deux mille ans ;
mais si je suis fou, qui est-ce qui osera blâmer
ma folie ?

Oui, j'ai dit à Lucain, délateur d'Acilia, sa
mère : Je te hais, je te méprise ; je ne te lirai
plus... Et je ne m'en dédis pas. A chaque beau vers,
à chaque sentiment vertueux, je verrois l'ombre
d'Acilia s'élever entre son fils et moi ; et je croirai
sans peine que le censeur n'est pas sujet à ces
apparitions-là.

Ici, je fais cause commune avec trois soldats,
et je ne suis pas le maître de sentir autrement.
C'est que chacun a son caractère. Il est des hommes
que le vice révolte trop fortement peut-être ; ils
ne s'y feront jamais : toute leur vie, ils éprouve-
ront une profonde indignation à l'aspect de l'injustice ; les malheurs publics ou particuliers leur
feront verser des larmes ; ils s'affligeront doulou-

reusement sur la vertu qui souffre ; ils sont délicieusement attendris sur la vertu récompensée.
Que les événemens se passent à côté d'eux ou
qu'ils se soient passés il y a deux mille ans , ils y
sont également présens ; leur cœur , d'intelligence
avec leur imagination , franchit la distance des
temps et des lieux. Poètes tragiques , dites-moi ,
ne sont-ce pas là les spectateurs que vous desirez ?
Ils sont pourtant bien ridicules.

§. 47. La passion et la raison ne se contredisent pas toujours ; l'une commande quelquefois
ce que l'autre approuve.

La raison est tranquille ou furieuse.

La différence que Sénèque met entre la colère
et la cruauté me paroît juste. L'homme colère
est violent; l'homme cruel est froid.

Mais si le spectacle de l'injustice excite la
colère , Socrate ne rapportera jamais dans sa
maison le visage avec lequel il en est sorti......
Tant mieux ; Socrate ne m'en paroîtra que plus
vertueux.

« Il y a plus d'inconvénient à être craint , que
» méprisé... ». Assurément; cependant il vaut
mieux inspirer de la crainte que de s'exposer au
mépris.

A *

En parlant de certaines loix, Sénèque dit
qu'elles ont été faites contre des hommes qu'on
supposoit ne devoir jamais exister..... Il me
semble que c'est le contraire qu'il falloit dire.
La loi seroit absurde, sans l'existence présup-
posée d'un coupable, fût-ce d'un parricide et
d'un infracteur ; j'ajoute et d'un infracteur, car
il y a toujours deux délits commis à-la-fois : l'action
proscrite par la loi, et l'infraction de la loi qui
proscrit l'action.

Dans le chapitre où Sénèque examine cette
pensée, *qu'on me haisse, pourvu qu'on me
craigne,* il s'écrie : « La crainte ! quelle compen-
» sation à la haine ! Qu'on te haïsse ! eh bien ! est-
» ce pour qu'on t'approuve ?... Non.... Pour
» qu'on t'obéisse ?... Non.... Pourquoi donc ?
» Pour qu'on te craigne ! A ce prix, je ne voudrois
» pas même être aimé (*) ».

Parmi les idées de Sénèque, je me plais encore
plus à citer celles qui montrent la bonté de son
ame que celles qui montrent la beauté de son
esprit, parce que je fais plus de cas de l'une de
ces qualités que de l'autre ; parce que j'aimerois
mieux avoir fait une belle action qu'une belle page;

_____

(*) Liv. I, chap. 16, tom IV, pag. 151 et suivantes.

parce que c'est la défense des Calas et non la
tragédie de *Mahomet* que j'envierois à Voltaire.
= Mais ce *Mahomet* est en-même-temps un
ouvrage de génie et une bonne 'action. = J'en
conviens. = Le génie est plus rare que la bienfaisance. = D'accord. = Il se trouva en un
jour trois cents hommes qui se firent égorger
pour la patrie ; et parmi ces trois cents hommes ,
il n'y en avoit pas un seul capable de faire un
vers d'Euripide ou de Sophocle. = Je n'en doute
pas ; mais ils sauvèrent la patrie.

Tite - Live dit d'un Romain : « C'étoit plutôt
» une ame grande que vertueuse..... ». N'en
croyez rien , répond Sénèque ; il faut être vertueux,
ou renoncer à être grand.

O Sénèque , homme si bon ; je suis fâché de
la préférence que tu donnes au rôle cruel de Dé-
mocrite qui se rit des malheureux humains , sur
le rôle compatissant d'Héraclite qui pleuroit sur
la folie de ses frères (*).

Je ne crois pas qu'il y eût d'homme moins
disposé par caractère à la philosophie stoïcienne
que Sénèque ; doux, humain , bienfaisant , tendre ,
compatissant. Il n'étoit stoïcien que par la tête :

(*) Liv. 2, chap. 10.

aussi à tout moment son cœur l'emporte-t-il hors
de l'école de Zénon.

§. 48. Il n'y a presque aucune condition dans
la société, qui ne puisât dans Sénèque d'excellens
préceptes de conduite. Il avoit médité l'homme
dans la retraite; il l'avoit vu en action dans le
grand tourbillon du monde. Pères, et vous instituteurs de la jeunesse, lisez et relisez le chapitre
21 du même livre.

Sénèque emploie souvent des moyens subtils;
mais les moyens simples et solides ne lui échap-
pent pas.

« Avec votre égal, la vengeance est douteuse;
» avec votre supérieur, c'est une folie; avec
» votre inférieur, c'est une lâcheté ».

Le chapitre 30 est très-beau.

Il dit, chapitre 31 : « Tous les hommes portent
» au fond de leurs ames les mêmes sentimens
» que les rois : ils voudroient pouvoir tout contre
» les autres, et que les autres ne pussent rien
» contre eux ».

Le beau recueil qu'on formeroit des mots singuliers qu'il nous a conservés ! Tel est celui du

courtisan (1) à qui l'on demandoit comment il étoit parvenu à une si longue vieillesse (et comment, pouvoit-on ajouter, il avoit conservé une aussi constante faveur), et qui répondit : *En recevant des outrages, et en en remerciant.*

Préxaspe dit à Cambyse, assassin de son fils, dont il vient de percer le cœur d'une flèche, *Apollon lui-même n'auroit pas tiré plus juste....* Harpagus dit à son souverain, qui lui fait servir les têtes de ses enfans, dont il venoit de lui faire manger les membres : *Tous les mets sont agréables à la table des rois....* Et cette bassesse, mon philosophe, remplit votre ame de colère, votre bouche d'imprécations! Je vous en loue, mais vous avez oublié vos principes sur la colère. Lorsque vous vous écriez : « Un père laisser le » meurtre de son fils sans une vengeance pro- » portionnée à l'atrocité du crime!... » vous sentez juste; mais de stoïcien que vous étiez, vous vous êtes fait homme.

§. 49. C'est, je crois, dans le traité de la *Colère* (2) qu'il parle du soliloque, la pratique habituelle de Sextius. A la fin de la journée, retiré dans sa chambre à coucher, Sextius s'as-

(1) Liv. 2, chap. 33.
(2) Liv. 3, chap. 36.

séyoit sur la sellette. Là, juge et criminel en-même-temps, il s'interrogeoit et se répondoit: De quel défaut t'es-tu corrigé aujourd'hui? Quel penchant vicieux as-tu combattu? En quoi vaux-tu mieux. Le vice s'intimidera, quand il saura que tous les soirs il sera mis à la question. Est-il rien de plus louable, de plus utile que cette espèce d'inquisition? Quel sommeil que celui qui succède à cette enquête! Qu'il est doux, tran-quille, profond, lorsque l'ame a reçu des éloges, des réprimandes et des conseils; lorsque, censeur de sa propre conduite, on a informé sans par-tialité contre soi! « Voilà, dit Sénèque, une » fonction de la magistrature que je me suis ré-» servée: tous les jours je comparois à mon propre » tribunal, et j'y plaide pour et contre Sénèque; » je fais, de propos délibéré et de gré, ce que » des circonstances fâcheuses font faire aux mé-» chans et aux fous... ». Ah! si j'y avois pensé! Je n'ai su ce que je disois.... Il ne falloit pas en agir ainsi.... La belle occasion qui m'a échap-pé!... C'est à l'aide d'une longue expérience et de ces reproches réitérés, qu'on devient peu-à-peu meilleur, et quelquefois plus méchant: car le méchant systématique a son soliloque comme l'homme de bien: l'un se reproche le mal qu'il a fait; l'autre, le mal qu'il a manqué de faire.

« La nature nous a formés pour la vertu... ».

C'est le préjugé d'un homme de bien qui a oublié ce qu'il a fait d'efforts et de sacrifices pour devenir vertueux. Combien de passions violentes et naturelles dans le franc sauvage! Dans l'état policé, mille vicieux pour un sage.... « Le chemin de la vertu n'est ni roide ni escarpé.... ». Le chemin de la vertu est taillé dans un roc escarpé. Celui que de longs et pénibles travaux ont conduit à son sommet, s'y tient difficilement : après avoir long-temps gravi, il marche sur une planche étroite et élastique, entre des précipices. Sénèque, c'est vous-même qui l'avez dit... « Eprouver la » colère est un supplice... ». Mais l'étouffer est un tourment... « Est-il donc si difficile de se » vaincre soi-même... » ? Très-difficile. Quoi de plus pénible, quoi de plus incommode à manier que les passions ? Ce sont vos propres termes. Sénèque montre la vertu facile aux méchans qu'il veut corriger, et facile aux bons qu'il veut encourager.

La raison sans les passions seroit presque un roi sans sujets.

DE LA CLÉMENCE.

§. 50. CE traité est adressé à Néron, au commencement de la seconde année de son règne; aussi le ton en est-il noble et élevé; le style souvent ingénieux, mais plus simple, moins haché, et, s'il m'est permis d'emprunter une expression de la peinture, plus large.

C'est la plus adroite et la plus forte leçon qu'il fût possible de donner à un jeune prince, dont on avoit pressenti le penchant à la cruauté. Si l'on m'assuroit que dans les années de sa perversité jamais les regards de Néron ne tombèrent fortuitement sur la couverture de cet ouvrage, sans que le trouble et les remords ne s'élevassent au fond de son cœur, je serois tenté de le croire.

On y est introduit par l'éloge de l'empereur; d'où l'on passe à la nature de la clémence, à ses motifs, à son utilité pour tous les hommes, à sa nécessité pour un souverain, et aux moyens d'acquérir, de conserver et de fortifier en soi cette vertu.

Néron monta sur le trône à dix-huit ans; on voit en cet endroit que le philosophe avoit découvert la bête féroce sous la figure humaine. Il y a des exemples, des réflexions, des conseils, qu'aucun orateur n'auroit l'indécence de proposer à un autre prince que Néron : ce n'est qu'à un tigre qu'on dit : Ne soyez point un tigre. On trouvera au chapitre XXIV, des traits qui justifieront ma pensée. Au reste, les rois, les

magistrats, les pères, les instituteurs, les maîtres, tous ceux qui ont quelque autorité sur les
autres, y apprendront à juger des circonstances
où il convient de pardonner ou de punir, et à
discerner la ligne étroite qui sépare la clémence
de l'injustice.

Si l'on doute que Sénèque sache penser de
grandes choses et les rendre avec noblesse, j'en
appellerai au discours qu'il a mis dans la bouche
de Néron, au premier chapitre de ce traité; et
je demanderai quelques pages plus belles en aucun
auteur, sans en excepter l'historien Tacite.

§. 51. Le voici ce discours. « Qu'il est doux
» de pouvoir se dire à soi-même : Seul d'entre
» les mortels, j'ai été choisi pour représenter les
» dieux sur la terre ! Arbitre absolu de la vie et
» de la mort, chez toutes les nations, le sort et
» des peuples et des individus fut déposé dans
» mes mains. C'est par ma bouche, que la force
» déclare ce qu'il convient d'accorder; et la jus-
» tice, ce qu'il convient de refuser. C'est de mes
» réponses, que les royaumes et les cités reçoi-
» vent les motifs et de leur désolation et de leur
» allégresse. Nulle partie du monde n'est floris-
» sante que par ma faveur. Ces milliers de glai-
» ves, que la paix retient dans leurs fourreaux,
» d'un clin-d'œil, je les en ferai sortir. C'est moi
» qui décide quelles nations seront anéanties ou

» transférées, affranchies ou réduites en servitude;
» quels souverains seront fait esclaves; quels fronts
» seront ceints du bandeau royal; quelles villes
» on détruira; quelles autres s'élèveront sur leurs
» ruines. Malgré cette puissance illimitée, on ne
» peut me reprocher un seul châtiment injuste.
» Je ne me suis livré, ni à la colère, ni à la
» fougue de la jeunesse; ni à la témérité des uns,
» ni à l'opiniâtreté des autres, qui lassent les ames
» les plus tranquilles; ni à la cruelle ambition, si
» commune dans les maîtres de la terre, de ma-
» nifester leur pouvoir par la terreur. Avare du
» sang le plus vil, le titre d'homme est une re-
» commandation suffisante auprès de moi. A ma
» cour, la sévérité marche voilée, et la clémence
» se montre à visage découvert. J'ai tiré les loix
» de l'obscurité; et je m'observe, comme si je
» leur devois compte de mes actions. Je suis tou-
» ché de la jeunesse de l'un, de la caducité de
» l'autre, de la foiblesse de celui-ci, de la con-
» sidération de celui-là; et au défaut d'un motif
» de commisération, je pardonne, pour me com-
» plaire à moi-même. Dieux immortels, parois-
» sez, interrogez - moi sur mon administration :
» je suis prêt à vous répondre ».

Je ne connois point d'auteur moderne qui ait
plus d'analogie avec un auteur ancien, que Corneille avec Sénèque.

Si Racine doit à Tacite la belle scène entre Agrippine et son fils , Corneille doit à Sénèque celle d'Auguste et de Cinna (*) : Voyez le *chapitre IX du premier livre.*

Quelle étrange révolution les années ont apportée dans mon caractère ! Lorsque j'entends Agamemnon dire à Iphigénie : *Vous y serez ma fille ,* je suis encore touché ; mais lorsque j'entends Auguste dire à un perfide : *Soyons amis, Cinna ,* mes yeux se remplissent de larmes.

§. 52. Néron fut clément par dissimulation , dans sa jeunesse ; et Auguste , par lassitude , dans sa vieillesse.

Le traité de Sénèque n'ayant pas corrigé Néron , celui – ci dut concevoir secrètement une haine d'autant plus profonde contre un peintre hardi , qui mettoit d'avance sous ses yeux le hideux portrait qui lui ressembleroit un jour.

Dans cet ouvrage , les conséquences des principes de l'auteur le mènent à des assertions difficiles à digérer. Il prononce décidément que la

_____

(*) On peut voir à ce sujet la note de l'éditeur sur le chapitre 9 du livre I , tome IV , page 368 et suivantes , note 3.

NOTE DE DIDEROT.

compassion est un défaut réel ; que la cruauté et la compassion sont deux extrêmes, l'une de la sévérité, l'autre de la clémence : ce qui m'inclinoit d'abord à croire qu'en passant du latin dans notre langue, le mot *compatir* avoit changé d'acception, ou que l'influence des mœurs générales sur les notions du vice et de la vertu faisoit traiter de foiblesse, à Rome, ce que nous regardons comme un sentiment d'humanité. Mais il est évident, par ce qui suit, que l'opinion de Sénèque est la pure doctrine de Zénon, qui regardoit la grandeur d'ame comme incompatible avec la crainte et le chagrin, et la leçon d'une école dont le sage étoit sans pitié, parce que la pitié étoit un état pénible de l'ame. Zénon disoit, et Sénèque après Zénon : « Mais, sans compassion ni pitié, notre » philosophe fera tout ce que fait l'homme sen- » sible et compatissant.... ». J'en doute ; en secourant celui qui souffre, l'homme sensible et compatissant se soulage lui-même.

« C'est la clémence qui distingue le monarque » du tyran.... ». Ne seroit-ce pas plutôt la justice, source du respect et de l'amour des peuples ?

§. 53. « Le plus misérable des hommes, c'est » le tyran ».

Les deux faits qui suivent montrent que l'es-

prit des peuples s'écarte souvent de l'esprit des
loix. Erixon, chevalier romain, fait périr son fils
à coups de fouet. On s'attroupe autour de lui : les
pères, les mères et les enfans l'attaquent et le
percent de leurs stylets; l'autorité d'Auguste le
garantit à-peine de la fureur populaire ; et la clémence de Titus Arius, qui se contenta d'exiler
son fils, juridiquement convaincu d'avoir attenté
à sa vie, reçut un applaudissement général. La
circonspection de l'empereur dans cette conjoncture est digne d'éloge. Je renvoie à mon auteur,
que je n'ai pas résolu de copier page à page.

« La bienfaisance garde le souverain pendant
» le jour ; l'amour de ses sujets est sa garde
» nocturne ».

« Le souverain est l'ame d'un corps politique ;
» dont les membres sont sans cesse agités par ses
» vices et par ses vertus ».

« Le pardon, que le souverain accorde à un
» citoyen, est un acte de clémence envers la
» république ».

« Le souverain dit : Il n'y a personne qui ne
» puisse tuer contre la loi. Je suis le seul qui
» puisse sauver malgré elle... ». Oui, mais par-
tout où c'est la prérogative de la souveraineté il
n'y a plus de loi.

Avant que d'agir d'autorité, jeune souverain,
demandez-vous à vous-même si c'est ainsi qu'en
useroient les dieux, que vous avez pris pour
modèles.

« Un écuyer rendroit son cheval ombrageux,
» s'il ne lui faisoit sentir de temps en temps
» une main caressante. Il n'est point d'animal plus
» sujet à se cabrer que l'homme ».

« C'est un beau, mais rare spectacle, que ce-
« lui d'un prince impunément offensé ».

« Il est dangereux d'instruire une nation du
» grand nombre des citoyens pervers : c'est don-
» ner aux esclaves la liste de leurs maîtres ».

La commisération pleure en condamnant, la
justice sévère a l'œil sec, la cruauté insultante
l'a riant.

DE LA PROVIDENCE.

§. 54. IL y a une providence; les désordres
physiques et moraux n'en contredisent pas la
notion; ce que nous regardons comme des maux
n'est tel que dans notre imagination : quand ils
seroient ce qu'ils nous paroissent, nous ne pour-

rions nous en prendre aux dieux, qui ont placé
sous nos mains tant de moyens pour nous en
délivrer. « Si vous souffrez, c'est que vous voulez
» souffrir; vous échapperez à la mauvaise fortune,
» quand il vous plaira : mourez ».

Ce traité est dédié au même Lucilius, à qui
les lettres sont adressées; c'est la solution d'une
grande difficulté.

Ou le monde est éternel, ou il ne l'est pas.
S'il est éternel, voilà donc un être absolu et in-
dépendant de la puissance des dieux; s'il ne l'est
pas, il a été créé.

S'il a été créé, avant sa création, ou il manquoit quelque chose à la gloire et à la félicité
des dieux, et les dieux étoient malheureux; ou
il ne manquoit rien à leur gloire ni à leur félicité, et, cela supposé, la création du monde,
superflue pour eux, n'eut pour objet que l'avantage des êtres créés.

Si la création du monde n'eut pour objet que
l'avantage des êtres créés, pourquoi y eut-il des
bons et des méchans; pourquoi y vit-on le juste
opprimé et le méchant oppresseur?

Cela ne s'est fait que par impuissance ou par
mauvaise volonté; par impuissance, si c'étoit un

vice auquel il étoit impossible d'obvier ; par mauvaise volonté, s'il étoit possible d'obvier à ce vice,
et qu'on ne l'ait pas fait.

On pardonne un mauvais ouvrage à un ouvrier
indigent ; on ne le pardonne point aux dieux : tout
ce qui sort de leurs mains doit être parfait.

Si la nature de l'ouvrage ne comportoit pas la
perfection, pourquoi ne pas demeurer en repos ;
pourquoi s'exposer, sans nécessité et sans fruit,
à la honte de n'avoir rien fait qui vaille ?

Cette difficulté d'enfant a occupé, dans tous
les siècles, les têtes les plus fortes. Elle est proposée tous les jours, sur les bancs de nos écoles,
présentée dans les cahiers de nos théologiens, avec
la plus grande vigueur, et résolue, comme tout
le monde sait, de la manière la plus claire.

§. 55. Ici, Sénèque se charge de la cause des
dieux. Il ouvre leur apologie par un tableau ma-
jestueux de la grande machine de l'univers.

Il fait l'éloge de la vertu, la vertu, le lien commun des dieux et des hommes.

Rien de plus énergique que la peinture des illustres malheureux : « Vous enviez leur courage
» et leur gloire ; et vous oseriez reprocher aux

» dieux, les terribles épreuves qui rendent ces
» hommes si grands à vos yeux »!

« Dieu est un père, mais un père qui élève
» rudement ses enfans. Le Spartiate hait-il son
» fils, lorsque, sous les coups de verge dont il
» le déchire, son sang ruisselle au pied de l'autel
» de Diane »?

Démétrius disoit aux dieux : « Dieux immor-
» tels, que voulez-vous de moi ? Mon fils ? le
» voilà. Un de mes membres ? choisissez : je ne
» vous obéis point; je suis de votre avis ».

« Scévola, réchauffant sa main sur le sein de
» sa maîtresse, est-il plus heureux que lorsque
» son bras s'enflamme et tombe en gouttes ardentes
» sur un brasier ? Non; mais c'est alors qu'il est
» grand ».

Il faut convenir que la difficulté si insoluble pour
tous les autres systématiques, s'évanouit dans l'é-
cole de Zénon. = Quoi ! l'ulcère qui dévore ce
malade, depuis le premier instant de sa naissance,
et qui le dévorera jusqu'à sa mort, n'est pas un
mal ? = Non. = N'entendez-vous pas ses cris?
= Il a tort de crier.

Vous direz que cela a l'air d'une plaisanterie
inhumaine; soit. Mais gardez-vous de dédaigner

un ouvrage plein d'idées sublimes, qui vous dé‑
trompera, ou qui vous affermira dans votre opi‑
nion. Lisez‑le pour le plus bel endroit où Sénèque
incline la tête de Jupiter vers la terre, et attache
les regards du maître de l'univers sur Régulus et
sur Caton (*). « O Jupiter, s'écrie‑t‑il, voici
» deux athlètes dignes de ton admiration : un
» homme de courage aux prises avec la mauvaise
» fortune, quoi de plus grand ! Caton, debout
» au milieu des ruines du monde, quoi de plus
» beau » !

Mais, dit l'épicurien, si la vertu de Caton ne
put éclater sans l'ambition de César, pourquoi
créer l'un et l'autre ? Accorder aux dieux la puis‑
sance d'intervertir l'ordre de la nature, c'est ren‑
dre la difficulté insoluble.... Vous aurez de la
peine à me persuader que le père des dieux et des
hommes se soit plu à voir entrer Régulus dans un
tonneau hérissé de pointes.... Vous avez raison ;
j'aimerois mieux être Socrate qu'Anite ; mais à
quoi bon, pour Socrate, pour Anite, et pour les
dieux, l'existence d'Anite et de Socrate ?

C'est par des faveurs apparentes, que le ciel
punit le méchant ; c'est par des revers qui vous
semblent cruels, et qui ne sont rien, que la pro‑

(*) Liv. I, chap. 2.

vidence illustre le bon. Jupiter dit à celui-ci : De
quoi te plains-tu ? je t'ai fait mon égal.

Cela se peut, répond le méchant ; mais moi,
pourquoi m'avoir fait tel que je suis, et tel que tu
savois que je serois ?.... Dis, malheureux, et
tel que tu voulois être.

Et d'après cette réplique, voilà nos raisonneurs
enfoncés dans les ténèbres de la liberté de l'homme
et de la prescience des dieux.

Et quel parti prend l'homme sage entre ces dis-
puteurs ? Il montre au chrétien le ciel, du doigt ;
et excuse, au fond de son cœur, le philosophe
que ce spectacle ne convainc pas.

§. 56. Il n'appartient qu'à l'honnête homme,
d'être athée. Le méchant, qui nie l'existence de
Dieu, est juge et partie : c'est un homme qui
craint, et qui sait qu'il doit craindre un vengeur
à venir, des mauvaises actions qu'il a commises.
L'homme de bien, au contraire, qui aimeroit tant
à se flatter d'un rémunérateur futur de ses vertus,
lutte contre son propre intérêt. L'un plaide pour
lui-même ; l'autre plaide contre lui. Le premier ne
peut jamais être certain du vrai motif qui détermine sa façon de philosopher ; l'autre ne peut douter qu'il ne soit entraîné par l'évidence dans une

opinion si opposée aux espérances les plus douces
et les plus flatteuses dont il pourroit se bercer.

« L'homme vertueux ne diffère des dieux, que
» par la durée de l'existence et l'étendue de la
» puissance ».

» Les dieux ne laissent tomber la prospérité que
» sur les ames abjectes et vulgaires.... ». Cela
n'est pas vrai. Tel homme, que l'infortune eût
trouvé grand, mourra sans l'avoir connue.

« Le grand homme soupire après les traver-
» ses.... ». Cela n'est pas vrai : il ne les craint
ni présentes, ni éloignées; mais il ne les appelle
pas.

« Ceux que le ciel épargne sont faits pour plier
» sous les maux.... ». Cela n'est pas vrai. On
voit tous les jours plier sous les maux, des hommes
que le ciel n'épargne pas. Sénèque, sous un autre
prince que Néron, n'auroit pas moins été Sénèque : Sénèque, oublié dans sa retraite par le
cruel Néron, n'en auroit pas été moins prêt à mourir
comme il est mort. Celui qui ne s'est pas montré
sur la brèche n'est point un lâche. Il ne faut pas
calomnier la prospérité ; le bonheur n'est pas
toujours un signe du mépris des dieux.

Ce traité finit par une prosopopée de Jupiter à
l'homme vertueux ; elle est très-éloquente.

DES BIENFAITS.

§. 57. SAVOIR accorder et recevoir des bienfaits.

Ce traité des *Bienfaits* en est un en-même-
temps de la reconnoissance et de l'ingratitude.
Si les ingrats sont communs, Sénèque montre
qu'il s'en faut prendre aussi fréquemment aux
défauts des bienfaiteurs qu'aux vices du cœur
humain.

La matière y est épuisée : il n'a été fait ni
pour Néron, ni pour Æbutius Libéralis, à qui
il est adressé; mais pour tous les hommes. Il est
antérieur aux lettres à Lucilius. On en citeroit
difficilement un autre, soit ancien, soit moderne,
qui contînt un aussi grand nombre de pensées fines
et délicates, de préceptes divins, de sentimens
que je dirois presque célestes.

Je l'avois lu trois fois de suite; et à la quatrième lecture j'en humectois encore les feuillets
de quelques larmes, non de celles qu'on donne
au récit d'un grand malheur, à la tragédie, à
Iphigénie, à *Mérope*, elles sont mêlées de plaisir
et de peine; mais de celles qui coulent délicieusement lorsque l'ame est émue de quelque grande
action, d'un sentiment délicat; qui naissent de

l'admiration, et que j'accorde aux héros de Corneille. Combien j'étois satisfait de mes bienfaiteurs! Combien je l'étois encore davantage de
ce philosophe qui disoit des hommes puissans qui
s'étoient ressouvenus de lui, et des hommes puissans qui l'avoient oublié : « C'est à l'oubli de ces der-
» niers que je dois le goût de la retraite, l'amour de
» l'étude dans un âge avancé, le meilleur emploi
» que l'homme puisse faire du petit nombre de
» journées qui lui restent; je ne remercie que
» ceux-ci, parce qu'ils ne se doutent pas de ma
» reconnoissance ».

§. 58. On est convaincu, entraîné, en lisant
le traité de la *Colère ;* on est attendri, touché,
en lisant celui des *Bienfaits*. L'un est plein de force,
l'autre : de finesse, là, c'est la raison qui commande ; ici, c'est la délicatesse du sentiment qui
charme. Sénèque parle au cœur, et n'en est pas
moins convaincant; car le cœur a son évidence.
Il y a le goût dans les mœurs comme le tact dans
les beaux-arts: le jugement que l'un porte des
actions est aussi prompt et aussi sûr que le jugement que l'autre porte des ouvrages.

Si je voulois citer des maximes, ce traité m'en
offriroit sans nombre. Je lirois :

« La bienfaisance est-elle votre vertu ? vous

» obligeriez encore, sans l'espoir de trouver un
» homme reconnoissant. La valeur de la chose
» donnée n'accroît pas toujours le prix du bienfait.

« Il y a des bienfaits qui doivent être secrets,
» ce sont ceux qui secourent ; il y en a qui doivent
» être publics, ce sont ceux qui honorent ».

Les services les plus importans sont ignorés.
Le secret et le silence sont les conditions d'un
pacte entre le bienfaiteur délicat et son obligé ;
et ces conditions sont également sacrées pour tous
deux. Le bienfaiteur peut dire : Si vous parlez,
vous serez un ingrat ; l'obligé : S'il vous échappe
un mot indiscret, vous m'aurez desservi.

Si vous demandez à Sénèque quel est l'emploi
de la richesse, vous n'en apprendrez pas ce qu'il
en faut faire, mais ce qu'il en a fait. « Ces biens,
» tant qu'on en demeure possesseur, ne sont que
» de l'or, de l'argent, des pierres précieuses,
» des terres, des maisons, des tableaux. Æbu-
» tius, voulez-vous les ennoblir ? donnez-les ;
» ce seroit des bienfaits... ». Et je croirois que
celui qui parle ainsi à son ami, à ses concitoyens,
aura joui de l'opulence ; et que cette opulence
sera demeurée stérile entre ses mains ? On me
persuaderoit aussi-tôt que l'auteur de l'*Imitation*
de Jésus fut un homme incrédule et dissolu,

§. 59. Comment une nation marquera-t-elle sa reconnoissance au philosophe ? Par la couronne civique, *Ob servatos cives*. La feuille de chêne l'honorera sans appauvrir l'état. C'est une feuille de chêne qu'emporteront avec eux, le sage en mourant, le ministre en sortant de place.

« Il n'y a quelquefois aucune différence entre » le présent d'un ami et le vœu d'un ennemi ».

« Refusez à votre ami l'or qu'il porteroit chez » une courtisanne ».

Je reprocherois volontiers à Sénèque d'avilir la bienfaisance, lorsqu'il compare le secret d'obliger avec l'art de la courtisanne, qui rend ses faveurs piquantes en les variant selon le caractère de ses amans (*).

« Placez vos bienfaits avec choix : le manque » de reconnoissance est le vice d'un autre ; le » manque de jugement est le vôtre ».

« N'acceptez le bienfait que de celui à qui vous » accorderiez les droits sacrés de l'amitié ».

« Les vœux de l'homme reconnoissant, qui ne » peut s'acquitter d'un bienfait, transfèrent sa » dette aux dieux ».

_____

(*) Liv. I, chap. 14.

« Que me rapportera le bienfait ? Ce qu'il vous
» rapportera ? toujours le souvenir d'une bonne
» action ».

Une femme célèbre par son esprit, ses amis
et sa bienfaisance, disoit : Il fut un temps où
j'occupois les grands artistes; aujourd'hui j'aime
mieux occuper les artistes indigens. J'écoutois mon
goût; j'obéis à mon cœur.

Rien de plus délicat et de plus vrai que le
chapitre 6, sur la question : Si l'ingratitude peut
être traduite au tribunal des loix. « Eh ! dit Sénè-
» que, n'est-il pas plus honnête de laisser quelques
» méchans impunis, que de faire soupçonner la
» multitude de perfidie »?

Ce que Sénèque dit des honneurs accordés à
des descendans infâmes; par reconnoissance pour
leurs ayeux illustres, me déplaît: Ce n'est point
par autrui, c'est pas soi qu'on mérite ou qu'on
démérite. C'est mal défendre les dieux que de
leur faire dire: « Que tel inepte soit roi, parce
» que ses ancêtres n'ont pas obtenu le sceptre
» qu'ils méritoient. Que tel inepte soit roi, parce
» que ses descendans n'obtiendront pas le sceptre
» qu'ils mériteront.... ». C'est une singulière
compensation que celle d'une injustice par une
autre.

B *

§. 60. Voici encore un endroit, où je ne puis
être de l'avis de notre philosophe. Alexandre fait
don d'une ville à un simple particulier, qui refuse
un présent qui lui semble trop important pour
lui. « Je n'examine pas ce qu'il te convient de
» recevoir, mais ce qu'il me convient de donner ».
Sénèque ajoute : « Le mot est d'un fou... ». Ce
n'est point le mot d'un fou, c'est celui d'un souverain généreux et grand : qu'est-ce qu'une ville
pour le maître du monde ?

Et pourquoi ce particulier auroit-il été incapable de bien administrer la cité ? Seroit-ce son
refus qui le feroit présumer ? J'aurois, ce me
semble, plus de confiance dans la modestie qui
s'éloigne des grands emplois, que dans l'ambition
qui les poursuit.

Aux maximes qui précèdent, ajoutons quelques-
uns de ces faits intéressans qu'elles encâdrent.

Les disciples de Socrate offroient des présens
à leur maître ; et chacun d'eux à proportion de
sa fortune. Eschine, qui étoit pauvre, lui dit :
« Je n'ai rien qui soit digne de vous ; et ce n'est
» que de ce moment que je sens mon indigence.
» Je vous donne le seul bien que je possède,
» c'est moi-même : ce présent, tel qu'il est, je
» vous prie de ne pas le dédaigner, et de songer

» que les autres , en vous donnant beaucoup ,
» s'en sont encore plus réservés.... Et pourquoi ,
» lui répondit Socrate , votre présent ne seroit-
» il pas considérable , à moins que vous ne vous.
» estimiez bien peu ? J'aurai soin de vous rendre
» à vous - même , meilleur que je ne vous ai
» reçu...». Si ce fait vous étoit connu , songez ,
lecteur , que beaucoup d'autres l'ignorent ; j'aimerois mieux instruire celui qui ne sait pas , que
de plaire à celui qui sait.

« Vous ne connoissez pas l'amitié , si , lorsque
» vous donnez un ami vous ne sentez pas la
» valeur du présent : les amis sont si rares ! les
» amis sont si difficiles à trouver!... ». On ne
refait donc pas un ami , comme Phidias une statue
brisée ?

Voici comment il s'exprime sur Alexandre (*) :
«Alexandre ne fut , dès sa jeunesse , qu'un bri-
» gand , un destructeur de nations , un fléau pour
» ses amis comme pour ses ennemis , un barbare
» qui mit le souverain bien à faire trembler les
» hommes ».

Je ne me rappelle plus à quel propos cette sortie
violente se trouve dans le traité des *Bienfaits;* mais
je suis sûr qu'elle n'y est pas déplacée. Le style
de Sénèque est coupé ; mais ses idées sont liées.

(*) Liv. I , chap. 13.

§. 61. Sénèque pressentoit sans doute les reproches qu'on lui feroit , lorsqu'il écrivoit (*) : « Il ne
» m'est pas toujours possible de refuser ; quel-
» quefois je serai forcé de recevoir un bienfait ;
» un tyran cruel, ombrageux, prompt à s'irriter,
» regarderoit mon refus comme une insulte... ».
Cette maxime pouvoit lui coûter la vie.

Sénèque exclut du nombre des bienfaiteurs
les animaux : Sans m'engager de répondre à ses
raisons , je ne puis m'empêcher d'exiger du bestiaire quelque reconnoissance pour le lion qui le
reconnut et qui le défendit. Parce qu'un moment
après, l'animal bienfaisant avoit oublié le service
rendu, le bestiaire étoit-il dispensé de s'en souvenir ? Répondre qu'oui, n'est-ce pas mettre
l'homme et l'animal sur la même ligne ? Il me
semble que j'aurois mauvaise opinion de celui
à qui son chien auroit sauvé la vie ; et qui ne
l'en aimeroit pas davantage.

Notre philosophe accuse l'homme d'ingratitude , lorsqu'il ose reprocher à la nature de n'avoir
pas rassemblé sur lui tous ses dons. Me permet-
tra-t-on d'ajouter une raison à toutes celles qu'il
en donne, et de la proposer à sa manière ?

_____

(*) Liv. 2 , chap. 18. *Voyez* ce qui a été dit à ce
sujet, tom. I , pag. 259, note I.

Homme, songe que c'est à la foiblesse de tes organes que tu dois la qualité qui te distingue des animaux. Ambitionnes-tu le regard perçant de l'aigle ? tu regarderas sans cesse : l'odorat du chien ? tu flaireras du matin au soir. L'organe de ton jugement est resté le prédominant et le maître ; il eût été l'esclave d'un de tes sens trop vigoureux : de-là ta perfectibilité. S'il existe dans ton cerveau une fibre plus énergique que les autres, tu n'es plus propre qu'à une chose, tu es un homme de génie : l'animal et l'homme de génie se touchent. Si l'érection, la faim, la soif vous avoient tourmenté sans cesse, que sauriez-vous, que seriez-vous devenu ?

La justesse et la force des argumens de Sénèque plaidant la cause des enfans contre les pères, subjuguent ma raison ; mais mon cœur se révolte contre cette ingrate dialectique. J'aime mieux m'exagérer le bienfait paternel, que d'affoiblir la reconnoissance filiale. Je demanderai si, dans le nombre de ses enfans qui prirent leurs pères sur leurs épaule et qui les transportèrent le long des torrens de la lave enflammée qui découloit des flancs de l'Etna et qui brûloit leurs pieds (*), il y en eut un seul qui eût osé dire à sa mère : nous sommes quittes ? Mes oreilles

_____

(*) *Voyez* le traité des *Bienfaits*, liv. 3, chap. 37.

se ferment à ce propos; et mon imagination se
livre à un spectacle plus doux : je vois les pères,
les mères se précipiter sur leurs enfans et les
baigner de leurs larmes ;- je vois les enfans essuyer ces larmes de leurs mains ; et dans ce moment j'ignore quels sont les plus heureux. Je
suis père, j'ai des enfans, et c'est ainsi que
je sens.

Sénèque dit ailleurs, « que les pères aiment
» plus leurs enfans qu'ils n'en sont aimés... ».
Le fait est vrai ; mais je trouve plus d'esprit que
de solidité dans la raison qu'il en donne.....
« C'est, ajoute le philosophe, que les pères se
» voient revivre dans leurs enfans, et les enfans
» se voient mourir dans leurs pères....» Ce sont
les soins que nous donnons à nos enfans qui nous
y attachent; et ce sont ces soins mêmes qui les
gênent souvent et qui les détachent de nous.
Leur reconnoissance ne commence, que lorsqu'une expérience plus ou moins tardive les a
convaincus de l'importance de nos leçons; que
quand ils ont des enfans qu'ils tourmentent
comme nous les avons tourmentés. Entre plusieurs enfans, quel est celui qui sera le plus cher
à sa mère ? L'enfant qu'elle aura alaité. S'il vient
à mourir, elle pleurera et la perte de son enfant
et la perte de ses peines. Ce n'est pas au jeu
seulement ; c'est en amour, c'est en amitié, c'est

en mille et mille circonstances qu'on court après
son argent. « Si vous craignez de perdre votre
» amant, acceptez ses présens ; si vous craignez
» de perdre le goût que vous avez pour lui,
» ne les acceptez pas... ». La femme qui donnoit
ce conseil à son amie, avoit de la raison et de
la finesse.

Bienfaiteur, si tu m'humilies, tu entendras de
moi le discours du citoyen sauvé de la proscription
des triumvirs par un ami de César, qui lui rap-
peloit trop souvent ce bienfait. Je te dirai (*) :
« Rends-moi à César : jusques à quand me ré-
» péteras-tu : Je t'ai sauvé, je t'ai arraché du
» supplice ? Je te dois la vie, si je m'en sou-
» viens ; la mort, si tu m'en fais souvenir ; rien,
» si tu m'as sauvé par vanité. Ne cesseras-tu
» pas de me traîner à ton char ? ne me lais-
» seras-tu pas oublier mon malheur ? Sans toi,
» je n'aurois été mené en triomphe qu'une
» fois ».

§. 62. Peut-on quelquefois rappeler le service
qu'on a rendu ? Sénèque répond à cette question, en introduisant un soldat vétéran, accusé
d'avoir exercé des violences contre ses voisins,
et plaidant en présence de Jules-César sa cause,

(*) Liv. 2, chap. 11.

qu'on instruisoit avec chaleur (*) .... « Vous sou-
» venez-vous , mon général , d'une entorse que
» vous vous donnâtes au talon ? C'étoit en Es-
» pagne , près du Sucron. = César dit : Je m'en
» souviens. = Et lorsque vous voulûtes vous re-
» poser, par un soleil ardent, à l'ombre d'un
» arbre peu touffu , le seul qui eût pu croître
» parmi les rochers pointus dont le sol étoit hé-
» rissé , vous souvenez-vous qu'un de vos soldats
» étendit sur vous son manteau ? = Si je me
» le rappelle ? répondit César ; j'étois même
» dévoré par la soif; et comme la douleur de
» mon pied ne me permettoit pas d'aller à la
» fontaine voisine , je m'y traînois , lorsqu'un
» de mes soldats m'apporta de l'eau dans son
» casque. = Et l'homme et le casque , dites ,
» mon général , les reconnoîtriez-vous ? = Pour
» le casque, non ; pour l'homme , je le crois :
» mais à quoi cela revient-il ? car , certes , tu n'es
» pas cet homme-là. = Vous ne devez pas me
» reconnoître : car alors j'étois sain, j'avois tous
» mes membres; mais depuis j'ai perdu un œil
» à la bataille de Monda , et l'on m'a trépané :
» vous ne reconnoîtriez pas davantage le casque;
» il a été fendu sous le sabre d'un Espagnol ».
= César étonné défendit qu'on inquiétât ce soldat,
et lui adjugea les terres en litige. Cependant

_____

(*) Liv. 5 , chap. 24.

pourquoi un bon soldat ne seroit-il pas un mauvais voisin ? Et voilà ce que peut l'éloquence ?

§. 63. Le chapitre 5 du 6e livre est très-ferme, très-beau ; et j'en conseillerois la lecture à celui qui veut savoir le moyen de donner de la consistance à des choses passagères, qui par elles-mêmes n'en ont aucune.

J'indiquerois bien les chapitres 32, 33 et 34 du même livre, aux souverains ; mais quand le philosophe leur auroit appris qu'un bien dont les plus grandes fortunes sont privées, qu'un bien qui manque à ceux qui possèdent tout, est un ami qui sache dire la vérité ; qui arrache au concert trop harmonieux de la flatterie un grand enivré par la foule des imposteurs, amené jusqu'à l'ignorance du vrai, jusqu'à la haine du vrai, par l'habitude d'entendre, non des choses salutaires et honnêtes, mais des choses douces et empoisonnées ; un ami, où le trouveront-ils ? Quand cet ami les auroit convaincus de l'importance d'être entourés de gens de bien, les appelleroient-ils auprès de leur personne ? et quand ils les y auroient appelés, comment les y garderoient - ils ?

Que nous serions heureux, si nous réfléchissions sur les avantages que nous devons à notre médiocrité, et dont les hautes conditions sont

privées ! Nous avons presque autant de ressources
pour devenir bons , qu'ils en ont pour devenir
méchans : ils usent aussi bien des leurs , que nous
usons mal des nôtres ; d'où il arrive que nous
sommes tous corrompus.

Sénèque remarque (1) , « que c'est le carac-
» tère des rois de regretter les morts, pour ou-
» trager les vivans ; et de louer la hardiesse à
» dire la vérité dans ceux dont ils n'ont plus à
» craindre de l'entendre ».

Le poëte Rabirius met un très-beau mot dans
la bouche d'Antoine mourant (2) : *Je n'ai plus
que ce que j'ai donné.* Et pourquoi ne dirois-je
pas aussi à la fortune : Enlève-moi ce qui me
reste ; et tu ne me feras pas mourir tout-à-fait
indigent ?

Si la lecture de Sénèque tourmente le méchant , l'homme de bien y trouve souvent son
éloge.

Dans ce traité des *Bienfaits* , à chaque chapitre on croit que tout est dit ; et cependant il
n'en est rien. Sénèque ne montre dans aucun autre
de ses ouvrages autant de fécondité. Les auteurs

_____

(1) Liv. 6 chap. 32.
(2) *Voyez* le traité des *Bienfaits* , liv. 6 , chap. 3.

du siècle de la grande éloquence ont su communément présenter leurs idées d'une manière plus simple et plus imposante ; mais en avoient-ils autant que Sénèque ?

DE LA TRANQUILLITÉ DE L'AME.

§. 64. Qu'est-ce que la tranquillité de l'ame ? Comment la perdons-nous ? Comment pouvons-nous la recouvrer ?

Ce traité est adressé à Sérénus, capitaine des gardes de Néron, ami de Sénèque, qui se reprocha dans la suite l'excessive douleur que sa mort lui causa. Pline nous apprend (1) que Sérénus périt avec tous ses convives empoisonnés par des champignons.

On présume que cet ouvrage est un des premiers écrits de Sénèque ; qu'il le composa (2) peu de temps après son retour de la Corse ; qu'il ne jouissoit pas encore d'une grande opulence ; et

---

(1) *Hist. Natur. lib.* 22, *cap.* 23 , *init. Voyez* la note de l'éditeur sur le chapitre I de ce traité , tom. V , pag. I.

(2) *Voyez* la note de l'éditeur , chap. I , note 3 , tom. V , pag. 5.

NOTE DE DIDEROT.

qu'il étoit mal affermi dans la philosophie, bien qu'il
eût adressé à Marcia et à Helvia des consolations
qui ne sont pas d'un stoïcien néophyte, et qu'il
eût donné des leçons publiques de zénonisme.

Il se montre ici flottant entre l'obscurité de
la retraite, et l'éclat des fonctions publiques. La
fortune l'éblouit, le desir d'une grande réputation
le tourmente ; il le sent, il s'en accuse : il se
relègue dans la classe de ceux qui oscillent entre
le vice et la vertu, et qui ne sont ni assez corrompus pour être comptés parmi les méchans,
ni assez vertueux pour être comptés parmi les
bons. On est charmé de la franchise avec laquelle
il dévoile le fond de son cœur. Il dit : « J'ai des
» vices qui m'attaquent à force ouverte ; j'en ai
» qui épient le moment de me surprendre, espèces
» d'ennemis avec lesquels on ne peut ni se tenir
» en armes comme dans les temps de guerre,
» ni jouir de la sécurité comme pendant la paix. Je
» suis économe, simple dans mon vêtement, fru-
» gal ; cependant le spectacle du faste et de l'o-
» pulence m'en impose ; je m'en sépare, si-non
» corrompu, du-moins triste ; je doute si le palais
» d'où je sors n'est pas le domicile du bonheur.
» Je ne suis pas dans les horreurs de la tem-
» pête, mais j'ai le mal de mer ; je ne suis pas ma-
» lade, mais je ne me porte pas bien ».

Le stoïcien étoit valétudinaire toute sa vie ; sa

philosophie trop forte étoit une espèce de profession religieuse qu'on n'embrassoit que par enthousiasme, où l'on faisoit vœu d'apathie, et sous
laquelle on restoit de chair, avec quelque zèle
qu'on travaillât à se pétrifier. Sénèque se désespère
d'être un homme.

Mais d'où lui venoit sa perplexité ? Son ame
avoit-elle été brisée par la longueur et la dureté de
son exil ? L'horreur des antres de la Corse avoit-
elle embelli à ses yeux les palais des grands ;
la solitude, dans laquelle il avoit passé huit années, donné de nouveaux charmes à la société ;
et les rochers arides et déserts aiguisé les attraits
de la capitale ? Ou le rôle d'Hercule, au sortir
de la forêt de Némée, entre le chemin qui conduit
à la gloire et celui qui mène au plaisir, nous
seroit-il commun à tous ? Je n'en doute pas.
Entre tant de pygmées, pas un qui n'ait éprouvé
l'agonie d'Hercule, et qui ne se soit trouvé *al
bivio*. Quelque parti que prenne Sénèque, ce
ne sera point l'adulation de lui-même qui le perdra.

§. 65. Ce traité offre d'excellentes réflexions
sur l'emploi de son temps et de son talent; sur
l'essai de ses forces ; sur la vanité des richesses,
lorsqu'on voit un affranchi de Pompée plus opulent
que son maître; sur la résignation aux peines de
son état et aux traverses de la vie : et cette morale

est toujours relevée par des anecdotes intéressantes.

Caligula dit, par forme de conversation, à Canus
Julius: « A propos, j'ai donné l'ordre de votre
» supplice.... ». Julius lui répond: « Je vous
» rends graces, prince très-excellent (1) ».

Il jouoit aux échecs lorsque le centurion arriva.
« Au-moins, dit-il à son adversaire, n'allez pas,
» après ma mort, vous vanter de m'avoir gagné... ».
Et à ses amis : « Ce grand problême de l'im
» mortalité des ames, dont vous avez tant disputé,
» dans un moment il sera résolu pour moi ».

Le philosophe qui l'accompagnoit au lieu du
supplice, lui ayant demandé, au moment où la
hache étoit levée sur son cou, à quoi il pensoit :
« J'épie, lui répondit-il, à cet instant si court
» de la mort, si mon ame appercevra sa sortie
» du corps... (2) ». On n'a jamais philosophé
si long-temps.

Depuis le siècle de Néron jusqu'à nos jours,
les sectateurs de la doctrine d'Épicure n'ont cessé
de nous montrer un des leurs appelant la mo-

(1) Chap. 14, tom. V, pag. 69 et 70.
(2) Id. ibid. pag. 68.

lesse et les plaisirs à ses derniers instans , et allant à la mort avec la même nonchalance qu'il auroit continué de vivre. Certes , je n'ai garde de blâmer la manière facile dont le voluptueux Pétrone mourut ; mais je trouve autant de fermeté , autant d'indifférence et plus de dignité dans la mort de Canus Julius. Etoit-il possible de porter le mépris , ou pour la vie , ou pour l'empereur , ou etc. etc. pour l'un et l'autre , au-delà de ce qu'il en a mis dans sa réponse à Caligula ? A-t-on jamais exprimé ce mépris d'une manière plus simple et plus fine ? Pétrone est à table (*) ; il se fait lire des vers en mourant. Julius , en attendant le centurion , s'amuse à jouer aux échecs. Quoi de plus tranquille , et même de plus gai , que ses discours à son adversaire et à ses amis ?

Pour un disciple d'Épicure qui sait accepter la mort quand elle vient , Zénon peut en citer nombre des siens qui n'ont pas hésité d'aller au-devant d'elle.

Mais à parler vrai des uns et des autres , chacun d'eux se soumit à la nécessité selon ses principes et son caractère.

_____

(*) Audiebatque referentes , nihil de immortalitate animæ et sapientium placitis , sed levia carmina et faciles versus..... Tacit. *Annal.* lib. 16, cap. 16.

NOTE DE L'ÉDITEUR.

§. 66. Si vous lisez le traité de Sénèque, combien cet extrait vous paroîtra court et pauvre ! Il y montre une grande connoissance du cœur de l'homme et des différens états de la société. Ici, il peint l'ambitieux qui se résout à des actions malhonnêtes, et qui s'afflige de s'être déshonoré sans fruit, lorsque le succès n'a pas répondu à ses viles et sourdes intrigues. Là, c'est le même personnage qui s'enfonce dans la retraite, où l'envie dont il est dévoré fait des vœux pour la chûte de ses rivaux. Il semble qu'il ait vécu parmi nous, qu'il ait interrogé, et qu'il ait entendu répondre un de nos oisifs excédé de fatigue et d'ennui. = Quel est votre projet du jour ? = Ma foi, je n'en sais rien ; je sortirai, je verrai du monde, et je deviendrai ce qu'on voudra.

C'est, je crois, dans le même traité qu'il dit de Diogène, « que celui qui doute de son bonheur, » peut aussi douter de la félicité des dieux ; qui, » n'ont ni argent, ni propriété, ni besoin... »

DE LA VIE HEUREUSE.

§. 67. Point de bonheur sans la vertu.

Sénèque adresse ce petit traité, qu'on peut regarder comme son apologie et la satyre des faux épicuriens, à Gallion, son frère. « O Gallion,

» mon frère, tous les hommes veulent être heu-
» reux ; mais tous sont aveugles lorsqu'il s'agit
» d'examiner en quoi consiste le bonheur ».

Notre philosophe avoit rencontré la vraie base
de la morale. A parler rigoureusement, il n'y a
qu'un devoir ; c'est d'être heureux : il n'y a qu'une
vertu ; c'est la justice.

Avant que d'entrer dans quelques détails sur
cet écrit, qu'on peut analyser en peu de mots, il
faut que je jette un coup – d'œil sur la morale
des anciens et sur les progrès successifs de cette
science importante. Tout ce qu'elle a de plus
élevé, de plus profond, les anciens l'avoient dit ;
mais sans liaison : ce n'étoit point le résultat de
la méditation qui pose des principes, et qui en
tire des conséquences ; c'étoient les élans isolés
et brusques d'ames fortes et grandes.

1. Qui est-ce qui inspiroit à l'Iroquois de se précipiter au-milieu des flots en courroux, pour ravir
à la mort des Européens naufragés sur ses côtes
et prêts à périr ? Lorsque ces malheureux sont
prosternés tremblans aux genoux de leurs ennemis,
qui est-ce qui fait dire au chef des Sauvages :
« Relevez-vous, ne craignez rien ; tout-à-l'heure
» vous étiez des hommes malheureux, et nous
» vous avons secourus ; demain vous serez nos
» ennemis, et nous vous égorgerons » ?

Le fait que je vais raconter, je le tiens d'un missionnaire de Cayenne, témoin oculaire. Plusieurs nègres Marons avoient été pris; et il n'y avoit point de bourreau pour les exécuter. On promit la vie à celui d'entre eux qui consentiroit à supplicier ses camarades, c'est-à-dire, au plus méchant. Aucun n'acceptant la proposition, un colon ordonne à un de ses nègres de les pendre, sous peine d'être pendu lui-même. Ce nègre demande à passer un moment dans sa cabane, comme pour se préparer à obéir à l'ordre qu'il a reçu : là, il saisit une hache, s'abat le poignet, reparoît, et présentant à son maître un bras mutilé dont le sang ruisseloit : A présent, lui dit-il, fais-moi pendre mes camarades.

Voilà donc un homme sans éducation, sans principes, réduit par son état à la condition de la brute, qui s'abat un poignet plutôt que de s'avilir. N'oublions jamais que le serviteur peut valoir mieux que son maître.

Qui est-ce qui a placé un sentiment aussi héroïque dans l'ame de celui-là? Est-ce l'étude? est-ce la réflexion? est-ce la connoissance approfondie des devoirs? Nullement. Dans les premiers temps, les hommes qui se sont distingués par les actions les plus surprenantes, étoient asservis aux plus grossiers préjugés. Le rêve d'une vieille femme avoit peut-être mis les armes à la main du brave Iroquois qu'on vient d'entendre parler si fièrement à ses ennemis. Un autre chef leur eût peut-être impitoyablement cassé la tête.

Il n'y a pas de science plus évidente et plus simple que la morale, pour l'ignorant; il n'y en a pas de plus épineuse et de plus obscure pour le savant. C'est peut-être la seule où l'on ait tiré les corollaires les plus vrais, les plus éloignés et les plus hardis, avant que d'avoir posé des principes. Pourquoi cela ? C'est qu'il y a des héros long-temps avant qu'il y ait des raisonneurs. C'est le loisir qui fait les uns ; c'est la circonstance qui fait les autres : le raisonneur se forme dans les écoles, qui s'ouvrent tard; le héros naît dans les périls, qui sont de tous les temps. La morale est en action dans ceux-ci, comme elle est en maxime dans les poètes : la maxime est sortie de la tête du poète, comme Minerve de la tête de Jupiter... Souvent il faudroit un long discours au philosophe pour démontrer ce que l'homme du peuple a subitement senti (*).

_____

(*) Dans toute action, il y a un parti qui sera généralement blâmé ; un parti qui sera blâmé des uns et loué des autres ; un troisième qui sera généralement approuvé : c'est ce dernier qu'il faut prendre.

NOTE DE DIDEROT.

§. 68. 'Qu'est-ce que le bonheur ?... Ce n'est pas une question à résoudre au jugement de la multitude.

« Lorsqu'il s'agira du bonheur, ne me dites » pas, comme si vous aviez recueilli les opinions » au sénat : voilà l'avis du plus grand nombre ».

Qu'est-ce que la multitude ? = Un troupeau d'esclaves. Pour être heureux, il faut être libre : le bonheur n'est pas fait pour celui qui a d'autres maîtres que son devoir. = Mais le devoir n'est-il pas impérieux ? et s'il faut que je serve, qu'importe sous quel maître ? = Il importe beaucoup : le devoir est un maître, dont on ne sauroit s'affranchir sans tomber dans le malheur ; c'est avec la chaîne du devoir, qu'on brise toutes les autres.

Le stoïcisme n'est autre chose qu'un traité de la liberté prise dans toute son étendue.

Si cette doctrine, qui a tant de points communs avec les cultes religieux, s'étoit propagée comme les autres superstitions, il y a long-temps qu'il n'y auroit plus ni esclaves ni tyrans sur la terre.

Mais qu'est-ce que le bonheur, au jugement du philosophe ?... C'est la conformité habituelle des pensées et des actions aux loix de la nature.

Et qu'est-ce que la nature ? qu'est-ce que ses
loix ? Il n'auroit pas été mal de s'expliquer sur
ces deux points : car il est évident que la nature
nous porte avec violence et nous éloigne avec
horreur , d'objets que le stoïcien exclut de la
notion du bonheur.

Mais Sénèque écrivoit à Gallion , homme instruit, que les définitions que l'on exige ici auroient
ramené aux premiers élémens de la philosophie.

L'homme heureux du stoïcien est celui qui
ne connoît d'autre bien que la vertu , d'autre
mal que le vice ; qui n'est abattu ni enorgueilli
par les événemens ; qui dédaigne tout ce qu'il
n'est ni le maître de se procurer , ni le maître
de garder ; et pour qui le mépris des voluptés
est la volupté même.

Voilà peut-être l'homme parfait; mais l'homme
parfait est-il l'homme de la nature ?

« Quand on est inaccessible à la volupté, on
» l'est à la douleur... ». Voilà un de ces corollaires de la doctrine stoïcienne , auquel on n'arrive
que par une longue chaîne de sophismes. Une
statue qui auroit la conscience de son existence
seroit presque le sage et l'homme heureux de
Zénon.... « Il faut vivre selon la nature.... »,
Mais la nature , dont la main bienfaisante et pro-

digue a répandu tant de biens autour de notre
berceau, nous en interdit-elle la jouissance ? Le
stoïcien se refuse-t-il à la délicatesse des mets , à
la saveur des fruits , à l'ambroisie des vins, au
parfum des fleurs, aux caresses de la femme?...
« Non; mais il n'en est pas l'esclave... ». Ni
l'épicurien non plus. Si vous interrogez celui-ci,
il vous dira qu'entre toutes les voluptés la plus
douce est celle qui naît de la vertu. Il ne seroit
pas difficile de concilier ces deux écoles sur la
morale. La vertu d'Epicure est celle d'un homme
du monde; et celle de Zénon , d'un anachorète. La
vertu d'Epicure est un peu trop confiante peut-être;
celle de Zénon est certainement trop ombrageuse.
Le disciple d'Epicure risque d'être séduit; celui
de Zénon , de se décourager. Le premier a sans
cesse la lance en arrêt contre la volupté; le second vit sous la même tente, et badine avec elle.

§. 59. Il me semble que, dans la nature, le
corps est le tyran de l'ame, par les passions
effrénées et les besoins sans cesse renaissans; et
qu'au contraire, dans l'état de société , il n'en
est ni l'esclave ni le tyran : ce sont deux associés
qui se commandent et s'obéissent alternativement:
quand j'ai sommeillé, je médite; et quand j'ai
médité, il faut que je mange.

La philosophie stoïcienne est une espèce de

théologie pleine de subtilités ; et je ne connois pas de doctrine plus éloignée de la nature, que celle de Zénon.

La recherche du vrai bonheur conduit Sénèque à l'examen de la volupté d'Epicure ; et voici comment il s'en explique (*) : « Pour moi, dit-» il, je pense, et j'ose l'avouer contre l'opinion » de nos stoïciens, que la morale de ce philo-» sophe est saine, et même austère pour celui » qui l'approfondit : sa volupté est renfermée dans » les limites les plus étroites. La loi que nous » prescrivons à la vertu, il l'impose à la volupté ; » il veut qu'elle soit subordonnée à la nature ; » et ce qui suffit à la nature est bien mince pour » la débauche. Ceux qui se pressent en foule à » la porte de ses jardins, ne savent pas combien » la volupté qu'on y professe est tempérante et » sobre ; ils y sont attirés par l'espoir d'y trouver » l'apologie de leurs vices : ces faux disciples » avoient besoin d'une autorité respectable, et » ils ont calomnié le maître dont ils ont emprunté » le manteau ».

« Epicure fut un héros déguisé en femme ».

La volupté naît à côté de la vertu, comme le

_____

(*) Chap. 13, tom. V, pag. 112 et suiv.

pavot au pied de l'épi ; mais ce n'est point pour
la fleur narcotique , qu'on a labouré.

Il paroît que le mot *volupté* mal entendu ,
rendit Epicure odieux, ainsi que le mot *intérêt,*
aussi mal entendu , excita le murmure des hypocrites et des ignorans contre un philosophe
moderne.

Des efféminés , de lâches corrompus , pour
échapper à l'ignominie qu'ils méritoient par la
dépravation de leurs mœurs , se dirent sectateurs de la volupté , et le furent en effet ; mais
c'étoit de la leur , et non de celle d'Epicure.
Pareillement , des gens qui n'avoient jamais attaché
au mot *intérêt* d'autre idée que celle de l'or et
de l'argent , se révoltèrent contre une doctrine
qui donnoit l'intérêt pour le mobile de toutes
nos actions : tant il est dangereux , en philosophie , de s'écarter du sens usuel et populaire des
mots ?

§. 70. De l'apologie de l'épicuréisme , Sénèque passe à l'apologie de la philosophie en général. Combien j'ai été satisfait , en lisant les
chapitres XVII et XVIII, d'y trouver les mêmes
impertinences adressées à Sénèque et par les
mêmes personnages , que de nos jours ! On lui
disoit , comme à nos sages :

« Vous parlez d'une façon, et vous vivez d'une
» autre (1) ».

« Ames perverses , sachez que les Platon , les
» Epicure , les Zénon entendirent autrefois le
» même reproche. Ce n'est pas de nous que nous
» parlons, c'est de la vertu. Quand nous faisons
» le procès aux vices, nous commençons par les
» nôtres : quand je le pourrai, je vivrai comme
» je dois. Et le moyen de ne pas paroître trop
» riche à des gens qui n'ont pas trouvé que Dé-
» métrius fût assez pauvre » ?

« Lorsque vous parlez de nos mœurs, ou vous
» les connoissez , ou vous ne les connoissez pas.
» Si vous ne les connoissez pas , taisez-vous ,
» et ne vous exposez pas au nom d'infâmes ca-
» lomniateurs ; si vous les connoissez , citez nos
» mauvaises actions ».

« Nous ne nous sommes rien prescrit aussi for-
» tement (2) , que de ne pas régler notre conduite
» sur vos opinions. Continuez vos injurieux propos :
» ce sont pour nous les vagissemens d'enfans qui
» souffrent ».

---

(1) Chap. 18 , pag. 124 et suiv.
(2) Traité *de la Vie heureuse* , chap. 26 , pag. 153 ,
tom. V.

C *

§. 71. Voici comment on attaquoit autrefois le stoïcien Sénèque, et la manière dont il se défendoit.

« Si donc un de ces détracteurs de la philo-
» sophie vient me dire (*), comme ils disent
» tous : Pourquoi votre conduite ne répond-elle
» pas à vos discours? pourquoi ce ton soumis
» avec vos supérieurs? pourquoi regarder l'argent
» comme une chose nécessaire, et sa perte comme
» un malheur? pourquoi ces larmes, lorsqu'on
» vous annonce la mort de votre femme ou de
» votre ami? qu'est-ce que cet intérêt si délicat
» sur l'article de votre réputation? cette sensi-
» bilité si exquise à la piqûre la plus légère de
» la satire? pourquoi vos terres sont-elles plus
» cultivées que les besoins naturels ne l'exigent?
» pourquoi ces préceptes austères de frugalité
» à des tables somptueusement servies? pourquoi
» ces meubles recherchés, ces vins plus vieux
» que vous, ces projets qui se succèdent sans fin,
» ces arbres qui ne rendent que de l'ombre? pour-
» quoi votre femme porte-t-elle à ses oreilles
» la fortune d'une famille opulente? que signifient
» ces étoffes précieuses dont vos esclaves sont

(*) *Voyez* le traité *de la Vie heureuse*, chap 17,
18, 19, 20 et 21, depuis la pag. 122 jusqu'a la
pag. 132.

» couverts ? pourquoi le service est-il un art
» dans vos salles à manger ? à quoi bon ces vais-
» seaux d'argent, pourquoi sont-ils si curieuse-
» ment arrangés ? et ces maîtres dans l'art de
» découper les viandes, quelle figure font-ils au-
» tour d'un philosophe ? Ajoutez, si vous voulez,
» pourquoi ces possessions au-delà des mers ?
» ces biens immenses dont vous n'avez pas même
» l'état ? N'est-il pas également honteux de ne
» pas connoître vos esclaves, si vous en avez
» peu; ou d'en avoir un si grand nombre, que
» votre mémoire n'y suffise pas ?... Sont-ce là
» tous vos reproches ? Je vais vous aider, et
» vous en fournir auxquels vous ne pensez pas.
» Pourquoi ? Pourquoi ? Ecoutez, et retenez bien
» ma réponse. C'est que je ne suis pas un sage;
» et, pour ménager de l'aliment à votre mali-
» gnité, c'est que je ne le serai jamais. L'épi-
» curien Diodore vient de se tuer : c'est un insensé,
» disent les uns; les autres, c'est un téméraire.
» Vous attaquez la vie du stoïcien, et la mort
» de l'épicurien : il est donc bien intéressant pour
» vous qu'on ne croie pas aux gens de bien ! Si
» les partisans de la vertu sont vicieux, qu'êtes-
» vous donc ? S'ils ne conforment pas leur con-
» duite à leurs leçons, c'est qu'elles sont subli-
» mes, ces leçons; c'est que la pratique en est
» difficile. Et ces sublimes leçons, dites-vous,
» quelles sont-elles ? Les voici. Je verrai la mort

» avec autant de fermeté que j'en entends parler.
» Je me résoudrai aux travaux, quelque durs
» qu'ils soient. Je mépriserai la richesse absente
» comme présente; ni plus triste pour la savoir
» ailleurs, ni plus vain pour l'avoir chez moi.
» Que la fortune vienne à moi, ou qu'elle me
» quitte, je ne m'en douterai pas. Les terres
» d'autrui me seront comme si elles m'apparte-
» noient, et les miennes comme si elles apparte-
» noient à autrui. Né pour tous les hommes, tous
» les hommes seront nés pour moi. Mes biens, je
» ne les posséderai point en avare; je ne les
» dissiperai point en prodigue : je jugerai de mes
» bienfaits sur le mérite de celui qui les aura
» reçus; s'il en est digne, je ne croirai pas avoir
» beaucoup fait. Ma conscience, et non votre opi-
» nion, sera la règle de ma vie; mon propre
» témoignage prévaudra auprès de moi sur celui
» de tout un peuple. Je me rendrai agréable à
» mes amis; je serai indulgent pour mes ennemis;
» j'irai au-devant des demandes honnêtes; je
» saurai que l'univers est ma patrie; je vivrai,
» je mourrai sans crainte, parce que j'aurai tou-
» jours chéri la vertu, et que je n'aurai nui à
» la liberté de personne, ni à la mienne. O vous,
» qui haïssez la vertu et ses adorateurs, mordez,
» déchirez, continuez d'outrager les gens de bien;
» mais sachez du-moins qu'au temps où Caton
» louoit les Curius, les Coruncanus, et qu'au

» siècle où la possession de quelques lames d'ar-
» gent exposoit à la réprimande du censeur, lui,
» Caton, jouissoit de quatre cent mille sester-
» ces ; sachez que s'il lui fût survenu une plus
» grande fortune, il ne l'auroit pas rejettée (1).
» Où le sort peut-il mieux placer la richesse, que
» chez un dépositaire qui saura l'employer avec
» jugement, et la lui restituer sans plainte ? La
» richesse m'appartient, et vous lui appartenez :
» le sage ne l'a pas dérobée ; elle n'est point
» souillée de sang ; elle n'est ni le fruit de l'extor-
» sion, ni le produit d'un gain sordide ; elle sortira
» de chez lui d'une manière aussi innocente qu'elle
» y est entrée. Il n'y aura que l'envie, qui souf-
» froit lorsqu'elle la vit arriver, qui pourra sourire
» quand elle la verra s'en aller. Il donnera....
» Vous ouvrez les oreilles, vous tendez la main !
» mais il ne donne qu'aux gens de bien ».

Tout ce qui precède, tout ce que j'omets,
tout ce qui suit, est très-beau. Quand on cite
Sénèque, on ne sait ni où commencer, ni où
s'arrêter. Les philosophes modernes pourroient
dire à leurs détracteurs ce que le sage de Sénèque disoit aux siens (2) : « Ne vous permettez

(1) Chap. 21, pag. 132, et chap. 22 et 23.
(2) Traité *de la Vie heureuse*, chap. 24, tom. V,
pag. 144.

» pas de juger ceux qui valent mieux que vous;
» nous possédons déjà un des premiers avantages
» de la vertu, c'est de déplaire aux méchans.
» Soyez moins empressés de surprendre nos dé-
» fauts; et regardez aux vôtres, dont les uns
» éclatent, les autres sont cachés dans vos en-
» trailles qu'ils dévorent. En attendant, les exem-
» ples, les exhortations ne sont pas à mépriser:
» laissez-nous donc prêcher la vertu; peut-être
» un jour ferons-nous mieux (*).

§. 72. Il seroit à souhaiter que les philosophes
modernes, sourds aux cris de l'envie, et con-
noissant mieux le prix et la douceur du repos,
suivissent l'exemple du sage Fontenelle, se fis-

(*) Ce qui suit se retrouve, édition première, dans
une note de l'éditeur. M. Naigeon, voulant citer
un passage d'une lettre que je lui avois écrite autrefois sur les Fréron, les Palissot et *id genus omne*,
crut avec raison que ce fragment feroit plus d'effet
en l'attribuant à Fontenelle; et il y fit le préambule
qui précède les guillemets. C'est cette même note
que je replace ici dans le texte :

Qui n'a plus qu'un moment à vivre,
N'a plus rien à dissimuler.

D'ailleurs, il m'a paru impossible de concilier l'ordre avec la liberté d'esprit à laquelle j'étois bien
résolu de m'abandonner, lorsque je commençai cet
ouvrage.

NOTE DE DIDEROT.

sent, comme lui, un système de bonheur indépen-
dant des opinions et des jugemens du vulgaire,
et se dissent froidement : « Je n'ai jamais lu aucun
» des ouvrages de mes ennemis : je n'ai ni le
» droit de les mépriser, parce que j'ignore s'ils
» ont du talent ou s'ils en manquent; ni celui
» de les haïr, puisqu'ils ne m'ont pas fait le moindre
» mal, puisqu'ils ne m'ont pas donné un instant
» d'humeur pendant le jour, ni un quart-d'heure
» d'insomnie pendant la nuit. Où en serions-nous,
» si des hommes pervers pouvoient rendre faux
» ce qui est vrai, mauvais ce qui est bon, laid
» ce qui est beau ? Le vrai, le bon et le beau
» forment à mes yeux un grouppe de trois gran-
» des figures, autour desquelles la méchanceté
» peut élever un tourbillon de poussière qui les
» dérobe un moment aux regards des gens de bien;
» mais le moment qui suit, le nuage disparoît, et
» elles se montrent aussi vénérables que jamais.
» Si j'ai raison, il est inutile que je me défende;
» si j'ai tort, ma défense ne me donnera pas
» raison. Je me suis fait un oreiller, sur lequel il
» est difficile de troubler mon repos; et qui est-
» ce qui sait mieux que moi ce qu'il faut que
» je me dise et ce qu'il faudroit que je fisse pour me
» rendre meilleur »?

DU LOISIR ou DE LA RETRAITE
DU SAGE.

§. 73. On ne peut guère douter que ce petit traité ne soit la continuation de celui qui précède.

La retraite qui nous rapproche de nous-mêmes, en nous séparant de la foule qui nous heurte, restitue à notre marche son égalité.

« L'homme est né pour méditer et pour agir. » Il est habitant du monde, et citoyen d'Athè- » nes. Il sert la grande république dans la soli- » tude, et la petite dans les tribunaux ou dans » le ministère ».

« Epicure dit que le sage ne prendra point de » part aux affaires publiques, si quelque chose » ne l'y oblige ».

« Zénon, que le sage prendra part aux affaires » publiques, à-moins que quelque chose ne l'en » empêche ».

Mais l'énumération des obstacles est fort étendue. Par exemple, si la république est trop corrompue, et qu'il n'y ait aucun espoir de la sauver ; si les moyens souffroient des contradictions insur-

montables ; si l'état est la proie des méchans ,
le sage se sacrifieroit inutilement.

En effet, au milieu des brigues et des cabales de l'ambition ; parmi cette foule de calomniateurs qui empoisonnent les meilleures actions ;
entouré d'envieux qui font échouer les projets les
plus utiles, tantôt pour vous en ravir l'honneur,
tantôt pour se ménager de petits avantages ; de
ces politiques ombrageux, qui épient les progrès
que vous faites dans la faveur du souverain et
du peuple, pour saisir le moment où il convient
de vous desservir et de vous renverser ; de cette
nuée de méchans subalternes qui ont intérêt à
la durée des maux, et qui pressentent la tendance
de vos opérations ; qu'a-t-on de mieux à faire
qu'à renoncer aux fonctions d'état ? N'est-on utile
qu'en produisant des candidats, en secourant les
peuples, en défendant les accusés, en récom-
pensant les hommes industrieux, en opinant pour
la paix ou pour la guerre ?... Non ; mais je ne
mettrai pas sur la même ligne celui qui médite
et celui qui agit. Sans-doute la vie retirée est
plus douce ; mais la vie occupée est plus utile
et plus honorable ; il ne faut passer de l'une à
l'autre qu'avec circonspection ; c'est même l'avis
de Sénèque.

« Et qu'importe, ajoute-t-il, par quels mo-

» tifs le sage embrasse la retraite , si c'est lui
» qui manque à l'état , ou si c'est l'état qui lui
» manque ? . . . ». Il importe beaucoup : s'il manque à l'état, c'est un mauvais citoyen ; si l'état
lui manque , l'état est insensé.

Sénèque dispense encore le sage de l'administration , s'il manque d'autorité , de force et de
santé. Un homme s'est montré de nos jours plus intrépide que le stoïcien ne l'exige.

En passant en revue tous les gouvernemens ,
Sénèque n'en trouvoit pas un seul auquel le sage
pût convenir , et qui pût convenir au sage.

« S'il est mécontent de la république , comme
» il ne manquera pas d'arriver , pour peu qu'il soit
» difficile, où se retirera-t-il ? Dans Athènes, où
» Socrate fut condamné , et d'où Aristote s'enfuit
» pour ne le pas être ? A Carthage , le théâtre
» continuel des dissentions » ?

En passant en revue plusieurs de nos gouvernemens , le sage seroit encore de l'avis de Sénèque.

§. 74. Après des siècles d'une oppression générale , puisse la révolution qui vient de s'opérer au-
delà des mers , en offrant à tous les habitans de
l'Europe un asyle contre le fanatisme et la tyrannie,
instruire ceux qui gouvernent les hommes sur le

légitime usage de leur autorité ! Puissent ces braves Américains, qui ont mieux aimé voir leurs femmes outragées, leurs enfans égorgés, leurs habitations détruites, leurs champs ravagés, leurs villes incendiées, verser leur sang et mourir, que de perdre la plus petite portion de leur liberté, prévenir l'accroissement énorme et l'inégale distribution de la richesse, le luxe, la molesse, la corruption des mœurs, et pourvoir au maintien de leur liberté et à la durée de leur gouvernement ! Puissent-ils reculer, au moins pour quelques siècles, le décret prononcé contre toutes les choses de ce monde ; décret qui les a condamnés à avoir leur naissance, leur temps de vigueur, leur décrépitude, et leur fin ! Puisse la terre engloutir celle de leurs provinces, assez puissante et assez insensée pour chercher les moyens de subjuguer les autres ! Puisse dans chacune d'elles ou ne jamais naître, ou mourir sur-le-champ sous le glaive du bourreau, ou par le poignard d'un Brutus, le citoyen assez puissant un jour et assez ennemi de son propre bonheur, pour former le projet de s'en rendre le maître !

Qu'ils songent que le bien général ne se fait jamais que par nécessité ; et que le temps fatal pour les gouvernemens est celui de la prospérité, et non celui de l'adversité.

Qu'on lise au premier paragraphe de leurs

annales : « Peuples de l'Amérique septentrionale,
» rappelez-vous à jamais que la puissance dont vos
» pères vous ont affranchis , maîtresse des mers
» et des terres , il n'y avoit qu'un moment, fut
» conduite sur le penchant de sa ruine par l'abus
» de la prospérité ».

L'adversité occupe les grands talens ; la prospérité les rend inutiles , et porte aux premiers
emplois les ineptes, les riches corrompus, et les
méchans.

Qu'ils songent que la vertu couve souvent le
germe de la tyrannie.

Si le grand homme est long-temps à la tête
des affaires, il y devient despote. S'il y est peu
de temps , l'administration se relâche et languit
sous une suite d'administrateurs communs.

Qu'ils songent que ce n'est ni par l'or , ni
même par la multitude des bras , qu'un état se
soutient, mais par les mœurs.

Mille hommes qui ne craignent pas pour leur
vie sont plus redoutables que dix mille qui craignent pour leur fortune.

Que chacun d'eux ait dans sa maison , au bout

de son champ, à côté de son métier, à côté de sa charrue, son fusil, son épée et sa baïonnette.

Qu'ils soient tous soldats.

Qu'ils songent que, si, dans les circonstances qui permettent la délibération, le conseil des vieillards est le bon; dans les instans de crise, la jeunesse est communément mieux avisée que la vieillesse.

§. 75. Sénèque pense que la nature nous a faits pour méditer et pour agir; mais lorsque les circonstances réduisent le philosophe à la vie contemplative, il est encore une gloire à laquelle il peut prétendre. « Chrisippe et Zénon, dans » leur retraite, ont mieux mérité du genre humain » que s'ils avoient conduit des armées, occupé » des emplois, et promulgué des loix. . . ». Vaut-il mieux avoir éclairé le genre humain, qui durera toujours, que d'avoir ou sauvé ou bien ordonné une patrie qui doit finir? Faut-il être l'homme de tous les temps, ou l'homme de son siècle? C'est un problême difficile à résoudre.

Auguste, ce maître de l'univers, cet homme qui régloit d'un mot le sort des nations, regardoit le jour qui le délivreroit de sa grandeur comme le plus fortuné de sa vie. Cependant il mourut em-

perèur, et fit bien. Rien de plus difficile que de se
défaire de l'habitude de commander, si ce n'est
de celle d'obéir : l'esclave a perdu son ame, quand
il a perdu son maître ; comme le chien égaré dans
les rues, il crie jusqu'à ce qu'il ait retrouvé la
maison où il est nourri d'eau et de pain, et as-
sommé de coups de bâton.

Quelles mœurs, quelles effroyables mœurs, que
celles des Romains ! Je ne parle pas de la débauche, mais de ce caractère féroce qu'ils tenoient
apparemment de l'habitude des combats du cirque.
Je frémis, lorsque j'entends un de ces citoyens,
blasé sur les plaisirs, las des voluptés de la Campanie, du silence et des forêts du Bruttium, des
superbes édifices de Tarente, se dire à lui-même :
« Je m'ennuie ; retournons à la ville : je me sens
» le besoin de voir couler du sang ». Et ce mot
est celui d'un efféminé !

On ne tardera pas à devenir cruel, par-tout où
l'on circulera parmi des bourreaux et des assassins ; par-tout où l'on verra aux pieds des autels,
et sur les places publiques, une continuelle effu-
sion de sang. Lorsque je compte les prêtres et les
temples, les jeux du cirque et ses victimes, Rome
ancienne me semble une grande boucherie où l'on
donnoit leçon d'inhumanité.

§. 76. *Ici, Sénèque s'exhorte à l'examen des*

choses, sans partialité, sans cette haine implacable que sa secte a vouée à toutes les autres.

D'où venoit cette intolérance des stoïciens ? De la même source que celle des dévots outrés. Ils ont de l'humeur, parce qu'ils luttent contre la nature, qu'ils se privent, et qu'ils souffrent. S'ils vouloient s'interroger sincèrement sur la haine qu'ils portent à ceux qui professent une morale moins austère, ils s'avoueroient qu'elle naît de la jalousie secrète d'un bonheur qu'ils envient et qu'ils se sont interdits, sans croire aux récompenses qui les dédommageront de leur sacrifice ; ils se reprocheroient leur peu de foi ; et cesseroient de soupirer après la félicité de l'épicurien dans cette vie, et la félicité du stoïcien dans l'autre.

CONSOLATION A HELVIA.

§. 77. HELVIA étoit mère de Sénèque. Elle resta orpheline presque en naissant, et passa sous l'autorité d'une belle-mère. Quelque indulgence qu'on suppose dans une belle-mère, ce n'est pas sans difficulté qu'on parvient à lui plaire. Un oncle qui la chérissoit, lui fut enlevé au moment où elle l'attendoit, les bras ouverts, à son retour d'Egypte : dans le même mois, elle perdit son époux. L'absence de ses enfans la laissa seule sous le poids

de cette affliction. Sa vie n'avoit été qu'un tissu
d'alarmes, de périls et de douleurs, lorsqu'elle
recueillit les cendres de trois de ses petits – fils,
dans le même pan de sa robe où elle les avoit reçus
en naissant. Vingt jours s'étoient écoulés depuis
les funérailles du fils de Sénèque, lorsque le père
fut séparé d'elle par l'exil. Ce dernier événement
est le sujet de la Consolation.

Cet ouvrage, écrit dans la situation la plus
cruelle et la contrée la plus affreuse, est plein
d'ame et d'éloquence. Le beau génie et l'excellent
caractère du philosophe s'y développent en entier.
Il s'y montre sous une multitude de formes diverses : il est érudit, naturaliste, philosophe, historien, moraliste, religieux, sans s'écarter de son
sujet. On ne sauroit s'empêcher d'accorder de
l'admiration et de l'estime à l'homme sensible qui
réunit tant de vertus et tant de talens.

C'est parce que tout seroit à citer de ce bel
écrit, que j'en citerai peu de chose. Sénèque
dit à sa mère :

« J'espère que vous ne refuserez pas à un fils,
» à qui vous n'avez jamais rien refusé, la grace
» de mettre un terme à vos regrets.

» Vous me croyez malheureux ; je ne le suis
» pas, je ne puis le devenir.

« Je ne me suis jamais fié à la fortune : tous les
» avantages que je tenois de sa faveur, les ri-
» chesses, les honneurs, la gloire, je les ai pos-
» sédés de manière qu'elle pût les reprendre sans
» m'affliger; j'ai toujours laissé entre elle et moi
» un grand intervalle ».

Si cela n'eût pas été vrai, comment auroit-il eu
le front de le dire à sa mère? Et Helvia n'auroit-
elle pas été dans le cas de lui répondre : Mon fils,
vous mentez?

« En quelque lieu que l'homme de bien soit
» relégué, il y trouve la nature, la mère com-
» mune de tous les hommes, et sa vertu person-
» nelle.

« De tous les points de la terre, nos regards se
» dirigent également vers le ciel; et le séjour de
» l'homme est à la même distance de la demeure
» des immortels.

« Est-on malheureux dans un exil, vers lequel
» on attire les regrets des citoyens vertueux? Le
» beau jour, pour Marcellus exilé, que celui où
» Brutus ne pouvoit le quitter, et César n'osa
» l'aller voir! Brutus étoit affligé, et César hon-
» teux de revenir sans Marcellus.

» Un grand homme debout est encore un homme
» grand à terre.

» L'homme a un penchant naturel à se dépla-
» cer.... ». Je ne le pense pas; cette maxime
contredit et les philosophes et les poètes, qui tous
ont unanimement reconnu et préconisé l'attrait du
sol. Ainsi que tous les animaux, l'homme ne s'é-
loigne du lieu de sa naissance que d'un assez court
intervalle : cet intervalle est limité par ses besoins
et par ses forces; il le mesure sur la fatigue du
retour. Il ne quitte son berceau, que quand il en
est chassé. Le lièvre et le cerf, qui vont si vîte,
changent rarement de forêt ; l'aigle plane presque toujours au-dessus des mêmes montagnes. Le
sol rappelle l'homme des pays lointains, où l'intérêt ne l'a point transporté sans l'arracher des
bras de son père, de sa mère, de ses frères, de
sa femme, de ses enfans, de ses concitoyens : il
s'est retourné plus d'une fois ; ses mains se sont
portées, ses yeux, baignés de larmes, se sont
fixés vers la ville, sur le rivage qu'il venoit de
quitter.

Sénèque ajoute : « De vos enfans, l'un est par-
» venu aux dignités, par son mérite; la sagesse
» de l'autre les a dédaignées : jouissez de la con-
» sidération de celui-là, du loisir de celui-ci,
» de la tendresse de tous les deux. Gallion a re-
» cherché la grandeur, pour vous honorer; Méla,
» le repos, pour n'être qu'à vous. Le sort a voulu
» que l'un vous servît d'appui; l'autre, de conso-

» lateur. Vous êtes défendue par le crédit du
» premier ; vous jouissez de la tranquillité du se-
» cond : ils se disputeront de zèle ; et l'amour des
» deux suppléera à la perte d'un seul.

» Le sexe n'est point une excuse pour celle
» qui n'en montra jamais aucune des foiblesses ».

Et Sénèque n'est pas pathétique, lorsqu'il fait
dire à Helvia : « Je suis privée des embrassemens
» de mon fils ; je ne jouis plus de sa présence,
» de sa conversation. Où est-il, le mortel chéri
» dont la vue dissipoit la tristesse de mon front,
» dont le sein recevoit le dépôt de mes inquié-
» tudes ? Que sont devenus ces entretiens dont
» je ne sentis jamais la satiété ? ces études aux-
» quelles j'assistois avec un plaisir si rare dans
» une femme ? Et cette tendresse qu'on laissoit
» éclater à ma rencontre, cette joie ingénue qui
» se déployoit à mon approche ; je la cherche,
» et je ne la trouve plus » ?

Et Sénèque n'est pas pathétique, lorsqu'il ajoute:
« Vous revoyez les lieux témoins de nos caresses
» et de nos repas ; ce dernier entretien, si ca-
» pable de déchirer une ame, vous vous le rappelez.
» Combien vous souffrîtes ! combien vous aviez
» souffert jusqu'à ce moment ! C'est à travers
» des cicatrices, que votre sang a recommencé
» de couler ».

Et Sénèque n'est pas pathétique, lorsqu'il continue : « Tournez vos yeux sur mes frères ; tant
» qu'ils vous resteront, vous sera-t-il permis de
» vous plaindre de la fortune ?... Tournez vos
» yeux sur vos petits-enfans ; quelles larmes ne
» suspendroit pas leur innocente gaîté ? quelle tris-
» tesse ne céderoit pas à leurs jeux enfantins ?...
» Puisse la cruauté du destin s'épuiser sur moi
» seul, victime expiatrice pour toute ma famille !...
» Serrez entre vos bras Novatilla... Songez à
» votre père : tant que votre père vivra, ce seroit
» un crime à sa fille de croire qu'elle a trop
» vécu.... Je ne vous parlois pas de votre sœur.
» C'est sur ses genoux que je suis entré dans
» Rome ; ce sont ses soins maternels qui m'ont
» conservé la vie ; c'est son crédit qui m'a conduit
» à la questure. Jetez vos bras autour d'elle,
» refugiez-vous dans son sein.... Je sais que vos
» pensées reviendront souvent sur moi, parce
» qu'il est naturel de porter la main à la partie
» douloureuse : mais sur ce que vous connoissez
» de mes principes et de l'emploi de mes journées,
» jugez si je puis être malheureux ?

« Je ne m'apperçois de la pauvreté, que par
» l'absence des soins que la richesse entraîne....
» Quand les sermens furent-ils respectés ? Ce
» fut au temps où l'on juroit par des dieux d'ar-
» gile... Lequel des deux estimerai-je davantage,

» ou de celui qui sait vivre d'un morceau de
» pain, ou de César qui dépense en un souper
» cent millions de sesterces?... Tout se fait à
» temps. C'est lorsqu'Apicius donne aux citoyens
» des leçons publiques de gourmandise, que les
» philosophes sont chassés de Rome.... Apicius
» se trouve indigent avec dix millions de ses-
» terces, et se tue. Peu de chose suffit à la nature ;
» rien ne suffit à la cupidité. La nature a rendu
» facile ce qu'elle a rendu nécessaire ».

§. 78. Lorsque je commençai cet ouvrage, ou
plutôt mes lectures, je ne me proposai pas seulement de recueillir quelques-unes des belles pensées de Sénèque ; j'avois encore le dessein d'y joindre
les anecdotes historiques qui rendent ses ouvrages
si intéressans et si précieux.

C'est dans cette *Consolation à Helvia*, si je
ne me trompe, qu'il raconte que, dans la foule des
citoyens qui gémissoient sur le sort d'Aristide
que l'on conduisoit au supplice, il y eut un im-
pudent qui lui cracha au visage. Phocion essuya
la même avanie ; d'où je conclus que la populace
d'Athènes étoit plus vile que la nôtre. On ne
t'auroit pas fait la même insulte, à toi, ô le
plus haï, le plus méprisable et le plus méprisé
des hommes ! Je ne te nomme pas, mais tu te
reconnoîtras, si tu me lis... Tu rougis ! tu pâlis !
tu t'es reconnu.

L'histoire ancienne, qui nous entretient sans cesse de grands personnages, attache si rarement nos regards sur la multitude, que nous ne l'imaginons pas dans les temps passés aussi grossière, aussi perverse que de nos jours : peu s'en faut que nous ne croyions qu'on ne traversoit pas une rue d'Athènes sans être coudoyé par un Démosthène ou par un Cimon. Et l'avenir pourroit bien croire, à-moins que l'esprit philosophique ne s'introduise à la fin dans l'histoire, qu'on ne traversoit pas une rue de Paris, sans coudoyer un N***, un Malesherbes ou un Turgot.

Sénèque n'auroit laissé que ce morceau, qu'il auroit droit au respect des gens de bien et à l'éloge de la postérité. Lorsqu'il s'occupoit des chagrins de sa mère, il étoit bien plus à plaindre qu'elle.

DE LA BRIÉVETÉ DE LA VIE.

§. 79. On présume que le Paulinus à qui Sénèque adresse ce traité, étoit père de Pauline, la seconde femme de Sénèque. Il exerçoit à Rome une charge très-importante, la surintendance générale des vivres.

« La vie n'est courte, dit Sénèque, que par
» le mauvais emploi qu'on en fait ».

« Perdre sa vie, c'est tromper le décret des
» dieux ».

« Se cacher son âge, c'est vouloir mentir au
» destin ».

On ne lit point ce traité, sans s'appliquer à
soi-même la plupart des sages réflexions dont il
est parsemé. Un homme de lettres se plaignoit
de la rapidité du temps. Un de ses amis, témoin
de ses regrets, et sachant d'ailleurs combien il
étoit prodigue du sien, l'interrompit en lui ci-
tant ce passage de Sénèque : *Tu te plains de la*
brièveté de la vie , et tu te laisses voler la tienne.
« On ne me vole point ma vie, répondit le phi-
» losophe, je la donne; et qu'ai-je de mieux à
» faire que d'en accorder une portion à celui
» qui m'estime assez pour solliciter ce présent?
» Quelle comparaison d'une belle ligne, quand
» je saurois l'écrire, à une belle action ? On
» n'écrit la belle ligne, que pour exhorter à la
» bonne action qui ne se fait pas : on n'écrit
» la belle ligne que pour accroître sa réputation;
» et l'on ne pense pas qu'au bout d'un nombre
» d'années assez courtes, et qui s'écoulent avec
» rapidité, il sera très-indifférent qu'il y ait au
» frontispice de PÉTRÉIDE , *Thomas ,* ou un autre
» nom ; on ne pense pas que le point important
» n'est pas que la chose soit faite par un autre

» ou par soi ; mais qu'elle soit faite et bien faite
» par un méchant même ou par un homme de
» bien ; on prise plus l'éloge des autres, que celui
» de sa conscience. On ne me louera, j'en con-
» viens, ni dans ce moment où je suis, ni quand
» je ne serai plus ; mais je m'en estimerai moi-
» même, et l'on m'en aimera davantage. Ce n'est
» point un mauvais échange que celui de la bien-
» faisance dont la récompense est sûre, contre
» de la célébrité qu'on n'obtient pas toujours, et
» qu'on n'obtient jamais sans inconvénient. Je n'ai
» jamais regretté le temps que j'ai donné aux
» autres ; je n'en dirois pas autant de celui que
» j'ai employé pour moi. Peut-être m'en imposai-
» je par des illusions spécieuses, et ne suis-je
» prodigue de mon temps que par le peu de cas
» que j'en fais : je ne dissipe que la chose que
» je méprise ; on me la demande comme rien, et
» je l'accorde de même. Il faut bien que cela soit
» ainsi, puisque je blâmerois en d'autres ce que
» j'approuve en moi ».

Fort bien, repliquera Sénèque (*); « mais le
» temps que tu t'es laissé ravir par une maî-
» tresse, celui que tu as perdu à quereller avec
» ta femme, tes domestiques et tes enfans ; en

_____

(*) *De la briéveté de la vie*, chap. 3, tom. V, pag.
283 et 284.

» amusemens , en distractions , en débauches de
» table , en visites inutiles , en courses aussi fa-
» tigantes que superflues ? Tes passions , tes
» goûts, tes fantaisies, tes folies n'ont-elles pas mis
» tes jours et tes nuits au pillage, sans que tu
» t'en sois apperçu » ?

Les journées sont longues et les années sont
courtes pour l'homme oisif : il se traîne pénible-
ment du moment de son lever jusqu'au moment
de son coucher : l'ennui prolonge sans fin cet intervalle de douze à quinze heures , dont il compte
toutes les minutes : de jours d'ennui en jours
d'ennui , est-il arrivé à la fin de l'année ? il lui
semble que le premier de Janvier touche immédiatement au dernier de Décembre , parce qu'il
ne s'intercale dans cette durée aucune action qui
la divise. Travaillons donc : le travail , entre autres
avantages , a celui de raccourcir les journées et
d'étendre la vie.

Le vieillard occupé , dont le travail assidu aug-
mentera sans relâche la somme des connoissances,
laissera toujours entre le jeune homme et lui
à-peu-près la même différence d'instruction ; et
la société de celui-ci ne lui déplaira jamais. Il
n'en est pas ainsi du vieillard oisif ; il s'avance
vers un moment où , honteux d'être devenu l'é-
colier d'un adolescent , il fuira un commerce où
la supériorité qu'on aura prise sur lui par l'étude,

D *

et qui s'accroîtra par les progrès successifs de l'esprit humain, l'humiliera sans cesse et l'affligera. Lisons donc tant que nos yeux nous le permettront ; et tâchons d'être au moins les égaux de nos enfans. Plutôt s'user, que se rouiller.

Si le ciel nous exauçoit, l'impatience de nos craintes, de nos espérances, de nos souhaits, de nos peines, de nos plaisirs, abrégeroit notre vie des deux tiers. Etre bizarre, tu crains la fin de ta vie, et en une infinité de circonstances tu hâtes la célérité du temps ! Il ne tient pas à toi qu'entre l'instant où tu es et l'instant où tu voudrois être, les jours, les mois, les années intermédiaires ne soient anéantis : la chose que tu attends, n'est rien peut-être ou presque rien ; et celle que tu sacrifierois volontiers, est tout !

§. 80. Sénèque prétend qu'Aristote intenta à la nature un procès indigne d'un sage, sur la longue vie qu'elle accorde à quelques animaux, tandis qu'elle a marqué un terme si court à l'homme, né pour tant de choses importantes (*)…. « Nous » n'avons pas trop peu de temps, lui dit-il ; nous » en perdons trop… ». Certes, ce n'étoit pas un reproche à faire au plus laborieux des philosophes…. « La vie seroit assez longue et suffiroit

_____

(*) Chap. I, tom. V, pag. 276.

» pour achever les plus grandes entreprises, si
» nous savions en bien placer les instans. ... ».
Cela est-il vrai? La course de notre vie est déjà
fort avancée, lorsque nous sommes capables de
quelque chose de grand ; et celui qui avoit formé
le projet de te faire admirer des Français, en leur
mettant ton ouvrage sous les yeux, est mort avant
que d'avoir mis la dernière main à son travail (*)....
Sénèque, adressez ces reproches aux hommes dissi-
pés ; mais épargnez-les à Aristote ; épargnez-les à
vous-même, et à tant d'hommes célèbres que la
mort a surpris au milieu des plus belles entreprises. Je suis bien loin de sentir comme vous ;
je regrette que vos semblables soient mortels.

(*) La hardiesse et la légéreté, avec lesquelles
certains critiques ont parlé de la traduction de Sénèque, prouvent assez qu'ils l'ont jugée sur cette seule
ligne : ils ont supposé, d'après une logique fort
étrange, qu'un livre où l'auteur n'avoit pas mis
la dernière main, devoit nécessairement être plein
de fautes; et donnant à cette expression vague un
sens très-étendu, ils ont regretté qu'une mort prématurée ait ravi M. la Grange aux lettres, et privé le
public d'une traduction telle qu'on devoit raisonna-
blement l'attendre d'un aussi habile homme. Ils n'ont
pas fait réflexion que les défauts d'un ouvrage de la
nature du sien, à la perfection duquel un auteur
d'un mérite généralement reconnu a employé huit
ans d'un travail assidu, ne peuvent jamais être ni
fort nombreux, ni fort graves. L'équité exigeoit

Je n'aurois pas de peine à trouver dans Sénèque plus d'un endroit où il se plaint de la multiplicité des affaires et de la rapidité des heures. L'animal sait, en naissant, tout ce qui lui importe de savoir; l'homme meurt, lorsque son éducation est à-peine achevée.

En faisant le procès à Aristote, il le fait aussi à Hipocrate, qui a ouvert son sublime et profond ouvrage des *Aphorismes* par ces mots : « L'art est long, la vie courte, le jugement difficile, l'expérience périlleuse, et l'occasion fugitive.... ? ». C'est à l'imperfection actuelle de la médecine, malgré les travaux d'une multitude d'hommes de génie, ajoutés et surajoutés

---

donc que ces censeurs; moins prompts à juger, et déjà prévenus par l'éditeur sur quelques méprises légères où M. la Grange est tombé par inadvertance, ou par l'impossibilité de tout savoir, se contentassent d'observer en général que, s'il se rencontre dans sa traduction quelques-unes de ces inexactitudes que la longueur et la difficulté de l'entreprise doivent faire excuser, il a su, dans un grand nombre de passages, exprimer avec autant d'élégance que de précision et de fidélité le sens de l'original; et aussi souvent que le génie très-différent des deux langues a pu le permettre, conserver les beautés qui lui sont propres, en faisant disparoître les défauts qui le déparent.

NOTE DE L'ÉDITEUR.

successivement aux travaux de ce grand homme,
à justifier l'archiâtre et le philosophe. N'en déplaise à Sénèque, quand on a comparé la difficulté de perfectionner une science, de se perfectionner soi-même, avec la rapidité de nos
jours, on trouve que l'homme, qui a ménagé ses
momens avec la plus grande économie ; qui ne
s'en est laissé dérober aucun par facilité ; qui n'a
rien perdu de ses heures par maladie, par paresse
ou par négligence ; et qui est parvenu à l'extrême
vieillesse, a cependant bien peu vécu.

§. 81. Encore si les obstacles ne venoient que
de l'étendue et de la difficulté de la chose ! Mais
combien de fois n'arrive-t-il pas que les préjugés,
les usages, les coutumes, les religions, les loix
mêmes s'opposent aux progrès ! J'en citerai l'a-
natomie pour exemple. Nos gymnases publics
de médecine et de chirurgie, quoique les moins
utiles à l'instruction, ont seuls le droit de demander des cadâvres au grand hôpital, qui ne
leur en fournit pas le trentième du besoin : la
plupart sont infectés de scorbut, d'ulcères, d'abcès
et d'autres maladies contagieuses. Les écoles particulières, plus instructives, où l'élève travaille
de lui-même et s'exerce aux opérations, vont
aux cimetières : on corrompt les fossoyeurs ; on
force les grilles ; on escalade les murs ; on s'expose
aux animaux qui veillent dans ces enclos publics,

et aux châtimens de la police, pour s'emparer de corps à demi-pourris, et funestes à l'artiste qui les ouvre et à l'auditeur qui les approche.

Quand la science cesse de s'en occuper, que deviennent les restes ? On ne les brûle pas sans se constituer en dépense, et sans exciter des vapeurs nuisibles : souvent on les jette dans les rues, au grand scandale du citoyen, incertain si cette cuisse n'est pas celle de son père, et cet organe, celui-même où il a pris naissance : on les porte à la rivière, au hasard d'être surpris par la garde, traîné chez un commissaire, et de la maison du commissaire conduit en prison.

Chez les peuples anciens, en Egypte on n'embaumoit pas sans disséquer; en Grèce on abandonnoit au scalpel les suppliciés; à Sparte les enfans condamnés à l'apothète par leur difformité; à Rome, sous les premiers rois, les nouveaux nés exposés par l'indigence, les malfaiteurs et les ennemis tués les armes à la main.

Les médecins, qui suivirent les armées de Marc-Aurèle, profitèrent de ce privilège. On lit dans les Déclamations de Sénèque le père, que, malgré l'usage des bûchers, on fouilloit les viscères des morts pour y trouver les causes des infirmités des vivans.

En Espagne, où la médecine et la chirurgie

sont peu cultivées, ces sciences obtiennent cependant tous les secours dont elles ont besoin.
En Prusse, ces secours sont faciles et gratuits.

Si l'étude de l'anatomie est contrariée dans la
capitale, c'est pis encore à Lyon, à Bordeaux,
à Montpellier, dans toutes nos provinces. Il n'y
a qu'à Strasbourg, où l'on m'a assuré que tous
les cadavres bourgeois étoient livrés au démons-
trateur, sans aucune rétribution.

Et nous nous appelons policés! et nous ignorons que plus une science qui ne s'apprend point
dans les livres, est importante, plus les moyens
de s'y perfectionner doivent être libres et multipliés! Ce que je dis ici dans le texte, pouvoit
être mis en note : mais je veux qu'il soit lu, et
j'espère que des voix réunies s'éleveront utilement
contre les abus. J'ai souhaité que la digne et
respectable femme qu'on ne sauroit trop louer,
et qui nous a prouvé sans réplique qu'avec une
somme très-modique (1) un malade pouvoit être
mieux soigné dans un hôpital que dans sa propre
maison, ne laissât pas dévorer aux vers, sans
avantage pour nous, les cadavres des malheureux
que ses secours n'auront pu conserver (2).

_____

(1) Dix-sept sous et demi.
(2) *Voyez l'Histoire de la chirurgie*, par M.
Peyrilhe, ouvrage écrit et pensé fortement.

§. 82. Je ne suis pas plus satisfait de ce que Sénèque vient d'adresser à Aristote, que de ce qu'il va dire à Paulinus (1).

« Songez à combien d'inquiétudes vous expose
» un emploi aussi considérable. Vous avez à
» faire à des estomacs qui n'entendent ni l'équité·
» ni la raison. Vous êtes médecin d'un de ces·
» maux urgens qu'il faut traiter et guérir à l'insu
» des malades. Croyez-vous qu'il y ait aucune
» comparaison entre passer son temps à surveil-
» ler aux fraudes des marchands de bled, à la
» négligence des magasiniers ; à prévenir l'hu-
» midité qui échauffe et gâte les grains ; à em-
» pêcher que la mesure et que le poids n'en
» soient altérés, et vous occuper de connoissances
» importantes et sublimes sur la nature des dieux,
» le sort qui les attend, leur félicité ... »? Je
répondrois à Sénèque : C'est la première, qui me
paroît la plus urgente et la plus utile... « On ne
» manquera-pas, dites-vous (2), de gens d'une
» stricte attention ... ». Vous vous trompez : on
trouvera cent contemplateurs oisifs, pour un homme
actif ; cent rêveurs sur les choses d'une autre
vie, pour un bon administrateur des choses de
de celles-ci. Votre doctrine tend à énorgueillir

_____

(1) *De la brièveté de la vie*, chap. 18, 19.
(2) Chap. 18, pag. 349, tom. V.

des paresseux et des fous , et à dégoûter les bons
princes et les bons magistrats, les citoyens vraiment
essentiels. Si Paulinus fait mal son devoir, Rome sera
dans le tumulte ; Si Paulinus fait mal son devoir ,
Sénèque manquera de pain. Le philosophe est
un homme estimable par-tout ; mais plus au sénat
que dans l'école , plus dans un tribunal que dans
une bibliothèque : et la sorte d'occupation que
vous dédaignez est vraiment celle que j'honore ;
elle demande de la fatigue , de l'exactitude, de
la probité : et les hommes doués de ces qualités
vous semblent communs ! Lorsque j'en verrai
qui se seront fait un nom dans la magistrature (1) ,
au barreau ; loin de croire qu'ils ont perdu leurs
années pour qu'une seule portât leur nom , je serai
désolé de n'en pouvoir compter une aussi belle
dans toute ma vie. Combien il faut en avoir consumé
dans l'étude , et dérobé aux plaisirs , aux passions ,
au sommeil, pour obtenir celle-là ! Sage est celui
qui médite sans cesse sur l'épitaphe que le doigt
de la justice gravera sur son tombeau.

§. 83. Turannius (2) a abdiqué les places où
il servoit utilement sa patrie , et s'est condamné
au repos quand il avoit encore des forces d'esprit et de corps ; et lorsque Turannius se fait

_____

(1) *De la briéveté de la vie ,* chap. 19 , pag. 354.
(2) *Id. Ibid.* chap. 20,

mettre au lit, et pleurer par ses gens comme
s'il eût été mort, Turannius vous paroît ridicule?
Dans un autre moment, vous eussiez dit que
Turannius avoit fait de lui-même, et de ceux
qui quittent la république trop tôt, une satire
forte, une critique sublime.

« Si quelques-uns de vos concitoyens ont été
» souvent revêtus des charges de la magistra-
» ture ; ne leur portez point envie ». = J'y consens, il ne faut porter envie à personne. =
« S'ils se sont rendus célèbres au bareau, ne
» leur portez point envie ». = Et pourquoi ? =
» C'est qu'ils ont acquis cette célébrité aux dé-
» pens de leur vie ». = Et quelle est la célébrité
qu'on acquiert autrement ? = « C'est qu'ils ont
» perdu leurs années ». = Quoi! les années con-
sacrées au bien général sont des années perdues !
= « Les hommes obtiennent plus facilement de
» la loi que d'eux – mêmes la fin de leurs travaux
» (*) ». = Je les en loue. = « Personne ne pense
» à la mort ». = Il est bien de penser à la mort,
mais afin de se hâter de rendre sa vie utile.

C'est un défaut si général, que de se laisser
emporter au-delà des limites de la vérité, par
l'intérêt de la cause qu'on défend, qu'il faut le
pardonner quelquefois à Sénèque.

_____

(*) *De la briéveté de la vie*, chap. 20, pag. 357.

§. 84. « Apprendre à vivre, c'est apprendre
» à mourir.... ». Et apprendre à mourir, c'est
apprendre à bien vivre.

J'en vois sans nombre qui se meuvent; mais
quel est celui d'entre eux qui vit ? Auguste écrase
ses concitoyens , ses collègues , ses parens, ses
amis; il versé des flots de sang sur la terre et
sur les mers; il porte ses armes dans la Macé-
doine , la Sicile, l'Asie, l'Egypte, la Syrie, presque sur toutes les côtes : las d'assassiner des Romains , ses soldats massacrent des peuples étrangers. Tandis qu'il s'occupe à pacifier les Alpes,
à dompter des ennemis confondus avec les sujets
de l'empire, à porter ses limites au-delà du
Rhin , de l'Euphrate et du Danube , on aiguise
des poignards contre lui dans son palais , au ca-
pitole; les désordres de sa fille assiègent sa vieillesse , et rassemblent de nouveaux périls autour
de son trône. Appelez-vous cela vivre? Ambi-
tionnez-vous cette destinée?

« L'homme arrive au bord de sa fosse , comme
» le distrait à l'entrée de sa maison.

« Cet autre, c'est un fainéant que les bras
» de ses esclaves ont tiré du bain, déposé sur
» un siége, et qui leur demande s'il est assis... ».
Cela ? c'est un homme vivant ! C'est un mort
qui parle.

Il ne faut pas lire les ouvrages de Sénèque comme de simples leçons de philosophie, comme des conseils de la sagesse ; mais comme les saintes exhortations d'un ministre des dieux, plus occupé de consterner le vicieux que d'éclairer l'ignorant. Par-tout où il parle de la vertu, de ses prérogatives, de la frivolité des grandeurs de la terre, c'est avec un enthousiasme qu'on partage, quand on a quelque sentiment du vrai, du bon, de l'honnête et du beau ; c'est d'un ton solemnel qui en impose, quand on n'est pas un déterminé scélérat.

Le stoïcisme a dénaturé tous les mots ; et celui qui n'en connoîtroit que les acceptions communes, entendroit mal la doctrine de cette école ; et la plupart de ses assertions lui paroîtroient absurdes ou paradoxales.

Je n'ai pas lu le chapitre 3 sans rougir : c'est mon histoire. Heureux celui qui n'en sortira point convaincu qu'il n'a vécu qu'une très-petite partie de sa vie !

Ce traité est très-beau. J'en recommande la lecture à tous les hommes ; mais sur-tout à ceux qui tendent à la perfection dans les beaux-arts. Ils y apprendront combien ils ont peu travaillé ; et que c'est aussi souvent à la perte du temps qu'au manque de talent , qu'il faut attribuer la médiocrité des productions en tout genre.

DE LA CONSTANCE DU SAGE.

§. 85. Ou de l'injure , de l'ignominie , de l'arro‑ gance, de la vengeance, de la force , de la sécurité , du chemin qui conduit à la vertu.

Je ne crois pas que le vicieux puisse supporter la lecture de Sénèque , à moins qu'il ne se soit fait un système de perversité qui le garantisse de la honte et du remords ; ou que , né scélérat et bouffon , il n'ait le courage de se moquer de la vertu.

Ce traité est adressé à Sérénus. Si le chemin par lequel le stoïcien conduit l'homme au bonheur, est escarpé ; en revanche , rien n'est si facile à suivre que la pente qu'il lui indique pour se soustraire à l'infortune.

« Insensé ! pourquoi gémir ? Qu'attends‑tu ? la
» fin de tes maux d'un hasard , tandis qu'elle se
» présente à toi de tous côtés ? Vois ce précipice :
» c'est par‑là qu'on descend à la liberté ; vois cette
» mer , ce fleuve, ce puits : la liberté est cachée
» au fond de leurs eaux; vois cet arbre : elle est
» suspendue à chacune de ses branches ; porte ta
» main à ta gorge , pose‑la sur ton cœur : ce sont

» autant d'issues à la servitude, il n'y a pas une
» de tes veines par laquelle ton malheur ne puisse
» s'échapper... ». Cette morale, elle est inspirée
à un Sénèque par un Caligula?

§. 86. Plus j'y réfléchis, plus il me semble que
nous aurions tous besoin d'une teinte légère de
stoïcisme; mais qu'elle seroit sur-tout utile aux
grands hommes.

Quoi! tu t'es immortalisé par une multitude
d'ouvrages sublimes dans tous les genres de littérature; ton nom, prononcé avec admiration et
respect dans toutes les contrées du globe policé,
passera à la postérité la plus reculée, et ne pé-
rira qu'au milieu des ruines du monde; tu es le
premier et seul poëte épique de la nation; tu ne
manques ni d'élévation ni d'harmonie; et si tu
ne possèdes pas l'une de ces qualités au degré de
Racine, l'autre au degré de Corneille, on ne
sauroit te refuser une force tragique qu'ils n'ont
pas; tu as fait entendre la voix de la philosophie
sur la scène, tu l'as rendue populaire. Quel est
celui des anciens et des modernes qu'on puisse
te comparer dans la poésie légère? Tu nous as
fait connoître Locke et Newton, Shakespeare
et Congrève; la pudeur ne prononcera pas le
nom de ta *Pucelle*, mais le génie, mais le goût
l'auront sans cesse entre leurs mains, mais les

graces la cacheront dans leur sein. La critique
dira de tes ouvrages historiques tout ce qu'elle
voudra ; mais elle ne niera point qu'on ne remporte de cette lecture une haine profonde contre
tous les méchans qui ont fait et qui font le malheur de l'humanité, soit en opprimant, soit en
la trompant ; dans tes romans et tes contes
pleins de chaleur, de raison et d'originalité, j'entrevois par-tout la sage Minerve sous le masque
de Momus.

Après avoir soutenu le bon goût par tes préceptes et par tes écrits, tu t'es illustré par
des actions éclatantes : on t'a vu prendre courageusement la défense de l'innocence opprimée ;
tu as restitué l'honneur à une famille flétrie par
des magistrats imprudens ; tu as jeté les fondemens d'une ville à tes dépens ; les dieux ont
prolongé ta vie, sans infirmités, jusqu'à l'extrême
vieillesse ; tu n'as pas connu l'infortune ; si l'indigence approcha de toi, ce ne fut que pour implorer et recevoir tes secours ; toute une nation
t'a rendu des hommages que ses souverains ont
rarement obtenus d'elle : tu as reçu les honneurs
du triomphe dans ta patrie, la capitale la plus
éclairée de l'univers ; quel est celui d'entre nous
qui ne donnât sa vie pour un jour comme le tien ?
Et la piqûre d'un insecte envieux, jaloux, malheureux, pourra corrompre ta félicité ? Ou tu

ignores ce que tu vaux, ou tu ne fais pas assez
de cas de nous : connois enfin ta hauteur , et
sache qu'avec quelque force que les flèches soient
lancées, elles n'atteignent point le ciel. C'est exiger
des mechans et des fous une tâche trop difficile,
que de prétendre qu'ils s'abstiendront de nuire ;
leur impuissance ne me les rend pas moins haïs-
sables : un vêtement impénétrable m'a garanti du
poignard ; mais celui qui m'a frappé , n'en est pas
moins un lâche assassin.... Hélas ! tu étois ,
lorsque je te parlois ainsi.

§. 87. Ce livre *de la Constance du Sage* est
une belle apologie du stoïcisme , et une preuve
sans replique de l'âpreté de cette philosophie
dans la spéculation , et de son impossibilité dans
la pratique. Je crois qu'il seroit plus difficile d'être
stoïcien à Paris , qu'il ne le fut à Rome ou dans
Athènes.

A tout moment , on est tenté de dire à Sénèque
et aux autres rigoristes : Vos remèdes , super-
flus pour l'homme sain , sont trop violens pour
l'homme malade. Il faut en user avec la multitude
comme les maîtres en gymnastique : c'est par un
long exercice et des sauts modérés, qu'ils préparent leurs élèves à franchir un large fossé ;
encore entre ces élèves y en a-t-il dont les jambes
sont si foibles , si pesantes, les muscles des cuisses

si mous, que, quelque soin qu'ils se donnent,
ils n'en feront jamais que de mauvais sauteurs.
Que faut-il apprendre à ceux-là? A marcher.
Et à ceux qui ont peine à marcher? A se traîner.

Je ne le dissimulerai pas, je suis révolté du
mot de Stilpon et du commentaire de Sénèque (*):
« Je me suis échappé à travers les décombres de
» ma maison ; j'ai trempé mes pieds dans les
» ruisseaux du sang de mes concitoyens égorgés;
» j'ai vu ma patrie jetée dans l'esclavage ; mes
» filles m'ont été ravies ; au milieu du désastre
» général, je ne sais ce qu'elles sont devenues;
» mais qu'est-ce que cela me fait à moi?...».
Qu'est-ce que cela te fait, homme de bronze!...
« Je n'ai rien perdu... ». Si tu n'as rien perdu,
il faut que tu te sois étrangement isolé de tout
ce qui nous est cher, de toutes les choses sacrées pour les autres hommes. Si ces objets ne
tiennent au stoïcien que comme son vêtement,
je ne suis point stoïcien, et je m'en fais gloire;
ils tiennent à ma peau, on ne sauroit me séparer
d'eux sans me déchirer, sans me faire pousser
des cris. Si le sage tel que toi ne se trouve qu'une
fois, tant mieux; s'il faut lui ressembler, je jure
de n'être jamais sage.

(*) *De la constance du sage*, chap. 6, tom. V,
pag. 376 et suiv. *Voyez* sur-tout Epit. 9, pag. 38,
du tom. I.

« On imagine à peine que l'homme soit capable
» de tant de grandeur et de fermeté... ». Dites
de stupidité féroce. Mais le rôle de Stilpon étoit-
il vrai ? Je le crois, parce que j'aime mieux
lui supposer une insensibilité que j'abhorre, qu'une
hypocrisie que je mépriserois. Soldats, tuez ces
infâmes usuriers qui ont perdu les registres de
rapines sur lesquels ils attachoient des regards
pleins de joie, et qui, dans leur désespoir, of-
frent leurs poitrines nues à la pointe de vos glai-
ves ; mais ce tigre qui semble s'amuser du désastre
de sa ville, et qui foule d'un pied tranquille les
cadavres de ses parens, de ses amis, de ses concitoyens, ne l'épargnez pas.

« Il y a autant de différence entre les stoïciens
» et les autres philosophes, qu'entre l'homme
» et la femme... ». Cela seroit plus exact des
cyniques.

« La plaisanterie coûta la vie à Caligula... ».
J'ai toujours désiré que le despote fût plaisant.
L'homme supporte l'oppression ; mais non le mépris : il répond tôt ou tard à une ironie par un
coup de poignard.

En lisant ce que la raison dictoit à notre philosophe sur l'affront, l'injure et la vengeance,
je regrettois le chapitre qu'il eût ajouté à son

ouvrage s'il eût vécu chez des barbares, où l'on est déshonoré quand l'on ne se venge pas d'un mot ou d'un geste méprisant, et où l'on est poursuivi par des loix rigoureuses, et ruiné, si l'on se venge.

Exiger trop de l'homme, ne seroit-ce pas un moyen de n'en rien obtenir?

LA CONSOLATION A POLYBE.

§. 88. Tout meurt; l'affliction est vaine; nous naissons pour le malheur; les morts ne veulent point être regrettés : Polybe doit un exemple de courage; l'étude le consolera.

Pour que le lecteur juge sainement de cet ouvrage, qui a attiré tant de reproches à Sénèque, il est à propos, ce me semble, de s'arrêter un moment sur la position de l'auteur dont il porte le nom, et sur le caractère du courtisan auquel il est adressé.

Polybe, un des affranchis de Claude, ne fut point le complice de ceux qui abusoient de la faveur du prince imbécille, pour disposer de la fortune, de la liberté et de la vie des citoyens; il seroit injuste de le confondre avec un Narcisse, un Pallas, un Caliste; il n'avoit point de liaison avec Messaline, et on ne le trouve impliqué dans

aucun de ses forfaits ; c'étoit un homme instruit
qui cultivoit les lettres à la cour , et qui exerçoit ,
sans ambition et sans intrigue , une fonction importante qui l'approchoit de l'empereur , et qui
l'auroit mis à portée de faire beaucoup de mal
s'il en avoit été capable. L'amour de l'étude est
toujours un préjugé favorable aux mœurs.

Est-ce le même personnage dont il est parlé
dans l'*Apocoloquintose*, et que le satirique mêle
parmi ceux qui précédèrent Claude aux enfers?
Je l'ignore.

Sénèque s'étoit illustré au barreau ; il avoit obtenu la questure, et il l'avoit quittée pour revenir
à l'étude de la sagesse ; il avoit une grande réputation à ménager. Ce n'étoit point un novice
dans l'école de Zénon : il avoit donné des exemples
domestiques et des leçons publiques de stoïcisme.
Il avoit écrit les *Consolations à Marcia* et à
Helvia, sa mère, deux ouvrages fondés sur les
principes les plus roides de la secte. C'est au commencement de la troisième année de son exil, à
l'âge d'environ quarante ans, qu'il entreprit de
consoler Polybe de la mort d'un frère, perte récente dont il étoit profondément affligé.

Il faut en convenir ; il est incertain si l'auteur
de cet ouvrage se montre plus rampant et plus

vil dans les éloges outrés qu'il adresse à Polybe, que dans les flatteries dégoûtantes qu'il prodigue à l'empereur : ce n'est point un poëte qui chante, c'est un philosophe qui disserte ; et je ne suis point étonné que dans un traité plein de recherches, de raison, de goût, de sentiment et de chaleur, un des auteurs modernes qui pense et s'exprime avec le plus d'élévation, ait versé sans mesure son mépris sur la *Consolation à Polybe*. Mais je pense que, même en supposant que Sénèque l'eût écrite, s'il avoit pesé les circonstances, s'il s'étoit placé dans l'île de Corse, s'il eût moins considéré ce que l'on exige du philosophe que ce que la nature de l'homme comporte, peut-être auroit-il été moins sévère, et j'aurois desiré qu'avant de s'abandonner à sa noble indignation, il eût examiné si la supposition étoit vraie.

S'il ne s'agissoit ici que d'excuser une foiblesse, je renverrois à la préface que M. Naigeon, éditeur de la traduction de Sénèque a mise à la tête de la *Consolation de Polybe*, où, dans un petit nombre de pages écrites avec élégance et sensibilité, il a montré le jugement le plus sain et l'ame la plus honnête ; mais c'est une autre tâche que je me suis proposée.

Les jugemens successifs qu'on a portés de la *Consolation à Polybe* ont été aussi divers qu'ils pouvoient l'être. D'abord le scandale a été général ; ensuite on a souhaité que cet écrit ne fût pas de Sénèque ; puis on a douté qu'il en fût. Il restoit un pas à faire ; c'étoit de prétendre qu'il n'en étoit pas : et c'est ce que je vais prouver, autant que la nature du sujet et la briéveté que je me suis prescrite me le permettront.

§. 89. Si l'on en croit Dion Cassius (1), la *Consolation à Polybe* ne subsiste plus (2). Que Sénèque, honteux de l'avoir écrite, l'ait effacée, comme Dieu, son ennemi, l'assure ; il n'en est pas moins vrai que nous ne pouvons pas juger de celle qui n'existe plus, d'après celle qui nous reste.

Lorsque la malignité fut instruite que la *Consolation à Polybe* ne subsistoit plus, elle eut beau jeu pour en substituer une autre à sa place. Mais il n'étoit pas facile de publier, sous le nom de Sénèque, un ouvrage entier qui pût en imposer ; aussi n'avons-nous qu'un fragment qui commence au 20ᵉ chapitre.

Et qu'est-ce que ce fragment ? Un centon

---

(1) *Hist. Rom.* lib. 61, cap. 10, *edit.* Reimar.
(2) *Voyez* les propres paroles de Dion, dans l'*Avertissement de l'éditeur*, tome V, pag. 435.

NOTE DE L'ÉDITEUR.

d'idées ramassées dans les écrits antérieurs et pos-
térieurs de Sénèque, sans précision et sans nerf;
la rapsodie de quelques courtisans, une Rabuti-
nade. Je l'ai lue et relue: je ne sais si mon oreille
et mon esprit étoient préoccupés; mais il m'a semblé constamment que je n'entendois qu'un mauvais
écho de Sénèque. Cependant le philosophe avoit
conservé dans son exil toute la fermeté de son ame,
toute la force de son jugement. J'en appelle à la
Consolation à Helvia.

La *Consolation à Polybe* n'eut point d'effet;
et n'en devoit point avoir. Polybe étoit trop habile
courtisan, pour solliciter le rappel d'un homme qui
lui étoit aussi supérieur que Sénèque.

Polybe n'avoit garde de se brouiller avec
Messaline, en s'intéressant pour un citoyen aimé,
plaint, honoré, considéré, dont elle avoit causé
la disgrace, et dont elle pouvoit redouter le
ressentiment.

Ces réflexions si simples, Sénèque ne les fait
pas; et il ne balance pas à s'adresser à Polybe!
Cela est aussi trop mal-adroit.

Juste-Lipse, qui n'étoit pas un critique vulgaire,
obsédé du doute que ce fragment fût de Sénèque,
a été tenté de le rayer du nombre de ses ouvrages;

(*), et je n'en suis pas surpris : celui qui le jugeoit digne d'un bas courtisan, étoit bien fait pour le juger indigne de Sénèque.

§. 90. Dès le premier chapitre, on sent l'ironie. Polybe y est placé à côté des hommes du premier ordre : les écrits de Polybe brilléront aussi long-temps que la puissance de la langue latine durera, que les graces de la langue grecque subsisteront : son nom passera à la postérité la plus reculée, aussi célèbre que le nom des auteurs qu'il a égalés ; ou, si sa modestie s'y refuse, auxquels il s'est associé. Et qu'est-ce que Polybe avoit fait ? Il avoit mis en prose Homère et Virgile. Les excellens traducteurs sont très-rares, j'en conviens ; mais peut-on sérieusement les appeler *des pontifes devoués au culte des Muses qui les réclament ?*

Si Polybe n'étoit pas tout-à-fait un sot, il a dû sentir qu'on se moquoit de lui ; et si Sénèque s'est moqué de Polybe, certes ce n'étoit pas le moyen d'obtenir la fin de son exil.

S'il y a des choses qu'on ne dit point à un

(*) Le passage de Juste-Lipse est cité au long dans l'*Avertissement de l'éditeur. Voyez* tom. V, pag. 436.

NOTE DE L'ÉDITEUR.

homme d'esprit, il y en a d'autres que le courtisan le plus mal-adroit ne communique point à son maître. De bonne-foi, Polybe aura-t-il eu le front de lire à Claude, quelque borné qu'on le suppose, que son secrétaire pour les belles-lettres étoit l'Atlas de l'empire, et portoit le fardeau du monde sur les épaules ? Sous Louis XIV cette exagération en beaux vers auroit amené la disgrace d'un Colbert.

Polybe recueillera les actions de César, et fera passer aux siècles futurs les hauts faits dont il est témoin: Claude lui fournira lui-même le sujet de l'histoire et le modèle du style historique..... Je demande si l'on a pu dire gravement de pareilles sottises d'un prince imbécille, et les dire à un courtisan délicat.

Je ne sais ce que c'est que la moquerie, si ce qui suit n'en est pas.

« O fortune! il t'en eût bien peu coûté pour » épargner un outrage à celui que tu ne com- » blas de bienfaits qu'avec connoissance de » cause... ». La fortune avoit cessé d'être aveugle pour Polybe.

« O fortune ! jusqu'à présent tu avois épar- » gné ce grand personnage ».

« O fortune ! tu t'es repentie de tes faveurs; » quelle barbarie » !

E *

« Tu as ravi à Polybe son frère ; quel attentat »!

« O destin ! tu as envoyé à Polybe la plus
» grande des douleurs, à l'exception de la perte
» de César ».

« Polybe est dans le deuil ; Polybe est dans
» la tristesse ; et il jouit de la vue de César » !

« Polybe est un ingrat, s'il se plaint lorsque
» César est content ».

« Polybe regrette son frère ; et César lui
» survit » !

« Cruelle destinée ! tu ne rends point de jus-
» tice au mérite ».

« En attaquant Polybe, tu as voulu montrer
» que César même ne garantissoit pas de tes
» coups... ».

« Polybe, l'affranchi Polybe fixe les yeux d'un
» empire ».

« Si Polybe s'afflige de la mort de son frère,
» on se reprochera de l'avoir admiré ».

« Les travaux de César ont procuré à tous
» la commodité de ne rien faire ».

« Le malheur de mon exil n'a point encore
» tari mes larmes... ». Sénèque a pleuré dans
son exil !

« Si notre affliction doit durer , économisons
» nos pleurs.... Ne dépensons pas tout-à-la-
» fois »,

« Polybe pleure son frère mort, et César se
» porte bien » !

« Les yeux de Polybe ne se sèchent pas en
» contemplant un dieu !....» Le dieu Claude !

« O fortune ! si tu n'as pas résolu la perte du
» monde , conserve César » !

« Polybe, conduisez-vous en grand capitaine ;
» et dérobez au camp le chagrin d'une journée
» malheureuse ».

« A quoi bon vous laisser dessécher par une
» douleur , dont votre frère attend la fin » ?

« On s'étonnera qu'une ame si foible ait pro-
« duit d'aussi grandes choses ».

Si ce n'est pas là persiffler impudemment ,
et le secrétaire Polybe , et le César Claude , et
le philosophe Sénèque que l'on fait parler ainsi ,
je n'y entends rien.

Polybe est peint comme un bas courtisan ;
Sénèque comme un lâche : Claude est plus cruellement traité ; on en fait le plus grand des souverains.

Tout est outré, tout est exagéré au point de faire éclater de rire.

Pour avoir l'ame brisée par le chagrin, on n'est ni vil ni sot.

Je trouve le caractère de la satire plus marqué dans la *Consolation à Polybe*, que dans *le Prince* de Machiavel.

Mais si la *Consolation à Polybe* est une satire, tout s'explique ; et l'on ne peut plus reprocher à Sénèque l'amertume de l'*Apocoloquintose*.

Quoi ! Sénèque auroit eu la bassesse d'adresser à Claude les flateries les plus outrées pendant sa vie, et les plus cruelles invectives après sa mort ! C'étoit à faire traîner dans le Tibre le dernier des esclaves.

Ou Sénèque n'est point l'auteur de la *Consolation à Polybe*, ou c'est une satire, ou Sénèque n'a point écrit l'*Incucurbitation* de Claude.

§. 91. Par quels exemples console-t-on l'affranchi Polybe ? Par les exemples d'Auguste, de Pompée, de Scipion, de Lucullus, des plus grands personnages de l'empire. Et qui est-ce qui le console ? C'est l'empereur lui-même. Si ce n'est pas là un usage ironique des disparates, c'est un abus bien insipide ; si ce n'est pas une bonne satire, c'est un bien plat ouvrage.

Un satirique ne se soucie guère d'être conséquent ; pourvu qu'il déchire, cela lui suffit ; aussi ne suis-je point surpris de lire ici : « Le Destin a » rendu commun à tous la destruction, le plus » grand des maux, afin que l'égalité de son » décret en adoucît la rigueur... ». Et ailleurs : « Les grands hommes pourroient s'indigner avec » justice de n'être pas exceptés de la loi géné- » rale ».

Et c'est un stoïcien qui dit que la destruction est le plus grand des maux ! Ce n'est pas en un endroit, c'est en cent, que Sénèque prononce que c'est le plus grand des biens, puisque c'est la fin de tous les maux, et que la perte la moins terrible est celle qui n'est suivie d'aucun regret. Jamais Sénèque n'a varié sur ces principes, les fondamentaux de la secte.

Je trouve le satirique très-délié, lorsqu'il introduit Sénèque s'adressant, soit à la justice, soit à la clémence de l'empereur. « Que Claude » me reconnoisse pour innocent, ou qu'il veuille » que je sois coupable ; je regarderai sa décision » comme un bienfait.... ». Les coups de la foudre » sont justes, lorsqu'ils sont respectés de celui

qu'elle a frappé... ». Il étoit difficile de le faire
renoncer à son innocence d'une manière plus
adroite, à-la-vérité, mais plus indigne d'un philosophe, et d'un philosophe tel que Sénèque. Reconnoît-on, à ces traits, l'homme qui se fera
couper les veines plutôt que-de dire un mot flatteur à son élève?

Mais ce n'étoit pas assez d'avoir donné à Sénèque un caractère abject aux yeux du peuple, et
ridicule aux yeux des courtisans; il falloit encore
le décrier dans sa secte; et l'on s'y prend bien,
lorsqu'on lui fait dire à Polybe : « Je ne prétends
» pas que vous n'éprouviez aucune tristesse : je
» sais qu'il est des hommes qui ont plus de dureté
» que de force et de jugement; mais il paroît que
» ces gens-là n'ont jamais connu les situations
» affligeantes : sans quoi, la fortune auroit fait
» disparoître cette orgueilleuse sagesse, et leur
» auroit arraché, avec leur masque, l'aveu de la
» vérité (1)... ». Et c'est l'élève de Démétrius,

_____

(*) La preuve que j'ai tirée ailleurs (*) de ce
passage pour faire voir que la *Consolation à Polybe*
n'est pas de Sénèque, est d'autant plus forte que ce
philosophe étoit stoïcien long-temps avant l'époque
où l'on prétend qu'il publia cet écrit. « Si cette *Con-*
» *solation à Polybe*, disois-je alors, est de Sénèque,

(*) Voyez mes notes sur le Sénèque de la Grange, tom. 5,
pag. 490.

l'ami d'Attalus, l'admirateur de Possidonius, qui
parle ainsi! Non, ce n'est pas lui qui parle ainsi;
c'est ainsi qu'on le fait parler.

Mais un passage de la *Consolation à Polybe*,
qui a embarrassé tous les critiques, et dont aucun d'eux n'a tiré la conséquence qui se présentoit
naturellement; c'est celui où il exhorte Polybe
à donner le change à sa douleur, en s'occupant
de la littérature légère, de l'apologue, *genre d'ouvrage*, ajoute-t-il, *sur lequel les Romains ne
se sont pas encore essayés.*

» ce qui ne me paroit pas démontré, le passage qu'on
» vient de lire semble au moins prouver que, lors-
» qu'il l'écrivit, il n'avoit pas encore embrassé la
» doctrine du portique : car il seroit difficile de trou-
» ver en aussi peu de mots une réfutation plus forte
» du stoïcisme en général, et une critique plus vive
» et même plus âcre du paradoxe le plus étrange et
» le plus choquant de cette secte. On ne peut pas sup-
» poser que Senèque ait voulu sacrifier ici à Polybe
» les principes de Zénon et ses propres sentimens:
» car il se seroit exprimé alors différemment, et
» n'auroit pas dit historiquement, *et scio ingeniri
» quosdam*, etc. Ce n'est pas ainsi qu'un philosophe
» parle de la secte où il est engagé : l'expression de
» Senèque est celle du dédain et d'un homme qui
» trouve ridicule, absurde, l'opinion qu'il expose, et
» à qui cette opinion donne même del'humeur et
» de l'impatience ».

NOTE DE L'ÉDITEUR.

Quoi ! le littérateur Sénèque , le moraliste Sénèque ne connoissoit pas les *Fables de Phèdre !* Il ignoroit qu'Horace avoit fait la *Fable du Rat de ville et du Rat des champs*, et plusieurs autres ! Cela se présume-t-il ?

Quant à moi , j'en conclus que , soit que l'auteur de la *Consolation à Polybe* se soit proposé la satire de Sénèque , ou qu'il l'ait faite sans s'en douter , ce qui n'est pas impossible ; ce mauvais fragment est beaucoup moins ancien qu'on ne le croit , puisqu'on avoit déjà oublié que Phèdre avoit composé des Fables. Ce qui peut ajouter quelque poids à cette conjecture , c'est la rareté des anciens exemplaires de Phèdre : il ne nous en est parvenu qu'un seul.

Quelle que soit l'opinion qu'on préfère sur la *Consolation à Polybe* , elle n'aura pas l'avantage de la vraisemblance sur la mienne , qui aura sur les autres l'avantage de l'indulgence et de l'honnêteté : je me serai du moins occupé de l'apologie d'un grand homme. Je me suis mis à la place de Polybe : j'ai reçu son ouvrage, je l'ai lu, et je me suis dit : Ou Sénèque se moque de moi et de l'empereur, et c'est un insolent ; ou c'est un lâche, ou c'est un sot... Un homme qui a autant d'esprit que Sénèque , ne s'expose point à un pareil dilemme , sur-tout lorsqu'il sollicite une grace.

Un de nos aristarques se fait cette question :
« La *Consolation à Polybe* est-elle de Sénèque ?
» Non, dit son historien... ». Et il ajoute : Nous
» nous rangeons de son sentiment, qu'il appuie
» sur des preuves portées jusqu'à l'évidence ».

Comment une assertion a-t-elle pour un critique le caractère de l'évidence ; et l'assertion
contradictoire a-t-elle également le caractère de
l'évidence pour un autre ?

FRAGMENT.

§. 92. SÉNÈQUE composa pendant son exil une
tragédie de *Médée*, dont il nous reste quatre vers
d'un chœur, où le coryphée dit :

O dieux ! nous vous demandons grace.
Conservez la vie, accordez la sûreté
A celui qui a dompté les mers.
Épargnez-le ; épargnez le héros,

Les mères ne sont-elles pas assez vengées ? Il
me semble que cette prière s'applique plus naturellement à Jason qu'à Claude, et que les conséquences qu'on en pourroit tirer contre le poète,
seroient bien hasardées.

LES ÉPIGRAMMES.

§. 93. SÉNÈQUE avoit de l'esprit, du génie, de.

l'imagination, de la verve; cependant ces petits
ouvrages, écrits sans grace et sans facilité, ne
donneroient pas une haute idée de son talent :
tous relatifs aux désagrémens de son exil et pleins
d'humeur, on n'y trouve ni un poète qui vous
séduise, ni un malheureux qui vous touche, ni
un philosophe qui vous instruise. Je crois qu'on
peut s'en épargner la lecture et dans la traduction et dans l'original. Ce n'est pas au premier instant de la douleur qu'on parle bien; l'on
sent trop fortement, et l'on ne pense pas assez. Les
vers de Sénèque auroient été meilleurs, quelques
mois, quelques années peut-être après son retour de la Corse. Les plaintes ingénieuses d'Ovide
à Tomes ne me feront pas changer d'avis. Il
en est de l'esprit, comme de la gaîté naturelle :
on en a toujours, et on l'a quelquefois déplacée.

L'APOCOLOQUINTOSE,

OU

LA MÉTAMORPHOSE DE CLAUDE EN CITROUILLE.

§. 94. ON est étrangement surpris, au sortir
des fades éloges de la *Consolation à Polybe*,
d'entrer dans la satire la plus virulente. Quoi !
philosophe, vous adulez bassement le souverain
pendant sa vie, et vous l'insultez cruellement

après sa mort! == « Il ne pouvoit plus me faire
» de mal (*) ». == Cette réponse est d'un lâche
et d'un ingrat : car s'il eût été votre bienfaiteur,
vous vous seriez tû, parce qu'il ne pouvoit plus
vous faire de bien. == « Mais il m'a cru coupable
» d'adultère avec Julie ». == Et que vous im-
portoit, si vous ne l'étiez pas ? == « Il m'a tenu
» huit ans en exil ? Est-ce que le stoïcien souffre
en exil ? Est-ce que le stoïcien se venge ? Toutes
les belles choses que vous écrivîtes à Helvia,
votre mère, n'étoient donc que des mensonges
officieux ? Quand je vous vois poursuivre avec
fureur un ennemi qui n'est plus, que faut-il que
je pense de toutes ces belles maximes répandues
dans votre traité *sur la colère ?* N'êtes-vous,
ainsi que la plupart des prédicateurs, qu'un beau
parleur de vertu ? Celui qui comparera votre
Consolation à Polybe avec votre *Apocoloquin-*
tose , en concevra pour vous un mépris qui re-
jaillira sur votre secte; et vous n'avez pas senti
cela !

(*) Il est, je pense, inutile d'avertir que Sénèque
n'a point fait cette réponse, ni aucune de celles qui
suivent ; mais on le fait parler ainsi dans la supposition qu'il est l'auteur de la *Consolation à Polybe ,*
et qu'il cherche à se justifier d'avoir écrit l'*Apo-*
coloquintose.

                              NOTE DE L'ÉDITEUR.

Si la réponse que j'ai faite à ces reproches n'est point solide, il n'y en a point (*).

LES QUESTIONS NATURELLES.

§. 95. Cet ouvrage est dédié à Néron. « Vous » avez, lui dit Sénèque, un goût pour la vérité » aussi vif que pour les autres vertus... ». Mais de quelles vertus s'agit-il ici? Quelle est la date de cet écrit ? Est-ce un éloge ? est-ce une leçon ? On peut haïr un homme vertueux, dont la présence nous en impose ; mais je ne crois pas que le plus méchant des hommes puisse haïr la vertu et la vérité, non plus que trouver beau ce qui est hideux.

Sénèque ajoute dans un autre endroit : « Votre » règne est plein d'allégresse... ». Alors la terreur ne couvroit pas la capitale de ses voiles sombres ; alors toute la joie de Rome n'étoit pas renfermée dans le palais, et ne consistoit pas dans les dé-bauches nocturnes et les fêtes crapuleuses de la cour. L'histoire, l'expérience ne nous apprennent-elles point à distinguer différentes époques dans la vie des rois ?

(*) *Voyez* ci-dessus, *Q*. 88, ce qu'on a dit de la *Consolation à Polybe.*

NOTE DE L'ÉDITEUR.

Voyez la préface, que l'éditeur du Sénèque de
La Grange a mise à la tête de cet ouvrage,
dont il étoit bien en état de juger, à titre de
littérateur, de philosophe; et par l'étude réfléchie qu'il a faite des sciences qui en sont l'objet.
« On y trouve, dit-il, des connoissances très-
» vastes en plusieurs genres différens; des faits
» curieux sur l'histoire naturelle de la terre, de
» la mer, de l'air et des eaux; et des vues neuves
» sur les causes de certains phénomènes, que
» les modernes n'ont pas mieux connus que les
» anciens, et qui peuvent conduire à d'autres
» découvertes. Sénèque, le même dans ses livres
» sur la physique que dans ses ouvrages moraux,
» vous offrira des idées ingénieuses et fines, des
» élans hardis et lumineux; toujours voisin de la
» vérité, qu'il touche ou qu'il côtoye, lorsqu'il
» marche sans autre guide que son génie ».

§. 96. Les *Questions naturelles* sont à comparer aux *Lettres*, par l'étendue de la matière
qu'elles embrassent. Sénèque y traite de plusieurs météores, de l'arc-en-ciel, des parhélies,
des parasélènes, des miroirs, du firmament, des
astres, de l'athmosphère, de la terre, de l'air,
du tonnerre, de l'éclair, de la foudre, des étoiles
tombantes, du feu, de l'aruspicine, des eaux,
des pluies, de la neige, de la grêle, des mers,
des fleuves, des rivières, des lacs, des fontaines,

des marais, des eaux thermales, des vapeurs,
des nuages, des feux-follets, du déluge, du Nil,
des tremblemens de terre, des volcans, et des
comètes. Sur chacun de ces phénomènes, il rapporte les sentimens des philosophes ; il les combat ou il les appuie, et substitue souvent ses
conjectures à leurs opinions : mais le moraliste
suspend de temps-en-temps le rôle du physicien ;
et le spectacle de la nature ramène le stoïcien à
son texte favori, les devoirs de l'homme.

Sénèque touchoit à la vieillesse, lorsqu'il ache-
va ce traité, dont il avoit rassemblé les matériaux
avant, pendant et après son exil en Corse.

§. 97. Une première pensée qui se présente
à l'esprit en lisant cet ouvrage, c'est que la
physique rationelle a pris son essor beaucoup
trop tôt. Ce ne seroit peut-être pas de vingt
siècles, à compter de celui-ci, que la physique
expérimentale auroit rassemblé les faits nécessaires pour former une base solide à la spéculation.
Observer les phénomènes, les décrire et les en-
registrer, voilà le travail préliminaire ; et plus
on y sacrifiera de temps, plus on approchera
de la vraie solution du grand problême qu'on
s'est proposé. C'est par ce moyen, et par ce
moyen seul, que l'intervalle qui sépare les phénomènes se remplira successivement par des phéno-

mènes intercalés ; qu'il en naîtra une chaine continue ; qu'ils s'expliqueront en se touchant ; et que la plupart de ceux qui nous présentent des aspects si divers, s'identifieront. Chaque cause rassemblera autour d'elle un nombreux cortège d'effets : ces systèmes, d'abord isolés, se fondront les uns dans les autres en s'étendant ; et de plusieurs causes il n'en restera qu'une plus ou moins lentement réduite à la condition d'effet. Le progrès de la physique consiste à diminuer le nombre des causes par la multiplication des effets : il faut donc recueillir, et sans cesse recueillir des observations ; une bonne observation vaut mieux que cent théories. Que le physicien fasse une hypothèse ; qu'il s'occupe à étayer ou à abattre cette hypothèse par des expériences ; qu'il nous apporte ensuite le résultat de ses tentatives, j'y consens ; mais qu'il nous épargne l'inutile et fastidieux détail de ses visions. Il ne s'agit pas de ce qui s'est passé dans sa tête, mais de ce qui se passe dans la nature. C'est à elle-même à s'expliquer ; il faut l'interroger, et non répondre pour elle. Suppléer à son silence par une analogie, par une conjecture, ce sera rêver ingénieusement, grandement, si l'on veut ; mais ce sera rêver : pour une fois où l'homme de génie rencontrera juste, cent fois il se trompera et délayera une ligne vraie dans des volumes de mensonges séduisans. Combien de ces étiologies si certaines, si admirées, si généralement

adoptées, ont été réduites à de spécieuses erreurs! Combien d'autres subiront le même sort!
Et qu'on n'imagine pas que j'allége la tâche du
physicien ou du naturaliste : rien de plus difficile
que de bien observer ; rien de plus difficile que de
bien faire une expérience ; rien de plus difficile que
de ne tirer de l'expérience ou de l'observation
que des conséquences rigoureuses ; rien de plus
difficile que de se garantir de la séduction systématique, du préjugé et de la précipitation. Il
ne peut y avoir qu'une théorie sur une machine qui
est une ; et la découverte de cette théorie est d'autant plus éloignée, que la machine est compliquée.
Quelle machine que l'univers! Quand tous les faits
seront-ils connus? Entre les faits, les plus importans ou les plus féconds ne se déroberont-ils pas
à jamais à notre connoissance par la foiblesse
de nos organes et l'imperfection de nos instrumens? La limite du monde est-elle à la portée
de nos télescopes? Si nous possédions le recueil
complet des phénomènes, il n'y auroit plus qu'une
cause ou supposition. Alors on sauroit peut-être si
le mouvement est essentiel à la matière, et si la
matière est créée ou incréée ; créée ou incréée,
si sa diversité ne répugne pas plus à la raison que
notre ignorance : car ce n'est peut-être que par
sa simplicité, que son unité ou homogénéité
nous paroît si difficile à concilier avec la variété
des phénomènes.

§. 98. Après ce raisonnable ou téméraire écart
sur les principes de la physique rationnelle, et de
la physique expérimentale ; nous allons revenir
à notre véritable objet, et présenter au lecteur
quelques-unes des moralités que Sénèque a répandues dans son traité des questions naturelles.

« Le croassement du corbeau, le cri du hibou
» pendant la nuit, ne présagent non plus le malheur,
» que le chant de l'alouette et du rossignol n'an-
» nonce un heureux événement : mais ils sont lu-
» gubres, et nous penchons plus vers la crainte
» que vers l'espoir... ». Seroit-ce que dans le
cours de la vie nous éprouvons plus de mal que de
bien, ou que l'effroi du mal est plus violent,
son souvenir plus durable que l'attrait ou la douceur du bien? Cependant à quels dangers l'homme
ne s'expose-t-il pas ; à quels travaux ne se résout-il
pas, pour arriver à d'assez frivoles jouissances !
Certainement il fait plus pour obtenir le bonheur
que pour éviter le malheur: son imagination se
montre sans cesse occupée à exagérer l'un et à diminuer l'autre.

« La foudre est le plus puissant des présages :
» sa décision n'est révoquée ni par les entrailles
» des victimes ni par le vol des oiseaux.... ».
Est-ce qu'il y a des présages ? Pourquoi non,
s'il y a des dieux ? Pourquoi non, si tout se tient

dans la nature ? Les augures imaginèrent une foule
de distinctions théologiques , pour dérober aux
peuples l'absurdité de leurs sciences. Un système
de mensonges ressemble plus à la vérité , qu'un
seul mensonge isolé ; plus on voit de choses à
contredire à-la-fois , moins on en contredit.

« Les cérémonies religieuses ne sont que des
» frivolités consolantes pour une ame malade.
» L'immutabilité est le premier attribut du destin.

» Prétendre que Jupiter ou le destin puisse
» être fléchi par un sacrifice, c'est lui prêter l'in-
» constance de l'homme.

» Les prières et les vœux font partie du destin.

» Les augures érigèrent la divination en sys-
» tème, et firent bien : rien n'en impose comme un
» corps de doctrine, une masse de principes et
» de conséquences.

» Quoi de plus ridicule que Jupiter lançant
» ses foudres sur son temple et brisant sa sta-
» tue ; frappant des troupeaux innocens, et laissant
» le crime impuni ? Cela est. . . ». Et cela s'explique.

» Le règne de la prophétie est le temps de
» la terreur.

» Le soleil ne fixe nos regards que dans son
» éclipse ».

§. 99. A propos de je ne sais quelle expérience périlleuse, Sénèque dit à Lucilius : « N'y
» exposez que le dernier de vos esclaves... ».
Comme si l'esclave n'étoit pas un homme ! comme
s'il étoit permis, pour satisfaire une curiosité,
d'immoler son semblable ! Le célèbre Muret ne
pensoit pas ainsi. Il étoit dans un lit d'hôpital ;
à côté de lui les gens de l'art délibéroient sur
l'état d'un malade que l'opération ou le remède
proposé par l'un d'eux pouvoit également tuer
ou sauver. Un autre avoit dit : *Faisons essai sur
une ame vile...* lorsqu'on entendit d'entre les rideaux de Muret une voix qui s'écrioit : *Comme
si elle étoit vile, cette ame pour laquelle le
Christ n'a pas dédaigné de mourir !...* L'o-
pération ne se fit pas ; et le malade guérit. Ce
fait est connu, mais qu'importe ? Il est des actions
sur lesquelles on ne peut ramener trop souvent
l'admiration des hommes. Quoi ! l'on écrira et l'on
récrira sans cesse les histoires d'un César, d'un
Pompée qui massacrèrent des nations ; et l'on ne
pourra revenir sur le discours énergique et pieux
d'un Murét qui conserva la vie à un homme !

« La mer interdite à l'homme lui épargneroit
» la moitié de ses guerres... ». Si cette réflexion

étoit vraie au temps de Sénèque, elle est évidente de nos jours.

« Nous allons chercher à travers les flots un
» nouveau monde à dévaster... ». Le beau texte
pour faire honneur aux anciens des découvertes
des modernes !

§. 100. Pour finir cet extrait d'une manière
intéressante, j'avois à choisir entre deux morceaux ;
l'un est la description d'un déluge ; l'autre, une
scène morale entre Sénèque, Lucilius et Gallion.
J'ai donné la préférence à celui-ci, non comme
au plus beau, mais comme au plus analogue à
mes vues. C'est Sénèque qui va parler.

« Lucilius, vous m'aviez souvent entendu dire
» que Gallion, mon frère, qu'on aime trop peu
» quand on l'aime autant qu'on peut aimer, et
» qui ne connoissoit pas les autres vices, avoit
» en horreur la flatterie. Nous concertâmes d'es-
» sayer sur lui ce subtil et dangereux poison... ».
Je n'approuverai pas ce complot. Laissons à la
malice des circonstances le soin de mettre les vertus
à l'épreuve ; et n'exposons point, de propos délibéré, nos amis à perdre quelque chose de l'estime
que nous leur avons accordée.

« Vous commençâtes par louer son génie. Quel

» génie ! Le plus beau de la nation , le plus digne
» du culte des mortels, un génie plein de vigueur,
» un génie supérieur à tous les obstacles.

» Cet éloge le fit reculer.

» Vous vous rejettâtes sur ses mœurs , sa modé-
» ration , sa frugalité au milieu d'une opulence,
» dont il jouissoit sans l'affectation de l'orgueil et
» sans la fausseté du mépris.

» Il vous coupa la parole.

» Vous vous réduisîtes à admirer avec une sim-
» plicité tout-à-fait ingénue cette douceur de
» caractère ; cette aménité naturelle qui captivoit
» tous les cœurs ; cette bienfaisance qui répandoit
» sur un seul malheureux plus de pitié , plus de
» secours , qu'un grand nombre n'en obtenoit du
» reste des hommes : et vous mîtes à votre éloge
» tant d'aisance , un air si vrai, que Gallion n'eut
» pas le moindre soupçon du piége. D'ailleurs,
» qui est-ce qui se refuse à la louange d'une
» vertu, dont les preuves sont de notoriété publique?

» C'ést Gallion.

» Il se montra si ferme , que vous vous écriâtes
» qu'enfin vous aviez trouvé l'homme invincible,
» l'homme dont la modestie vous étonnoit d'autant
» plus qu'il étoit naturel de prêter l'oreille à des

» choses flateuses à-la-vérité, mais reconnues,
» mais avouées, et d'acquiescer à la voix de sa
» propre conscience qui nous les adressoit par la
» bouche d'un ami.

« Gallion n'en sentit que plus vivement la
» nécessité de la résistance, et la séduction de
» la flatterie, lorsqu'elle emprunte le langage de
» la vérité.

« Lucilius, ne soyez pas mécontent de vous:
» vous fîtes votre rôle avec toute la finesse
» possible ; et si vous fûtes battu, ce fut par
» la supériorité seule du caractère de votre ad-
» versaire... ».

Je ne m'en dédis pas : Sénèque et Lucilius me
sont l'un et l'autre odieux.

Mais voici un antagoniste beaucoup plus dangereux pour Lucilius que celui-ci ne l'avoit été
pour Gallion : c'est Sénèque, lorsqu'il dit à
Lucilius :

« Quand vous desirez des éloges, pourquoi
» les devoir à d'autres ? Louez-vous vous-mê-
» me... ». Et ce que Sénèque encourage Lucilius
à se dire est très-séduisant; puis il ajoute avec
une perfidie incroyable :

« Peut-être croirez-vous que je cherche à vous
» surprendre et à venger Gallion. Entre ces em-
» bûches, choisissez celle que vous voudrez. Je
» consens que vous commenciez par moi, à vous
» méfier des adulateurs... ».

Cela est très-délié; mais ce qui suit me le
paroît encore davantage.

« Lucilius, je veux converser familièrement
» avec vous. Il est un service important à vous
» rendre; et je m'en charge. Il seroit facile de
» s'enorgueillir, à celui que la nation et le sou-
» verain ont jugé digne par ses talens et ses vertus
» d'administrer une province, qui a soutenu le
» choc et amené la ruine de deux grands états,
» le prix du sang carthaginois et du sang romain;
» une province qui a vu les forces réunies de
» quatre grands généraux; relevé la fortune de
» Pompée, fatigué celle de César, mis en fuite
» Lépide, et changé la destinée de tous les partis;
» une province qui assista à un grand specta-
» cle, celui du passage rapide de l'élévation à
» l'abaissement, et de la variété des efforts de la
» fortune contre l'édifice de la grandeur. C'est
» l'instructif et effrayant tableau, que je tiendrai
» sans cesse sous vos yeux. Ce gouvernement,
» le plus important de l'empire, vous eût-il été
» transmis en propriété par une longue suite

» d'illustres ancêtres, je vous dirai : Loin, loin
» de vous l'orgueil d'un superbe patrimoine, mais
» trop étranger à son possesseur ».

Sénèque, mon philosophe, mon sage, que faites-vous là ? Vous administrez sciemment, prudemment à un malade un remède empoisonné.

A présent on peut voir, livre 3, chapitre 27,
la description du déluge. Avec quels grands traits,
quelle éloquence la terrible catastrophe est peinte !
A chaque ligne, le ravage et l'épouvante s'ac-
croissent; on est poursuivi, on se sauve devant
les flots, on grimpe sur la cime des montagnes
avec les malheureux qui s'y sont réfugiés; on
mêle ses cris à leurs cris; on partage leur désespoir; on tombe avec eux dans un silence af-
freux, et l'on éprouve avec eux leur stupeur.

Et puis, pour sceller ma page du cachet de
Sénèque, comme ce philosophe scelloit la sienne
du cachet d'Épicure : « Si les efforts continus d'un
» nombre infini de méchans n'ont point encore
» porté la perversité à sa dernière perfection ;
» quelle ne sera pas la lenteur des progrès de la
» sagesse, dont si peu d'hommes se font une
» affaire » !

§. 101. Je pourrois m'arrêter ici ; ce que j'ai
dit de Sénèque, si-non sans erreur, du-moins sans

partialité, suffiroit pour bien connoître l'homme
et l'auteur : mais il me reste à répondre à quelques-
uns de ses détracteurs ; ce que je vais faire le
plus succinctement qu'il me sera possible.

L'ingénieux et l'élégant abbé de Saint-Réal a
nommé Sénèque dans plusieurs endroits de ses
ouvrages : il y est parlé d'un entretien du philosophe avec la courtisanne Epicaris ; de sa présence à une des assemblées des conspirateurs de
Pison , et de son projet de monter au trône de
l'empire. Mais lorsqu'on cherche la preuve de ces
faits dans l'histoire , on trouve que ce sont autant de fictions ; et que Saint-Réal s'est amusé
à écrire un roman (*) : or, l'on ne réfute point
un roman ; on desireroit seulement qu'un écrivain
ne s'affranchît pas de la vérité , au point de dé-
figurer les caractères , de prêter des actions malhonnêtes à un homme de bien , et d'imputer des
vues insensées à un homme sage. Rien n'excuse
une pareille altération de la vérité ; et l'on ne peut
faire un plus coupable abus de ses talens. S'il
est moins dangereux, il est plus lâche de ca-

(*) Le roman d'Epicaris inséré dans quelques
éditions des Œuvres de Saint-Réal , n'est pas de
cet auteur , mais de le Noble. C'est un fait que
Diderot n'auroit pas dû ignorer.

NOTE DE L'ÉDITEUR.
F *

lomnier ceux qui ne sont plus et qui ne peuvent
se défendre : plus on met d'art et de vraisemblance dans ses impostures, plus on est criminel ;
ce qui n'inclineroit à croire que le roman historique est un mauvais genre : vous trompez
l'ignorant ; vous dégoûtez l'homme instruit ; vous
gâtez l'histoire par la fiction, et la fiction par l'histoire. Le poëte dramatique, qui peut disposer
des faits jusqu'à un certain point, garde un respect scrupuleux pour les caractères.

L'auteur d'un *Dictionnaire historique*, en 6
volumes in - 8°, dit, article SÉNÈQUE, qu'un
commerce illicite avec la veuve de Domitius le
fit reléguer en Corse.

L'époux de Julie ne s'appeloit point Domitius,
mais Vinicius ; et voilà Sénèque accusé d'adultère
et d'ingratitude par un écrivain qui se trompe
sur le nom du bienfaiteur et du mari. Quand
on assure de belles actions, on pardonne l'inexac-
titude ; mais doit-on la même indulgence à celui
qui atteste le crime ?

Il ajoute : « On ne peut douter que Sénèque
» ne fût un homme d'un rare génie ; mais la
» sagesse étoit plus dans ses discours que dans
» ses mœurs ; il avoit une vanité et une pré-
» somption ridicules dans un philosophe ».

Et où avez-vo᷍ vu, cela ? Dans les ouvrages
de Sénèque ? Non ; vous auriez pu y lire (*) :
« Lorsque vos me demandez mes ouvrages, je
» ne m'en croirai pas plus éloquent que je ne
» me croyois d'une belle figure , si vous me
» demandiez mon portrait... ». Dans Suétone ?
Non. Dans Dion ? mais à l'article DION, vous
dites que cet homme est taxé de bizarrerie , de
partialité , d'un penchant égal à la satire et à la
flatterie ; qu'il paroît avoir été l'ennemi de Sénèque.... Et voilà le témoin que vous produisez
contre celui-ci ! Permettriez-vous qu'on en usât
ainsi avec vous ou avec un de vos amis ? ==
« Mais Sénèque est mort ; et je ne suis et ne
» fus jamais son ami ». == Sénèque est mort ; et
je suis et je serai son admirateur et son ami ,
tant que j'existerai. Si j'ai le malheur de vivre
assez long-temps pour perdre ceux qui me sont
chers , Sénèque, Plutarque , Montaigne et quelques autres , viendront souvent adoucir l'ennui
de la solitude où mes amis m'auront laissé ; et
en attendant , je défendrai ces illustres morts ,
comme s'ils vivoient.

§. 102. Je finirai le combat par l'ennemi le

_____

(1) Cæterùm quòd meos tibi mitti desideras , non
magis ideò me disertum puto , quàm formosum pu-
tarem , si imaginem meam peteres . Senec. Epist. 45,
NOTE DE L'ÉDITEUR.

plus redoutable de Sénèque; c'est un homme de poids, c'est un écrivain de grand goût, c'est un juge sévère : c'est Quintilien ; et pour ne pas donner à mon apologie une fausse solidité en affoiblissant ses objections, je vais les rapporter dans ses propres termes.

« Sénèque, dit Quintilien, s'est distingué dans » tous les genres d'éloquence. C'est à dessein » que je me suis abstenu d'en parler jusqu'ici, » par égard pour une prévention générale, que je » hais l'homme et que je méprise l'auteur (1); » prévention fondée sur ce que je vois l'éloquence » s'amollir, se dégrader, tomber ; que je résiste » de toute ma force à sa chûte, et que je tâche » de ramener les esprits à un goût plus sévère. » Sénèque étoit alors presque le seul auteur, dont » la lecture plût aux jeunes gens (2) : non que » je prétendisse les en détourner ; mais je ne » pouvois souffrir qu'ils le préférassent à d'autres

_____

(1) *Propter* vulgatam falsò de me opinionem, quâ damnare eum, et invisum quoque habere, sum creditus,.... *Instit. Orat.* lib. 10, cap. I, num. 225, *edit.* Gesner. *Lips.* 1738.

(2) Tùm autem *solus* hic ferè in manibus adolescentium fuit... *Instit. Orat.* lib. 10, cap. I, num. 126, *edit.* Gesner. *Lips.* 1738.

» qui valent mieux que lui, et qu'il n'avoit cessé
» de décrier (1), persuadé qu'on ne pouvoit
» approuver et leur manière et la sienne, qui
» en étoit si différente. Ses partisans le prônoient
» mieux qu'ils ne l'imitoient ; et ils lui étoient
» aussi inférieurs, que Sénèque l'étoit lui-même
» aux anciens. Plût au ciel qu'ils lui eussent res-
» semblé (2)! mais ils n'étoient engoués que de
» ses défauts ; chacun d'eux en prenoit ce qu'il
» pouvoit, et ces mauvaises copies déshonoroient
» un modèle qu'on se vantoit d'avoir bien rendu.
» En accordant à Sénèque nombre d'excellentes
» qualités (3), un esprit facile et fécond, beau-
» coup d'étude, des connoissances étendues, il

---

(1) J'ai fait voir dans quelques-unes des notes
précédentes l'injustice et la fausseté de cette impu-
tation. *Voyez* ci-dessus, note 2, tom. I, pag. 300
et suiv.

NOTE DE L'ÉDITEUR.

(2) Foret enim optandum, pares, aut saltem pro-
ximos, illi viro fieri... .*Instit. Orat.* lib. 10, cap. 1,
num. 127.

NOTE DE L'ÉDITEUR.

(3) Cujus (Senecæ) et multæ alioqui et magnæ
virtutes fuerunt : ingenium facile et copiosum, plu-
rimum studii, multarum rerum cognitio.... *Instit.
Orat.* lib. 10, cap. 1, *num.* 128, *edit.* Gesner *Lips.*
1738.

NOTE DE L'ÉDITEUR.

» faut avouer que ses écrs ont été parsemés
» d'erreurs par la négligence ↘ ses faiseurs d'ex-
» traits. Il n'y a presque pas un enre d'érudition,
» auquel il ne se soit appliqué : il a laissé des
» oraisons, des dialogues, des poésie. Philosophe
» peu exact (1), aucun d'eux n'inspire une plus
» violente horreur du vice. Il a de fort belles
» pensées, et il en a en grand nombre, beau-
» coup qui tiennent aux mœurs et qu'il faut mé-
» diter. Quant à son style, je le trouve presque
» par-tout corrompu ; et ses défauts sont d'autant
» plus dangereux qu'ils sont plus séduisans : on
» desireroit qu'il eût pensé à sa manière, et
» qu'il eût écrit à la manière d'un autre. S'il eût
» dédaigné certaines beautés qui n'en sont pas ;
» s'il eût usé plus sobrement de quelques-unes ;
» s'il eût été moins épris de ses productions ; si la
» subtilité de ses idées n'eût pas affoibli l'impor-
» tance du sujet qu'il traitoit ; il obtiendroit aujour-
» d'hui des savans une approbation préférable aux
» acclamations des enfans. Tel qu'il est, cepen-
» dant il faut le feuilleter ; mais lorsqu'on aura le
» goût formé, et qu'on se sera affermi dans un

---

(2) In philosophiâ parùm diligens, egregius tamen
vitiorum insectator fuit. Multæ in eo claræque sen-
tentiæ, multa etiam morum gratiâ legenda... *Id.
ibid. num.* 129.

NOTE DE L'ÉDITEUR.

» genre d'éloquence plus austère. Voulez-vous
» savoir jusqu'où quelqu'un a du goût? inter-
» rogez-le sur Sénèque. Je·l'ai dit (1) et je le
» répète ; Sénèque·a des pages dignes d'éloge,
» dignes même d'admiration ; mais il y a du choix ;
» que ne l'a-t-il fait lui-même (2) » ?

§. 103. Quintilien naquit la seconde année du
règne de Claude ; alors Sénèque avoit quitté le
barreau. Celui-ci professa la philosophie ; l'autre,
l'art oratoire ; tous deux furent instituteurs des
grands : mais Quintilien resta maître d'école, et
Sénèque devint ministre.

_____

(1) Multa enim (ut dixi) probanda in eo, multa
etiam admiranda sunt, eligere modò curæ sit, quod
utinam ipse fecisset !... *Instit. Orat.* lib. 10, cap.
I, *num.* 131, *edit.* Gesner. *Lips.* 1738.
NOTE DE L'ÉDITEUR.

(2) Une réflexion qui s'offre d'abord à l'esprit en
lisant ce jugement de Quintilien sur notre philosophie, c'est que si tous ceux qui ont calomnié la vie,
les mœurs et les actions de Sénèque n'ont été que les
échos des Suilius, des Dion, des Xiphilin, des Sacy,
etc. les littérateurs modernes qui l'ont critiqué le
plus sévèrement comme écrivain, n'ont fait de même
que se trainer sur les pas de Quintilien, et répéter
en d'autres termes, commenter, étendre ou abréger
le passage de ce rhéteur, sans y ajouter une seule
observation nouvelle, et qui ne soit ou le développement ou le résultat de ses idées, vraies ou fausses.
NOTE DE L'ÉDITEUR.

Sénèque avoit résisté avec courage aux in-
clinations vicieuses de Néron : Quintilien avoit
divinisé Domitien, du vivant même de ce prince
sanguinaire (*).

Quintilien avoue qu'on lui soupçonnoit de la
haine contre le philosophe ; il me semble que
ce soupçon, qui en auroit condamné un autre
au silence, devoit rendre Quintilien très-cir-
conspect.

Quintilien n'est franc ni dans sa critique, ni
dans son éloge ; on y sent de la gêne.

A son avis, le style de Sénèque est corrompu ;
le sien n'a-t-il rien d'âpre et de barbare ? Le
défaut de l'un n'excusera pas le défaut de l'autre ;
mais j'espérerai de la modération, lorsque le juge
sera l'accusateur, et que la sentence frappera également sur l'accusateur et sur l'accusé.

Quintilien sera-t-il plus excusable de n'être pas
éloquent, en donnant des préceptes d'éloquence ;
d'être dur, en prêchant l'harmonie ; incorrect,
inélégant, en exaltant la pureté du style, que

_____

(*) *Voyez* les *Institutions oratoires*, lib. 4, *præfat.*
num. 3, 4 et 5 ; lib. 10, cap. I, *num.* 91. *edit.* Gesner.
Lips. 1738.

NOTE DE L'ÉDITEUR.

Sénèque d'être laconique et scabreux en philosophant (*) ?

Si l'on veut savoir jusqu'où quelqu'un a du goût, il faut l'interroger sur Sénèque.... Est-ce du goût pour la phrase, ou du goût pour les choses ?

Pour nous, qui professons l'impartialité, admirateurs de Sénèque et de Quintilien, nous prononcerons que leurs qualités leur appartiennent, et que leur vice est celui de leur temps, s'ils ont

_____

(*) Joignez à ces observations celles de l'auteur anonyme d'une *Vie de Sénèque*, imprimée à Paris en 1776. Tout ce qu'il dit à ce sujet mérite d'être lu : je n'en citerai que ce seul passage. « Si la force » de la vérité arrache à Quintilien quelques éloges » équivoques ; son inimitié lui a suggéré des expres- » sions malignes qui ont porté coup à la réputation » littéraire de notre philosophe. Une foule d'i- » gnorans Zoïles ont servi d'échos à ce rhéteur, et ont » poussé l'injustice jusqu'à accuser Sénèque d'avoir » corcompu l'éloquence de son siècle : mais il ne cor- » rompit rien ; il suivit son génie, il s'accommoda » au goût de ses contemporains, il eut l'avantage » de leur plaire et de s'en faire admirer ; et l'envie » lui fit un crime de ce qui passeroit pour vrai ta- » lent dans un homme moins célèbre....». pag. 85, 86. *Voyez* ce qui précède depuis la pag. 71.

NOTE DE L'ÉDITEUR.

été vicieux. Le critique de Sénèque ne sera pas
l'approbateur de Tacite ; et tans pis pour lui.

Maintenant que la langue latine est morte, et
que nous n'en pouvons être que de mauvais écrivains et de médiocres juges, même après y avoir
donné un aussi grand nombre d'années qu'Erasme,
Meursius, Sadolet, Sannazar et Muret ; je demanderai si c'est le fonds des choses ou le style
qui doit nous attacher, sur-tout dans les auteurs
en prose ?

§. 104. Ah ! si j'avois lu plus-tôt les ouvrages
de Sénèque ; si j'avois été imbu de ses principes à
l'âge de trente ans ; combien j'aurois dû de plaisirs
à ce philosophe, ou plutôt combien il m'auroit
épargné de peines ! O Sénèque ! c'est toi dont le
souffle dissipe les vains fantômes de la vie ; c'est
toi qui sais inspirer à l'homme de la dignité, de
la fermeté, de l'indulgence pour son ami, pour
son ennemi, le mépris de la fortune, de la mé-
disance, de la calomnie, des dignités, de la gloire,
de la vie, de la mort ; c'est toi qui sais parler
de la vertu, et en allumer l'enthousiasme. Tu
aurois plus fait pour moi que mon père, ma mère
et mes instituteurs ; ils vouloient tous me rendre
bon ; mais ils en ignoroient les moyens. Que je
hais à présent les détracteurs de Sénèque ! Leur
goût pusillanime me tenoit les yeux attachés sur

Cicéron, qui pouvoit m'apprendre à bien dire, et me déroboit la lecture de celui qui m'auroit appris à bien faire (*). Cependant quelle com-

---

(*) Voici encore un homme de lettres d'une étendue d'esprit et d'une sagacité peu communes, qui, après avoir fait une étude réfléchie de Sénèque et de Cicéron, ne balance pas à préférer Sénèque comme philosophe et comme moraliste, à l'orateur romain. Plus on aura lu et médité ces auteurs, et plus on sera frappé de l'intervalle immense qui les sépare, considérés particulièrement sous ces deux rapports; mais en faveur de ceux qui, incapables, soit par ignorance, soit par une paresse d'esprit non moins funeste, de comparer deux idées entre elles, veulent cependant avoir un avis, et qui, soumis en esclaves à l'autorité, croient qu'une opinion est vraie lorsqu'elle est ancienne; ou parce que tel ou tel homme célèbre l'a soutenue, on rapportera ici un passage de l'auteur des *Essais*, qui contient son jugement sur Platon, Cicéron, Plutarque et Sénèque. Ce passage, plein de sens et de raison, est d'autant plus important, que plusieurs critiques, qui, dans un siècle où l'esprit philosophique a fait tant de progrès, paroissent conserver tous les préjugés de leur enfance et de leur éducation, ont rejeté comme une espèce de blasphême ce que j'ai dit ailleurs * de Cicéron et de Sénèque. Je n'ai pourtant fait, au fond, que confirmer sur quelques points le sentiment de Montaigne; mais ces critiques l'ignoroient; et persuadés

* Voyez la préface du premier volume des Œuvres de Sénèque, traduction de la Grange.

paraison entre la pureté du style, que je n'ai point
acquise avec le premier ; et la pureté de l'ame,

que cette opinion étoit nouvelle, ils ont traité de
paradoxe ce qui leur auroit paru démontré, s'ils
eussent su que l'auteur des *Essais* avoit dit à-peu-
près la même chose, il y a environ deux cents ans.
Cela rappelle une excellente plaisanterie d'un homme
d'esprit : quelqu'un demandoit en sa présence à Da-
cier, admirateur peut-être outré des anciens, *lequel
est le plus beau d'Homère ou de Virgile ?* Le philosophe, sans attendre la décision du savant, répondit
avec vivacité : *Homère est plus beau de deux mille
ans.*

Le passage qu'on va lire est un peu long ; mais
on ne peut l'abréger sans l'affoiblir ; et si je me con-
tentois de l'indiquer, la plupart des lecteurs qui
seront charmés de le trouver ici, ne prendroient
pas la peine de le chercher dans l'original.

« Quant à mon autre leçon, dit Montaigne, qui
» mesle un peu plus de fruict au plaisir, par où
» j'apprends à ranger mes opinions et conditions,
» les livres qui m'y servent, c'est Plutarque, de-
» puis qu'il est François, et Sénèque. Ils ont tous
» deux cette notable commodité pour mon humeur,
» que la science que j'y cherche y est traictée à pièces
» décousues, qui ne demandent pas l'obligation d'un
» long travail, de quoy je suis incapable : ainsi
» sont les Opuscules de Plutarque, et les Epistres
» de Sénèque, qui sont la plus belle partie de leurs
» escrits, et la plus profitable. Il ne faut pas grande
» entreprise pour m'y mettre, et les quitte où il

qui se seroit certainement accrue , fortifiée en
moi, en étudiant, en méditant, en me nourrissant

» me plaist : car elles n'ont point de suite et dé-
» pendance des unes aux autres. Ces autheurs se ren-
» contrent en la pluspart des opinions utiles et vrayes,
» comme aussi leur fortune les fit naistre environ
» mesme siècle ; tous deux précepteurs de deux empe-
» reurs romains ; tous deux venus de pays estranger ;
» tous deux riches et puissans. Leur instruction est de
» la cresme de la philosophie , et présentée d'une
» simple façon et pertinente. Plutarque est plus uni-
» forme et constant : Sénèque plus ondoyant et divers.
» Cettui-ci se peine, se roidit et se tend pour armer
» la vertu contre la foiblesse, la crainte et les vi-
» tieux appétits : l'autre semble n'estimer pas tant
» leur effort, et desdaigner d'en haster son pas et
» se mettre sur sa garde. Plutarque a les opinions
» platoniques , douces et accommodables à la so-
» ciété civile ; l'autre les a stoïques et épicuriennes ,
» plus esloignées de l'usage commun , mais, selon
» moi , plus commodes en particulier, et plus fermes.
» Il paroist en Sénèque qu'il preste un peu à la ty-
» rannie des empereurs de son temps : car je tiens
» pour certain que c'est d'un jugement forcé qu'il
» condamne la cause de ces généreux meurtriers de
» César : Plutarque est libre par-tout. Sénèque est
» plein de pointes et saillies ; Plutarque, de choses :
» celui-là vous eschauffe plus, et vous esmeut ; cet-
» tuy - ci vous contente davantage , et vous paye
» mieux : il nous guide ; l'autre nous pousse ».
« Quant à Cicero, les ouvrages qui me peuvent

du second ! A l'âge que j'ai , à l'âge où l'on ne
se corrige plus , je n'ai pas lu Sénèque sans utilité

» servir chez lui à mon desseing , ce sont ceux qui
» traittent de la philosophie , spécialement morale.
» Mais à confesser hardiment la vérité (car puisqu'on
» a franchi les bornes de l'impudence , il n'y a plus
» de bride) , sa façon d'escrire me semble en-
» nuyeuse , et toute autre pareille façon : car ses
» préfaces , définitions , partitions , étymologies ,
» consument la pluspart de son ouvrage ; ce qu'il
» y a de vif et de mouëlle , est estouffé par ces
» longueries d'apprests. Si j'ay employé une heure
» à le lire , qui est beaucoup pour moy , et que
» je ramentoive ce que j'en ay tiré de suc et de
» substance , la pluspart du temps je n'y trouve
» que du vent : car il n'est pas encore venu aux
» argumens qui servent à son propos , et aux raisons
» qui touchent proprement le nœud que je cherche.
» Pour moy , qui ne demande qu'à devenir plus
» sage , non plus sçavant ou éloquent , ces ordon-
» nances logiciennes et aristotéliques ne sont pas à
» propos ; je veux qu'on commence par le dernier
» poinct : j'entends assez que c'est que *mort* et *vo-*
» *lupté* ; qu'on ne s'amuse pas à les anatomizer. Je
» cherche des raisons bonnes et fermes , d'arrivée ,
» qui m'instruisent à en soustenir l'effort ; ny les
» subtilitez grammairiennes , ny l'ingénieuse con-
» texture de paroles et d'argumentations n'y servent.
» Je veux des discours qui donnent la première charge
» dans le plus fort du doubte ; les siens languissent
» autour du pot : ils sont bons pour l'eschole , pour

pour moi-même, pour tout ce qui m'environne : il
me semble que je crains moins le jugement des

» le barreau et pour le sermon, où nous avons loisir
» de sommeiller, et sommes encore un quart-d'heure
» après, assez à temps pour en retrouver le fil. Il est
» besoing de parler ainsi aux juges qu'on veut gaigner
» à tort ou à droict, aux enfans et au vulgaire, à
» qui il faut tout dire, et voir ce qui portera. Je
» ne veux pas qu'on s'employe à me rendre attentif,
» et qu'on me crie cinquante fois *or oyez*, à la mode
» de nos hérauts ; les Romains disoient en leur reli-
» gion, *Hoc age*, que nous disons en la nostre, *Sursùm*
» *corda :* ce sont autant de paroles perdues pour moy.
» J'y viens tout préparé du logis ; il ne me faut point
» d'alléchement ny de saulce ; je mange bien la
» viande toute crüe ; et au-lieu de m'esguiser l'ap-
» pétit par ces préparatoires et avant-jeux, on me
» le lasse et affadit ».
   « La licence du temps m'excusera-t-elle de cette
» sacrilège audace d'estimer aussi traisnans les dia-
» logismes de Platon mesme, estouffans par trop
» sa matière ; et de plaindre le temps que met à ces
» longues interlocutions vaines et préparatoires, un
» homme qui avoit tant de meilleures choses à dire ?
« Mon ignorance m'excusera mieux sur ce que je
» ne voy rien en la beauté de son langage. Je de-
» mande en général les livres qui usent des sciences,
» non ceux qui les dressent. Les deux premiers (Plu-
» tarque et Sénèque), et Pline et leurs semblables,
» ils n'ont point de *hoc age ;* ils veulent avoir à
» faire à gens qui s'en soyent advertis eux-mêmes,

hommes , et que je crains davantage le mien ;
il me semble que j'ai moins de regret aux années
écoulées , et que je prise moins celles qui sui-
vront ; il me semble que j'en vois mieux l'existence comme un point assez insignifiant entre un
néant qui a précédé et le terme qui m'attend.
Ah ! quel mal on m'a fait ! pour rendre le littérateur meilleur écrivain, on a empêché l'homme de
devenir meilleur : Sénèque ne m'a point endurci ;
mais j'avoue qu'il y a bien peu de choses qui puissent me faire crier.

§. 105. Ce n'est point sur quelques pages de
Sénèque qu'on apprend à le connoître et qu'on
acquiert le droit de le juger. Lisez-le , relisez-le
en entier ; lisez Tacite, et jetez au feu mon apologie : car c'est alors que vous serez vraiment convaincu que ce fut un homme de grand talent et
d'une vertu rare ; et que vous mettrez ses détracteurs dans la classe des hommes les plus méchans et les plus injustes (*).

» ou s'ils en ont, c'est un *hoc age* substantiel , et
» qui a son corps à part... ». *Essais* de Montaigne,
liv. 2, chap. 10, pag. 162 et suiv. tom. II, édition
de la Haye , 1727 , et pag. 264 et suiv. de la belle
édition d'Abel Langelier , Paris , 1595, *in-fol.*

                              NOTE DE L'ÉDITEUR.

(*) Je lui ai témoigné mon respect et ma reconnoissance , en invitant deux habiles artistes à exé-

§. 106. Résumons. Sénèque n'a été ni le corrupteur de Julie, ni l'amant d'Agrippine : son exil en Corse fut amené par une intrigue de cour. Il ne déroba point à son élève la connoissance des grands auteurs : il en reçut des largesses que les hommes puissans sollicitoient sans pudeur, qu'il ne pouvoit rejeter sans péril, et qu'il posséda sans avarice et sans faste. Comment auroit-il pu tremper dans un parricide (*) ; auroit-il été confident du projet d'assassiner Agrippine, sa bienfaitrice? Il n'aspira point à l'empire : Néron ne put même l'impliquer dans la conjuration de Pison. Il n'applaudit point aux goûts indécens de l'empereur. Sa conduite ne démentit jamais ses principes. La *Consolation à Polybe*, qui nous est parvenue, n'est point celle qu'il écrivit ; le fragment qui porte son nom est ou l'essai d'un littérateur obscur, ou l'ouvrage d'un satirique qui s'étoit proposé de tourner en ridicule l'empereur et son ministre, d'avilir le philosophe aux yeux du peuple, d'en faire la risée de la cour, et de le brouiller avec les stoïciens. Il n'eut pour ennemis parmi ses comtemporains qu'un Suilius, homme couvert de forfaits ; qu'un Dion Cassius,

---

cuter son buste en bronze, d'après une tête antique assez belle.

NOTE DE DIDEROT.

(*) *Voyez* ci-dessus, ρ. 94.

le calomniateur perpétuel des grands personnages de la république ; qu'un Xiphilin, auteur bizarre, l'infidèle abréviateur de Dion : parmi les modernes, que des têtes rétrécies par un fanatisme détracteur des vertus païennes; pour critiques, que des ignorans qui ne l'avoient pas lu; que des envieux qui l'avoient lu avec prévention ; que des épicuriens dissolus et révoltés de sa morale austère ; que des littérateurs qui préféroient la pureté du style à la pureté des mœurs, une période harmonieuse à une sentence salutaire. Quant à la prétendue lettre apologétique adressée au sénat après la mort d'Agrippine, j'inviterai ceux qui seroient encore tentés de lui en faire un reproche, de revenir sur ce que j'en ai dit plus haut, et de peser mûrement ce que j'en vais dire ici.

§. 107. On ne sauroit douter que Sénèque n'en imposât au tyran, soit par l'autorité de l'homme sage sur l'homme dissolu, soit par l'exercice habituel de sa fonction d'instituteur ou de censeur. Ce furent ses efforts réunis à ceux de Burrhus, qui arrêtèrent le cours des assassinats prêts à s'exécuter (*). C'étoit le seul personnage de la cour que Néron respectât ; la haine secrète

---

(*) Ibaturque in cædes, nisi Afranius Burrhus et Annæus Seneca obvium issent... Tacit. *Annal.* lib. 13, cap. 2.

du souverain et des courtisans en étoit d'autant plus profonde : voilà le témoin incommode dont il falloit se délivrer, et contre lequel toutes les batteries étoient dirigées : aussi de tous les meur- tres ordonnés par le monstre, aucun ne lui fut plus agréable (1); il brisoit la seule digue qui s'opposoit à sa perversité. Falloit-il le seconder ? En le chargeant de la lettre apologétique, le tigre captieux lui tendoit un piège. « Je vais, se disoit- » il à lui-même, le placer entre la mort, s'il re- » fuse, et le deshonneur, s'il obéit. Que fera-t- » il,.. »? Ce qu'il fera? Ce qu'il doit faire. Il trompera ton attente, et il continuera de te tourmen- ter par le spectacle imposant de la vertu. Il est l'égide de tous les gens de bien, que ta fureur mé- nace ; il la leur conservera. Il sait qu'il y a des circonstances, où il y a plus de courage à vivre qu'à mourir (2).

Par son refus et par sa mort, Sénèque auroit été l'assassin de tous ceux qu'il eût abandonnés à la férocité de Néron. Quelles auroient été les

(1) Sequitur cædes Annæi Senecæ, lætissima prin- cipi... Tacit. *Annal.* lib. 15, cap. 60.

(2) C'est ce que Sénèque dit expressément dans la lettre 78e, tom. II, pag. 307, *edit.* varior. *Im- peravi mihi ut viverem; aliquandò enim et vivere, fortiter facere est.*

NOTE DE L'ÉDITEUR.

premières victimes d'une résistance inconsidérée ?
Sa femme peut-être , ses frères , ses amis , une
foule d'honnêtes et de braves citoyens.

Vous qui l'accusez , c'est à vous qu'il demande
conseil dans cette conjoncture critique. Que lui
eussiez-vous dit ? Je l'ignore; mais je lui aurois
dit , moi : « Quel avantage y a-t-il que Néron
» ajoute un second crime à un premier ; et qu'il
» mêle le sang de son instituteur à celui de sa
» mère ? Sénèque ! Néron , Tigellin et Poppée
» ont les yeux ouverts sur vous; ils s'attendent
» à un refus, dont votre mort, qu'ils désirent ,
» et celle de beaucoup d'autres qu'ils ont proscrits
» dans leurs ames féroces, seront la suite : les
» satisferez-vous ? Je me jette à vos pieds, j'em-
» brasse vos genoux, et je vous demande grace
» pour tous ces malheureux. Enverrez – vous le
» centurion à Novius Priscus, votre ami ? Songez
» que sa vie est attachée à la vôtre. Qui sait ce
» que deviendront vos proches, lorsque vous ne
» serez plus ? N'en doutez pas, on leur fera un
» crime de votre tendresse pour eux, de leur
» tendresse pour vous ; on verra en eux autant
» de vengeurs qu'il faut exterminer.

» Blâmez-vous ce père malheureux qui se cou-
» ronna de fleurs à la table de Caligula, le jour

» même que le tyran avoit fait égorger son fils (*)?
» Non, sans-doute. Et pourquoi ne le blâmez-
» vous pas? C'est qu'il lui restoit un second fils.
» Et Néron est-il moins à redouter que Caligula?
» N'avez-vous personne à conserver; et ne vous
» reste-t-il pas une mère, une épouse, des frères
» et des amis?

» Si votre mort devoit entraîner celle du tyran
», sanguinaire, nous vous dirions: Mourez; il n'y
» a pas à balancer. Mais vous ne serez plus;
» le tyran restera; et les gens de bien demeu-
» reront sans appui.

» Entre le parti qui réjouira les scélérats, et
» le parti qui affligera les gens de bien, y a t-il
» à hésiter?

» Vous n'êtes point un simple particulier, vous
» êtes un homme public; vous ne vous appar-
» tenez point à vous seul. Ne vous considérassiez-
» vous que comme un de ces satellites préposés
» à la garde des bêtes féroces; croyez-vous
» qu'il vous fût permis de quitter votre poste
» et de les lâcher sur vos concitoyens? Quelle
» différence mettez-vous entre celles qu'on tient
» renfermées dans des loges, et celles qui rem-

(*) *Voyez* Sénèque, *de irâ*, lib. 2, cap. 33.

» plissent ce palais ? Les unes ne déchireront que
» les malfaiteurs ; les autres déchireront les gens
» de bien.

« Ce n'est pas la méchanceté seule du souve-
» rain que vous suspendez ; vous enchaînez encore
» la fureur ambitieuse et de ses affranchis et de
» ses courtisannes. Voyez dans quelles mains vous
» allez déposer l'autorité souveraine !

» Craindriez-vous qu'on ne vous accusât de
» lâcheté ? Est-ce qu'on ignore combien la vie
» a peu de prix à vos yeux ? Et d'ailleurs, que
» vous importent les discours du peuple ? La vraie
» grandeur ne consiste-t-elle pas à faire le bien,
» même en s'exposant à l'ignominie ?

» Quand vous devriez mourir demain, il ne
» faudroit pas mourir aujourd'hui. Dans le poste
» que vous remplissez, qui sait le prix d'un jour,
» d'une heure ? quel forfait vous pouvez prévenir ?
» Lorsqu'il sera commis, on s'écriera : Ah ! si
» Sénèque eût vécu ! Hélas ! votre dernier moment
» n'est peut-être que trop proche ; il reste un
» homme de bien, et vous allez l'immoler !

» Le sacrifice de la vie donne aux actions un
» éclat, qui prouve moins la force de celui qui s'y
» résout, que la foiblesse de celui qui s'en étonne.

» Un autre montreroit sans doute du courage à
» mourir ; vous en montrerez davantage à vivre :
» un autre ne penseroit qu'à lui ; Sénèque se sou-
» viendra de ses concitoyens : un autre s'illustreroit
» par sa résistance ; votre condescendance sera
» blamée, vous n'en doutez pas ; et c'est par
» cette raison que vous en serez plus grand (*) ».

(*) Puisque l'occasion s'en présente, il ne sera
pas inutile de remarquer, ici en passant, que cette
réponse de Papinien, si vantée par plusieurs écrivains modernes ; réponse qui, dit-on, coûta la vie
à son auteur, et qu'on oppose encore aujourd'hui,
avec plus de zèle que de raison, à la conduite de
Sénèque, est une pure fable. On prétend que Caracalla ayant tué son frère Géta, chargea Papinien
d'excuser ce meurtre auprès du sénat et du peuple
romain ; mais que Papinien lui répondit courageusement : *Il est plus facile de commettre un parricide
que de l'excuser.* Spartien, d'où ce récit est tiré,
n'y ajoute aucune foi ; et rapporte seulement ce
fait comme un bruit que beaucoup de gens répandoient (*multi dicunt*), mais qui n'étoit pas moins
incertain que tous ceux qui couroient sur la cause
de la mort de Papinien. « On voit, dit-il, par la
» grande diversité qui règne dans la narration des
» auteurs qui ont parlé de cet événement, qu'ils en
» ont tous ignoré la cause ; mais j'aime mieux rap-
» porter les différens récits, que passer sous si-
» lence la mort d'un aussi grand homme... ». Il
raconte ensuite sur le même sujet un autre bruit
populaire, qui, selon lui, n'a pas plus de fondement ;

Que Néron exigeoit-il de Sénèque? de louer
un parricide ? Non ; mais de prévenir les suites

---

et après en avoir fait voir l'invraisemblance , il
finit par assurer que Papinien mourut victime de son
attachement pour Géta , et fut enveloppé dans la proscription qui fit périr tous les partisans de ce prince.
Voici les propres paroles de Spartien : j'ai tâché d'en
prendre l'esprit , sans m'astreindre à une traduction littérale, mais aussi sans rien ajouter à son texte.
*Scio de Papiniani nece multos ita in literas retulisse
ut cædis non sciverint causam , aliis alia referen-
tibus ; sed ego malui varietatem opinionum edere ,
quàm de tanti viri cæde reticere.... Multi dicunt
Bassianum , occiso fratre , illi mandasse ut et in
senatu pro se et apud populum facinus dilueret ; illum autem respondisse :* Non tam facile parricidium,
excusari posse , quàm fieri. Est etiam hæc fabella ,
*quod dictare noluerit orationem quâ invehendum erat
in fratrem , ut causa ejus melior fieret qui occiderat ;
illum autem negantem respondisse :* Aliud est parricidium , accusare innocentem occisum. Sed hoc om-
ninò non convenit : *nam neque præfectus poterat
dictare orationem* ; et constat *eum quasi fautorem
Getæ occisum. ....Spartian. in vitâ Caracallæ* , cap.
8 , *inter* Hist. August. *Script.* tom. I , pag. 722, 723,
edit. Lugd. Batav. 1671. *Voyez* aussi Aurelius Victor,
de Cæsaribus , cap. 20. Et notez que Zozyme ne dit
pas un seul mot de cette prétendue réponse de Papinien , que , selon lui , Caracalla fit massacrer
par les soldats , pour écarter le seul obstacle qui
s'opposât à l'exécution du projet que ce prince avoit
formé de se défaire de son frère Géta. *Hunc (Pa-*

funestes d'un crime commis, en peignant au sénat et au peuple une femme ambitieuse, telle qu'étoit Agrippine ; une mère dangereuse, telle qu'étoit Agrippine ; ce qu'il fit. Dans ce moment, dit Tacite (*), les regards se détournèrent de la férocité inouie de Néron, pour s'arrêter sur l'indiscrétion de Sénèque. Et quelle indiscrétion Sénèque avoit-il commise ? Il avoit avoué le crime ? Non, il ne l'avoit pas avoué ; j'en appelle au récit même de Tacite. La tentative du vaisseau étoit connue ; quoi de mieux à faire que de la pallier, en l'imputant à la fortune de Rome ? Agrippine étoit

---

pinianum) *præfecti prætorio munere fungentem, suspectum Antoninus habebat*, aliâ nullâ de causâ, *quam quod Papinianus animadvertens eum infesto ergà Getam fratrem animo esse, quò illi minus insidiaretur, pro viribus impediret.* Hoc igitur impedimentum è medio removere volens, *Papiniano per milites necem struit*, spatiumque nactus, fratrem interficit, quum ne quidem mater adcurrentem ad se potuisset eripere..... Zozym. *Hist. nov.* lib. I, pag. II, *edit Oxon.* 1679.

      NOTE DE L'ÉDITEUR.

 (*) *Annal.* lib. 14, cap. II. Ergò non jam Nero, cujus immanitas omnium questus anteibat, sed adverso rumore Seneca erat, quod oratione tali confessionem scripsisset.

     NOTE DE L'ÉDITEUR.

       G *

morte ; quoi de mieux à faire que d'en accuser sa propre fureur ? Il étoit difficile de croire, ajoute Tacite (*), qu'une femme échappée aux flots eût envoyé un assassin avec un poignard contre une flotte et des cohortes. Comme si tout audacieux n'étoit pas maître de la vie d'un général, même au centre de son armée ! L'attentat prétendu d'Agérinus avoit éclaté ; et il eût été plus imprudent de s'en taire que d'en parler.

§. 108. Je m'étois promis de ne plus rien publier de ce que j'écrirois : non que j'eusse pris en dédain la considération qu'on obtient par des succès littéraires ; mais nos critiques sont si amers ; le public est si difficile ; et l'on a reçu, avec une indifférence si propre à décourager, des ouvrages que je me glorifierois d'avoir faits, qu'il n'y avoit guère qu'un sujet aussi intéressant pour une ame honnête et sensible, la défense d'un sage, qui pût me distraire de la sévérité de nos juges, de la satiété de nos lecteurs, de la médiocrité de mon talent, et de la sagesse de mon projet.

§. 109. Je m'attendois à des critiques et à des

(*) *Annal.* lib. 14, cap. II. Quis adeò hebes invèniretur, ut crederet, aut à muliere naufragà missum cum telo unum qui cohortes et classes imperatoris perfringeret ?

NOTE DE L'ÉDITEUR.

injures ; mon attente n'a point été trompée. Avant
que de répondre aux critiques , j'ai cru devoir
consulter des hommes sages , et voici ce qu'ils
m'ont dit.

Ce n'est pas la centième fois , qu'on vous ait
injurié et critiqué , sans que vous ayez répondu.
Vous vous êtes bien trouvé de cette indifférence
ou de ce mépris : on l'a remarqué , et l'on vous
en a loué : taisez-vous donc. Les feuilles éphé-
mères de vos aristarques sont parfaitement oubliées ;
et l'on ne saura plus à qui vous en voulez , en
les réfutant vous ménagerez ; une replique à ceux
qui les ont écrites , et vous les servirez à leur
gré. Si leur honnête projet est d'affliger l'auteur
qu'ils attaquent , comme on n'en sauroit douter ,
vous les entretiendrez dans la douce persuasion
qu'ils y ont réussi. Ceux d'entre vos lecteurs ,
que votre apologie n'a pas convertis , ne chan-
geront pas d'avis. En prolongeant de scandaleuses
disputes où l'on se déchire mutuellement , vous
vous prêterez à la malignité d'une certaine classe
de citoyens ignorans et oisifs qui les blâment et
qui s'en amusent. La fastidieuse répétition des
mêmes imputations entraînera une répétition non
moins fastidieuse des mêmes réponses ; et il seroit
facile que vous gâtassiez votre ouvrage en l'alon-
geant. Votre replique seroit excellente , qu'elle auroit au moins l'inconvénient d'arracher à l'obscurité

des ouvrages et des noms faits pour y rester. De-
meurez en repos ; épargnez-vous à vous-même
le mal que vous vous feriez: il est désagréable
de se fâcher ; et l'indignation ne laisse ni assez
de sang-foid , ni assez d'esprit, ni assez de gaîté ,
pour instruire et pour amuser. Avec quelles espèces allez-vous vous mettre aux prises ? Ces
gens-là osent tout , parce qu'ils n'ont rien à perdre
ni à craindre. Soyez plutôt un bon homme qu'un
dangereux antagoniste; et contentez-vous du mérite
de la candeur et de la simplicité : en éternisant
la sottise d'autrui , souvent on éternise la sienne.
Sur-tout ne revenez plus sur Jean-Jacques:
laissez-lui la honte bien pure de sa méchanceté
et de son ingratitude ; si c'est un hypocrite à
démasquer , que d'autres le fassent. D'après son
ouvrage posthume , cet homme n'est-il pas jugé ?

J'ai pesé mûrement ces conseils ; j'ai reconnu
qu'ils étoient dictés par la raison. Mon amour
pour le repos et ma paresse s'en accommodoient
également : et quoique je fusse persuadé que la
philosophie ne manqueroit jamais d'ennemis; et que
Sénèque resteroit exposé dans l'avenir aux mêmes
reproches qu'on lui a faits de nos jours , sur-tout
si l'on n'y répondoit pas, j'inclinois à laisser la
dispute où elle en étoit , lorsque je reçus les
observations qui suivent. Je proteste qu'elles ne
sont pas de moi. Si je les publie , c'est peut-

être un peu par vanité ; bien que le seul motif
que je m'avoue, ce soit d'opposer entre eux les
différens jugemens qu'on a portés de mon Essai,
et de montrer combien il importe de ne pas s'en
rapporter à d'autres, si l'on veut avoir son opinion. L'anonyme dit :

« On objecte, 1°. à l'auteur de l'*Essai sur*
» *la vie et les écrits de Sénèque*, qu'il en est
» moins l'historien que l'apologiste... ». Et nous
répondrons que c'étoit précisément le contraire qu'il
falloit dire, s'il n'a rien omis de ce qu'il étoit
possible de savoir des mœurs de Sénèque, et s'il
n'a pas su tout ce qui pouvoit servir à sa défense.

2°. « Que plus de sang-froid auroit peut-être
» prouvé plus d'impartialité... » Et moins d'intérêt
pour la vérité, moins d'indignation contre la calomnie, moins de mépris pour les modernes échos
des calomniateurs anciens, pour des écrivains
obscurs qui prononceroient magistralement sur les
écrits d'un auteur célèbre, et qui attaqueroient
sans ménagement et sans pudeur les mœurs d'un
malheureux illustre qu'il sera toujours honnête
de défendre. Et quand sera-t-il permis à l'écrivain de se passionner, si ce n'est en plaidant la
cause de la vertu ? Si l'auteur parle si vivement
en faveur d'un philosophe, auquel il n'est attaché
par aucun lien personnel ; avec quelle chaleur ne

nous défendroit-il pas, si nous étions attaqués ?
Êtes-vous des êtres obscurs, qui n'aurez besoin
d'apologistes ni pendant votre vie ni après votre
mort ? ne le lisez pas ; il écrivoit pour d'autres
que vous. On reconnoît dans son ouvrage un
homme qui sent profondément ; un grand nombre
de morceaux annonce le génie et le philosophe
qui n'ont pu se cacher. Il voit toujours l'homme
dans le sage ; et invite ceux qui n'y voudront
voir que le héros de se mettre à sa place avant
que de prononcer ; précaution sans laquelle on
sera souvent injuste, on ne sera jamais indulgent, et l'on jugera les autres comme on ne voudroit pas en être jugé. De quoi s'agit-il ? De
mesurer les forces de la nature mise aux épreuves les plus dangereuses, et réduite à chaque
instant au choix des plus dures extrémités. Telle
est la fatalité des circonstances où Sénèque s'est
trouvé, qu'il étoit impossible de tracer à l'homme
une route plus difficile et plus glissante pour la
vertu.

APOLOGUE. Un jour, il s'éleva une dispute entre
un jeune homme dont on attendoit encore quelque preuve de talent, et un bon homme déjà
vieux, et qui certes n'étoit pas sans considération dans la république des lettres. Le sujet étoit
compliqué : il s'agissoit de philosophie, d'histoire,
de morale et de goût. On représenta au jeune

homme qu'il avoit pris avec son antagoniste un
ton décidé qui ne convenoit pas à son âge, un
ton violent qui ne convenoit à personne. Que
voulez-vous, répondit le jeune homme? je ne
saurois exprimer d'une manière incertaine et foible
ce dont je suis vivement persuadé.... C'est-à-
dire, ajouta son père, qui avoit gardé le silence
jusqu'à ce moment, que vous êtes naturellement
emporté, insolent et présomptueux. Avec ces qua-
lités-là, vous ne vous concilierez pas une indulgence dont j'appréhende que vous n'ayez souvent
besoin. Mon fils, corrigez-vous....

En mettant à part des éloges que je ne mérite
pas, j'ajouterai : Quelle est l'ame honnête et
sensible qui, revenant sur les premières lignes
de ce paragraphe, ne sera pas touchée de cette
manière de voir et de s'exprimer ? C'est que,
scribendi rectè, sapere est principium et fons.

3.° « Que l'auteur est le plus mauvais écri-
» vain, et le plus mal-adroit des apologistes...».
Nous pensons, nous, que le plus précieux monument qui nous reste de la philosophie ne pouvoit
être plus dignement couronné que par cet Essai;
que dans le genre historique et dans le genre
apologétique il est rempli de morceaux d'un grand
caractère; qu'on y reconnoît l'homme de génie,
le grand écrivain, et l'homme sensible.

Et *j'ajouterai* que de ces trois qualités je n'accepte que la dernière ; elle me suffit : on peut la posséder et manquer des deux autres, qu'on possède rarement sans elle ; *pectus est quod disertum facit.* S'il m'arrive d'obtenir le suffrage d'un homme honnête et éclairé tel que M. Marmontel, j'en puis être flatté ; mais je n'en puis être vain. Je n'ai jamais conçu comment, au milieu de tant de colosses dont la hauteur nous humilie, on osoit s'estimer quelque chose. La haine est un sentiment pénible qui ne s'élève en mon ame que contre les ennemis des talens et de la vertu ; mais elle y dort. Si je suis susceptible d'une indignation forte et momentanée, mon mépris s'évanouit avec le souvenir de ceux que j'ai méprisés. J'avoue cependant que, si j'avois reçu de la nature l'arme redoutable d'un Montesquieu, j'aurois difficilement résisté à la tentation de l'employer contre les détracteurs de la sagesse ancienne et moderne. Si je les croyois de bonne-foi, j'en aurois pitié ; mais je les crois faux. C'est la religion politique que je déteste, parce qu'elle doit à la longue corrompre la philosophie et la vraie religion : la vraie religion, qui ne peut avoir dans ces hommes-là que des défenseurs hypocrites ; la philosophie, que des amis pusillanimes : et c'est ainsi que quelques-unes des excellentes productions que notre siècle transmettra aux siècles à venir, semblables aux écrits d'Aristote, offriront dans une

page des autorités à l'Eumolpide contre l'académicien , et à la page suivante, des autorités à
l'académicien contre l'Eumolpide.

4.° « Que l'auteur entasse dans la vie de Sé-
» nèque un tas de faits historiques... ». Il a suivi
Tacite pas à pas. Lorsqu'il a placé son héros au
milieu des personnages qui l'environnoient , il étoit
sûr de l'agrandir; l'esquisse des règnes sous lesquels
Sénèque avoit vécu ne pouvoit manquer de donner
de l'intérêt , de la variété et de l'importance à
son ouvrage. On oublie qu'il a fait un Essai.

S'il s'est livré à son penchant à la réflexion ,
nous défierons la critique d'en citer une seule
ou qui ne naisse du sujet, ou qui n'y tienne par
un fil plus ou moins délié. On n'écrit pas la vie
d'un philosophe pour raconter des faits; et quelle
est celle de ses réflexions, qu'on eût desiré que
l'auteur supprimât ?

5.° « Que l'auteur écrivoit quelquefois niai-
sement... ». Sur quoi nous demanderons si celui
qui le trouve niais , n'est pas le même qui le
traduit comme fauteur du despotisme ? Ils sont
l'un et l'autre de la même force.

6.° « Qu'ils sont au nombre de ces coupables
» aristarques, qui n'ont pas admiré Sénèque autant
» que son ardent panégyriste sembloit l'exiger ;

» et qu'ils n'ont aucunement balancé à prendre
» pour eux une partie des complimens flatteurs
» qu'il leur prodigue... ». Ce n'est pas l'auteur;
c'est la Mothe-le-Vayer, c'est Juste-Lipse,
Montaigne et nombre d'autres savans personnages,
qui avoient dit avant lui que l'on n'entendoit la
satire de Sénèque que dans la bouche d'un méchant ou d'un sot. Si donc il arrivoit à un critique
de prendre, sans balancer, sa part de ce com-
pliment flatteur, il n'y a point de mal à cela;
et l'on peut, je crois, lui laisser le choix de
l'épithète.

7.° « Que l'auteur crée des expressions nou-
» velles... ». Et pour le prouver, on en cite de
vieilles. Mais d'ancienne ou récente création,
qu'importe? nous manquent-elles? Peut-on
compter le *dessouci* de la vie et l'*inélégance* du
style parmi les mots dont la disette appauvrit
notre langue? L'*Exangue* de Montaigne est-il
énergique? N'auroit-il pas été regretté par Voltaire,
et mis au nombre des expressions que cet homme
de goût se proposoit de restituer au Vocabulaire
de l'académie.

Et *j'ajouterai* que, si quelque terme nous
manque, s'il peint à l'imagination, s'il plaît à
l'oreille, je crois qu'il faut le hasarder. Les langues ne doivent-elles pas continuer de s'enrichir

par la même voie qui les a tirées de leur première
indigence ?

8.º « Qu'il a des incorrections et des négli-
» gences... ». Un autre aristarque les avoit re-
marquées comme des fautes légères échappées
à une plume rapide : celui-ci avoit averti que
plusieurs avoient déjà disparu ; que c'étoit une
pâture qu'il falloit laisser à la malignité envieuse ;
et que depuis long-temps il n'avoit paru d'ouvrage
si digne de l'affliger.

Et *j'ajouterai* que je n'ai pas la vanité de prendre
la partie de cette réflexion qui semble s'adresser
à moi ; et que nos censeurs auront sans doute le
bon esprit d'en refuser la partie qui semble s'a-
dresser à eux.

9°. « Qu'il n'a point entendu le texte où Saint
» Jérôme inscrit Sénèque dans le catalogue des
» saints... ». Il a quelquefois écrit dans cette
langue et même avec élégance, ce qu'il pourroit
avouer sans vanité. Il sait le latin, bien qu'il
ait passé dans les écoles de la Compagnie de
Jésus, ainsi que beaucoup d'autres, sans en
excepter les censeurs, cinq ou six années à l'é-
tudier, sans l'avoir appris. Si celui qui auroit
fait un contre-sens ignoroit le latin, personne
ne le sauroit. Erasme a écrit : *Hieronimus Se-*

necam recensuit in catalogo sanctorum, passage qu'il étoit difficile de traduire plus fidèlement qu'il ne l'a fait.

10.° « L'ame de l'auteur vaut encore mieux que sa plume... ». Nous le connoissons assez pour assurer que si, par hasard, il a lu ces lignes, il en a remercié le censeur ; que si celui-ci avoit débuté par cet aveu, l'homme eût abandonné l'écrivain à sa discrétion ; et qu'il souhaite que l'Aristarque, s'il est ecclésiastique, mérite un jour qu'on dise de lui, depuis le sanctuaire jusqu'aux coulisses de l'opéra, qu'il est encore plus estimable par ses vertus que par ses lumières ; et que, s'il n'est pas tout-à-fait un sublime journaliste, il est du-moins un prêtre fort édifiant.

11.° « Qu'il existe de nos jours une confédé-» ration philosophique... ». Nous ne savons ce que c'est que cette confédération, et nous sommes portés à croire que, loin d'être réelle, elle n'existe pas même dans la tête des critiques. Réelle, on seroit trop honoré d'y être admis. Réelle ou chimérique, qu'importeroit à celui qui vivroit isolé, qui ne fréquenteroit guère que dans sa famille ou chez quelques amis dont il s'appliqueroit depuis trente ans à cultiver l'estime, en profitant de leur exemple et de leurs conseils, et pour qui la grande ville seroit circonscrite dans un

espace assez étroit à-la-vérité, mais où il verroit circuler ceux d'entre ses concitoyens, ou
d'entre les étrangers, illustres par leur naissance,
leurs dignités, l'étendue et la variété de leurs
connoissances ?

Et j'ajouterai que l'homme (*) rare, à qui
l'on s'empresse de rendre cet hommage, auroit
obtenu depuis long-temps les trois sortes de lauriers dont on couronne les talens, s'il les avoit
ambitionnés; et que c'est la moindre partie de
l'éloge qu'il mérite.

12.º. « Que l'Aristarque ou son père a mal
» parlé de Sénèque...». On les en croit tous
deux fort capables. D'ailleurs, que signifieroit le
blâme ou l'éloge de celui qui auroit intrépidement
persisté, au milieu des huées de la nation, dans
un imbécille acharnement contre Voltaire et la
plupart de nos grands hommes ? Quand il arrive
à un censeur de cette espèce de défendre un
Suilius, c'est peut-être sa cause qu'il plaide.
L'auteur de l'Essai a pensé à ces Aristarques, père
et fils ! il leur en vouloit ! Hélas ! il y a nombre
d'années que leur prédécesseur, qui valoit mieux
qu'eux, est tombé dans l'oubli; et c'est, grace

(*) M. le baron d'Holbach, mo t en 1789.

à l'*Ecossaise* de Voltaire, qu'on se rappelle trois ou quatre fois par an, pendant une demi-heure, qu'il a existé un Wasq l'ancien, qui attestoit par serment, et qui ne parioit pas.

Et *j'ajouterai*, qu'il est un secret que la plupart de nos écrivains périodiques n'ont pas encore découvert, c'est celui d'assurer à leurs feuilles la durée d'une semaine. Cela est fâcheux.

13°. « Qu'il a plu à l'auteur de peindre Suilius, » Dion Cassius et Xiphilin comme les plus scé- » lérats des hommes... ». L'auteur a dit, d'après Tacite, que Suilius étoit un scélérat; d'après Crévier, que Dion étoit le calomniateur éternel des grands hommes; et d'après la Mothe-le-Vayer, Juste-Lipse, Bayle et Montaigne, que Xiphilin avoit la tête mauvaise : mais il n'a pas dit de tous les trois indistinctement que ce fussent des scélérats. Si de quatre critiques, par exemple, il étoit démontré que l'un fût un homme d'esprit, mais de mœurs abominables; le second, un juge vénal et un citoyen crapuleux; le troisième, un petit ignorant sans bonne-foi; le quatrième, le plus insolent personnage qui eût encore porté son habit; et qu'on l'eût assuré sur de bonnes autorités : seroit-il permis d'entendre de tous les quatre ce qu'on n'avoit avancé que d'un seul, qu'il fût homme d'esprit et de mœurs abomi-

nables ? L'équité ne prescriroit-elle pas de distribuer ce qui appartiendroit d'éloge ou de blâme
à chacun de ces personnages ?

Et *j'ajouterai* : Ceci n'est pas de la mauvaise
plaisanterie, mais de la bonne logique, qualité
dont nos aristarques se piquent le moins. Nos
critiques ont une manière de réfuter assez commode : c'est de transformer en faits démontrés,
des imputations vagues et contradictoires ; de répéter sans pudeur, et quelquefois avec une insigne
mauvaise foi, d'anciennes accusations, sans parler
des réponses qu'on y a faites ; de prononcer docto-
ralement que ces réponses ne sont pas satisfai-
santes, sans se mettre en devoir de le prouver,
ce qui ne seroit pourtant pas trop superflu ; d'opposer à des raisonnemens qu'un auteur aura jugé
solides, une simple, mais péremptoire négation ;
de dire un *non* bien ferme où l'écrivain croit
avoir prouvé qu'il falloit dire *oui* : et c'est ainsi
qu'avec le talent d'écrire deux monosyllabes, ils
ont le front de s'asseoir à côté de Bayle, de
Basnage, ou de le Clerc.

14°. « Que l'auteur a donné des leçons de sui-
» cide... ». L'auteur n'a point donné des leçons
de suicide ; mais il a exposé la doctrine des stoïciens, dont le suicide étoit un des points fondamentaux : et ce n'est ni son opinion ni sa faute,

si Zénon prétendit que les dieux, de qui nous tenons la vie sans notre consentement, seroient des bienfaiteurs injustes et cruels s'ils ne nous avoient laissé maîtres de disposer de leur présent lorsqu'il nous importunoit.

Et *j'ajouterai*, que la notion générale de la bienfaisance et de toute vertu est illusoire, et mène droit au scepticisme, si elle n'est pas également applicable aux hommes et aux dieux.

15°. « Que l'auteur avoit écrit contre la pro-
» vidence »... A l'occasion d'un traité de Sé-
nèque, l'auteur a cru devoir exposer la difficulté puérile, car c'est ainsi qu'il l'appelle, à laquelle le philosophe romain autrefois, et de nos jours le profond Léibnitz, s'étoient proposé de répondre.

16°. « Que l'auteur a commencé sa carrière
» dans les lettres par un ouvrage sur l'*Interpré-*
» *tation de la nature*, et que ce livre et plein
» d'obscurités... ». L'obscurité est relative à la matière que l'on traite, et à la sagacité de celui qui lit. Qui sait si l'auteur n'avoit pas de bonnes raisons pour n'être pas trop clair ? D'ailleurs, telle pensée évidente pour un homme d'esprit, est inintelligible pour un autre. Les principes de mathématiques de Newton, et les *Trecenta* de Sihaal, sont bien autrement difficiles à comprendre, même pour

les gens de l'art ; et s'il étoit permis de comparer
une très-petite chose à une très-grande, on oseroit
assurer que Buffon sera souvent lettre close pour
celui qui n'entend pas l'*Interprétation de la nature.*

Et *j'ajouterai* que, si l'on est quelquefois arrêté dans un ouvrage, l'obscurité naît de la profondeur des idées et de la distance des rapports.
Le génie porte rapidement son flambeau ; et l'esprit, qui ne suit pas avec la même vîtesse, reste
en arrière, et tâtonne dans les ténèbres.

17.º M. de Marmontel a dit : « Croiroit-on qu'il
» y eût un homme assez insensé, d'un carac-
» tère assez abject, pour jeter du ridicule sur
» la forme d'un édit où le maître ne dédaigneroit
» pas de rendre compte de ses motifs » ?... Je répondrai à M. de Marmontel : Oui, monsieur, cet
homme s'est trouvé parmi les critiques de l'ouvrage
dont vous avez fait l'extrait et l'éloge.

18.º « Qu'il n'étoit pas sûr pour Sénèque de
» s'éloigner de la cour ; que tout porte à le croire ;
» mais que ce n'étoit pas une raison pour dé-
» mentir ses principes. Que sont devenus le stoï-
» cisme et le mépris de la mort »?... Nous n'avons
rien à ajouter à ce que l'auteur a dit sur cette
difficulté ; nous remarquerons seulement qu'il ne
doit être ni surpris ni blessé qu'on soit d'un autre

avis que le sien. Ce qu'il auroit apparemment
désiré, c'est que dans une discussion importante
on fût réservé ; qu'on ne décelât pas une suffisance qui ne seroit fondée sur aucun titre ; et
qu'on eût assez d'ame et de sens, pour soupçonner
que la chaleur de l'apologiste d'un grand homme
seroit tout-à-fait ridicule dans la bouche d'un
écolier présomptueux, qui se chargeroit du rôle
d'accusateur.

Et *j'ajouterai*, qu'il faut être décent et s'interdire un ton qu'on pardonneroit à-peine à
l'écrivain le plus érudit ; et qu'il ne se permettroit
avec personne, pas même avec des critiques
injurieux, à-moins que la patience ne lui échappât
et ne l'exposât à sortir de son caractère, et à
se déplaire ensuite à lui-même.

Et *j'ajouterai encore* que l'aristarque qui a
proposé la difficulté de ce paragraphe ne sera
pas assez injuste envers lui-même et envers moi,
qu'il a traité avec tant d'honnêteté et d'indulgence,
pour s'appliquer cette petite leçon, que ceux à
qui elle s'adresse ne manqueront pas de réven-
diquer. Il ne faut jamais s'emparer du bien d'autrui.

Je n'avois pas encore lu la lettre que M. Garat a
publiée dans un des *Mercures* de 1779, qu'il
se répandoit que j'en étois choqué, et que l'auteur

avoit la bonté de s'en inquiéter. Je commencerai
par le rassurer. Il y a de la vérité dans le plaisant récit de notre première entrevue ; je m'y
suis reconnu, et j'ai ri du vernis léger d'ironie
poétique qu'il y a répandu et qui l'a rendu piquant.
On sera tenté de me prendre pour une espèce
d'original ; mais qu'est-ce que cela fait ? Est-ce
donc un si grand défaut, que d'avoir pu conserver,
en s'agitant sans cesse dans la société, quelques
vestiges de la nature ; et de se distinguer, par
quelques côtés anguleux, de la multitude de ces
uniformes et plats galets qui foisonnent sur toutes
les plages ? J'estime l'auteur de l'*Eloge de Suger ;*
je ne suis point éloigné de l'aimer : et quand il
lui plaira de se retrouver devant le modèle dont
il a fait l'agréable caricature, je suis prêt à le
recevoir et à poser une seconde fois.

Vainqueur ou vaincu, on se retire de l'arène
où l'on est descendu avec un pareil antagoniste,
sans la crainte d'avoir passé les bornes d'une défense loyale. Il n'en est pas ainsi, lorsqu'on n'a
pas dédaigné de prendre la lance contre des agres-
seurs indécens, malhonnêtes, injurieux, violens.
L'invective invite l'invective. Peut-être me suis-je
oublié quelquefois ; mais si cela m'est arrivé,
ce ne sera que dans les endroits où la critique
s'est déchaînée sans mesure contre des hommes
respectables et des talens généralement avoués.

Mais alors quel est l'homme assez patient, je dirai même assez ingrat, pour écouter avec une froide indifférence l'insulte adressée à des écrivains qui honorent la nation, et à qui l'on doit les heures de sa vie les plus délicieuses ? Je ne suis pas capable, et fasse le ciel que je meure avant que d'avoir été capable d'une modération que je me reprocherois.

19.º « Qu'il a défendu Voltaire, Sénèque, » Raynal, comme un énergumène. Et que lui im- » porte ; et que nous importe à nous un vieux stoï- » cien qui n'est plus » ?... Ce propos est celui de quelques gens du monde ; et bien interprêté, il ne signifie qu'une chose : c'est qu'en général les apologies ne sont pas de leur goût ; qu'on aimeroit peut-être mieux trouver le vieux stoïcien coupable qu'innocent ; et qu'on a de la peine à souffrir qu'il ait vengé, sous son nom, des contemporains exposés aux mêmes calomnies et persécutés par des détracteurs du caractère d'un Suilius.

20°. « Qu'on est tout étonné de trouver à la « 438e page de son ouvrage (1e Edit.) une pathé- » tique apostrophe aux insurgens ».... Ce qui n'étonnera pas, mais ce qui pourroit surprendre, c'est l'étonnement des critiques, lorsqu'on lira, page citée, que Sénèque pensoit qu'il n'y avoit point encore de gouvernement qui convînt.

au sage et auquel le sage convînt. Quelle occasion
plus simple et plus naturelle, ce nous semble,
lorsque l'objet principal d'un auteur est d'enregis-
trer ses réflexions, que de s'arrêter un moment
sur un des phénomènes les plus extraordinaires
que l'histoire du monde nous ait présentés ; un
peuple esclave d'un peuple ; une nation qui
secoue tout-à-coup le joug de la servitude; qui
s'affranchit du despotisme à l'aide des despo-
tes ; et qui, méditant sur les moyens d'assurer
à jamais son bonheur avec sa liberté, prépare
un asyle à tous les enfans des hommes qui gé-
missent ou qui gémiront sous la verge de la
tyrannie civile et religieuse; que d'adresser des
vœux au ciel pour le succès d'une si digne entreprise ; que de se mêler aux délibérations de
son congrès ; et que d'oser prévenir une confédération naissante sur la triste et presque nécessaire
influence du temps, qui amène plus ou moins
rapidement la ruine des choses les plus sagement
ordonnées.

Et *j'ajouterai*, qu'après s'être choqué de cet
écart, si c'en est un, par un tour d'esprit assez
singulier, le critique quitte son chemin pour
aller heurter rudement le digne et respectable
auteur de l'*Histoire philosophique et politique
de la découverte et du commerce des deux Indes.*
Le plaisir d'admirer et de louer m'a-t-il

arrêté ? j'ai tort ; la fureur d'injurier l'a-t-elle
jeté de côté ? il a raison. Mais il se trompe , s'il
compte sur notre patience , lorsqu'il invectivera
un homme connu et révéré dans toute l'Europe;
qui a reçu du Hollandais les témoignages de la
distinction la plus flatteuse ; et auquel un ennemi,
qui sait rendre justice aux grands talens , vient
de renvoyer un neveu fait prisonnier de guerre
sur nos vaisseaux; l'auteur d'un ouvrage plein
de recherches , de hardiesse , d'éloquence et de
génie ; nous lui dirons : Misérable folliculaire ,
taisez – vous , parce que vous ne savez ce que
vous dites ; taisez – vous , parce qu'en excitant
l'indignation au fond des ames honnêtes et sensibles , vous les faites sortir de leur caractère,
oublier votre nullité, et manquer à une modération dont on se repent ensuite de s'être distrait
si mal-à-propos.

Et *j'ajouterai*, qu'après un court éloge de Voltaire, quelques pages où je m'étois occupé de
mettre la plus grande impartialité, et où je l'ac-
cusois de trop de sensibilité pour la piqûre des
insectes qui s'attachoient à lui , je me suis écrié :
Hélas ! tu n'étois plus, lorsque je te parlois ainsi...
Les critiques ont dit qu'ils parieroient bien que
je n'aurois point parlé de cette manière au poète
Lauréat ; et je leur répondrai : Ne pariez point ,
jurez plutôt. J'ai pris la liberté de contredire de

vive voix et par écrit M. de Voltaire, avec les
égards que je devois aux années et à la supériorité de ce grand homme; mais aussi avec le
ton de franchise qui me convenoit, et cela sans
l'offenser, sans en avoir entendu de réponses
désobligeantes. Je me souviens qu'il se plaignoit
un jour avec amertume de la flétrissure que les
magistrats imprimoient aux livres et aux personnes;
mais, ajoutai-je, cette flétrissure qui vous afflige,
est-ce que vous ne savez pas que le temps l'enlève
et la renverse sur le magistrat injuste? La ciguë
valut un temple au philosophe d'Athènes... Alors
le vieillard m'enlaçant de ses bras et me pressant
tendrement contre sa poitrine, ajouta: Vous avez
raison; et voilà ce que j'attendois de vous. . . .
Dautres en ont éprouvé la même indulgence. D'où
naît cette légèreté à juger des choses qu'on ignore,
et à parler des hommes qu'on ne connoît pas?

Si la vérité blesse si fréquemment, c'est un
peu la faute de celui qui la dit: ou c'est un or-
gueilleux qui nous humilie, ou un ignorant qui
nous préceptorise, ou un grossier personnage qui
nous insulte. Eh! donnons-lui pour cortège la
bienveillance, l'ingénuité, la modestie, la circonspection, ses véritables compagnes; proposons
des doutes, lorsque nous croyons avoir l'évidence;
que l'honnêteté de notre discours tempère la forme
de nos raisons; interrogeons, ayons l'air de nous

instruire, lorsque nous sommes sûrs ; soyons indulgens pour l'erreur, sur—tout lorsque cette erreur
décélera une belle âme; réservons toute l'amertume de l'ironie contre la suffisance impertinente ;
et soyons certains que les ménagemens inspirés
par un heureux naturel, prescrits par une éducation libérale, et rendus habituels par quelque usage
du monde, calmeront la révolte de l'amour-propre
le plus délicat. Je ne me suis jamais écarté de ces règles, sans m'en repentir. Plus la vérité est impérieuse
par elle-même, plus elle doit se montrer réservée.

21°. Et puis voilà le même grand homme,
Voltaire, traité *d'Idole à la mode* par les mêmes
critiques.

L'auteur de l'Essai a dit : « Toute une na-
» tion t'a rendu des hommages, que ses souverains
» ont rarement obtenus d'elle... ». Et les critiques
ont ajouté : *Fade mensonge !* ... Il est vrai que,
de cette nation, il devoit en excepter le clergé.

Il a dit : « Tu as reçu les honneurs du triomphe
» dans la capitale la plus éclairée de l'univers »....
Et les critiqués ont ajouté avec une hardiesse qui
ne se dément pas : *Parade burlesque !*

Voici le prélude et les suites de cette burlesque
parade. Des hommes de lettres distingués lui

avoient décerné une statue de son vivant. Après
sa mort, l'académie françoise a placé son buste
à côté de celui de Molière, dans le lieu de ses
assemblées ; ensuite elle a proposé son éloge pour
sujet de son prix. Cependant un grand roi le composoit sous sa tente ; cependant une grande souveraine acquéroit sa bibliothèque, lui ordonnoit un
sanctuaire dans son palais, et écrivoit à sa nièce :
*A la nièce d'un grand homme qui avoit de l'a-
mitié pour moi....* Et tandis que je m'occupe
à faire rougir ses ennemis de l'indécence effrénée
de leurs apostilles, on le couronne sur notre
théâtre, dans cet endroit, où il avoit si souvent
excité les transports de l'admiration, versé dans
nos ames la terreur, la commisération, et fait
répandre tant de larmes ; où, la première fois qu'il
se montra, la nation pénétrée de respect s'étoit
inclinée devant lui ; et où nos grands seigneurs
avoient présenté leurs hommages au vieillard attendri qui pleuroit de joie et qui disoit : *Vous
voulez donc me faire mourir !*

Une burlesque parade ! Qui est-ce qui peut
lire ces mots, où l'on ne sait s'il y a plus de
rage contre le mérite honoré que de basse adulation pour le fanatisme puissant, sans éprouver
l'indignation la plus profonde ? Quel étonnant mépris pour le jugement de ses concitoyens ? Quelle
audacieuse indifférence pour le mépris de toutes

H *

les nations éclairées ! ou plutôt quelle juste confiance dans sa propre obscurité ! S'il y a des choses
qu'on ne dit que quand on croit n'être point
entendu, il y en a apparemment que l'on n'écrit
que quand on est bien sûr de n'être point lu. Mais
comment un écrivain trouve-t-il un censeur assez
intrépide, pour s'associer à tant de bassesse ? Comment, chez un peuple où le gouvernement ordonne
des statues aux grands hommes, entre lesquelles
celle de Voltaire sera placée tôt ou tard, est-
on autorisé à leur adresser l'injure la plus révoltante
avec approbation et privilège ? Ces contradictions, qui ne sont pas inexplicables pour nous,
sont autant de scandaleuses énigmes pour les étrangers. Je lis dans une annonce de Berlin : « On
» a célébré aujourd'hui, à neuf heures et demie
» du matin, en l'église catholique de cette ville,
» avec toute la pompe convenable, un service
» solemnel pour l'ame de Voltaire. Un très-grand
» concours de personnes distinguées ont assisté
» à cette cérémonie religieuse ; des aumônes con-
» sidérables ont été distribuées »... ⇒ Seroit-ce
encore une burlesque parade que cela ? = On
ajoute : « Et c'est méchamment qu'on a fait courir
» le bruit que le clergé françois lui avoit refusé
» la sépulture. Ce clergé si respectable n'auroit
» pu en user ainsi, sans violer les loix de la justice,
» sans détruire les principes de la bonne police,
» et sans donner à des haines particulières une

» influence incompatible avec la charité chrétienne
» et avec toute vertu sincère et charitable »...
Cependant le fait est vrai. Dans l'année où les
seigneurs d'Angleterre avoient accompagné à
Westminster, parmi la sépulture des rois, à côté
de l'urne de Newton, les cendres de Garrick,
acteur qui devoit sa célébrité à sa manière de
rendre les poëmes de Shakespeare, on refusoit
à Paris une poignée de terre, un coin de cime-
tière, à l'émule de Corneille et de Racine.

22°. Mais quelle est la cause des invectives
adressées à l'auteur de la vie de Sénèque, avec
une si merveilleuse prodigalité ? Il ne croisa jamais
aucun de ses censeurs sur le chemin de la fortune qu'il ne fréquente pas, ni sur celui de la
vertu et de la considération, où il desireroit de les
rencontrer. Nous avons beau nous interroger sur les
motifs de cette largesse, nous ne les devinons pas.

Il a entrepris cet ouvrage à la sollicitation de
quelques hommes vertueux et savans à qui il a
rendu graces de la trop bonne opinion qu'ils ont
eue de ses forces. Digne d'estime ou de mépris,
il seroit également inutile de le défendre. On
en a trouvé le style haché, abrupt, incorrect;
et peut-être l'est-il. Ce n'est pas que dans cet
écrit même et quelques autres, on ne voie clairement qu'il sait aussi quand il lui plaît rendre
sa phrase harmonieuse : mais pour cette fois, il

ne s'en est pas soucié : il étoit occupé de toute
autre chose que d'une heureuse cadence. Il ne
composoit pas, il n'écrivoit pas ; il causoit librement avec son lecteur et avec lui-même : il s'abandonnoit sans réserve au sentiment de l'admiration
ou de la haine, de la peine ou du plaisir qui se
succédoient au fond de son cœur : il nous en avoit
prévenus ; il s'instruisoit, il songeoit à se rendre
meilleur. Il se livroit à l'influence des modèles
qu'il avoit sous les yeux, Sénèque, Tacite et
Suétone ; peut-être en aura-t-il pris les défauts
et non l'excellence ; parce que l'un étoit aisé, et
l'autre difficile. Il a usé de toute la licence de la
conversation d'un ami avec ses amis, entre lesquels il n'aura pas compté ses censeurs. Si nous
en croyons quelque homme de goût, avec plus
de travail et de soins, il auroit fait moins bien
ou plus mal. Un auteur pieux a dit : *Omnis scrip-
tura legi debet eo spiritu quo scripta est ;* tout
écrit doit être lu selon l'esprit qui l'a dicté. Si
nos aristarques s'étoient conformés à cette maxime,
ils auroient été plus économes de ces expressions
dénigrantes, dont on use de nos jours et avec les
auteurs qui les méritent le plus, et avec ceux
qui les méritent le moins, selon l'esprit dans lequel
on les lit, et qui est rarement celui dans lequel
ils ont écrit.

Et *j'ajouterai,* qu'il faut distinguer deux sortes

d'harmonies : l'une qui s'amuse à flatter l'oreille par l'heureux choix des expressions. et par leur disposition nombreuse ; l'autre, beaucoup moins commune, qui a sa source dans une ame sensible, et qui est inspirée à l'écrivain selon les passions diverses dont son cœur est agité. La première convient aux récits tranquil'es ; la seconde est propre à toutes les circonstances qui portent le trouble dans les idées, dans les sentimens et dans le discours. La douleur, quand elle parle, a le ton foible et plaintif ; celui de la colère est véhément. Le style imitatif du désordre où de la difformité entasse les spondées et les élisions, et Virgile étonne lorsqu'il dit : *Monstrum horrendum, informe, ingens, cui lumen ademptum ;* son vers donne à Poliphême une grandeur démesurée ; et plus il est enharmonique, plus il est beau. L'histoire des temps de calamités ne s'écrit point comme l'histoire des règnes heureux. Il y a des préceptes pour plaire à l'organe ; il n'y en a point pour le blesser avec succès : et celui qui manquera de ce double tact, ne sera jamais un bon écrivain, et sera toujours un mauvais juge.

23°. Les critiques se félicitent des ménagemens qu'ils ont gardés dans l'analyse de son Essai. Ils auroient mieux fait encore de réserver tout ce qu'ils en pouvoient avoir pour le vieux philo-

sophe, pour l'historien des deux Indes, et pour
l'homme universel qu'on regrette, et qu'on re-
grettera long-temps encore, si nos regrets ne doivent cesser que quand la perte en sera réparée.
Cette modération nous auroit épargné, à l'auteur
et à nous, quelques lignes d'humeur.

Lorsqu'un aristarque le louera de quelques avantages dans sa lutte avec Sénèque, et lui accor-
dera des vues énergiques et même profondes,
pourroit-il, en conscience, accepter cet éloge ?
Ne seroit-ce pas reconnoître dans des matières
importantes une compétence qui n'est pas même
avouée dans des matières frivoles ? L'aristarque
aura-t-il la tête saine, quand il approuve ? ne
l'aura-t-il plus, quand il blâme ? L'auteur de
l'Essai ne sauroit penser ainsi. D'ailleurs celui
qui, dans un assez court intervalle de temps, l'auroit déchiré et caressé, ne l'autoriseroit-il pas
à douter de la solidité de son caractère et de ses
principes ?

24°. Cependant importe-t-il à un critique,
même en littérature, d'être un homme de bien,
un bon citoyen, un ami de la vérité et de la
vertu ? Nous le croyons. Cela supposé, quel seroit
le discours qu'il s'adresseroit à lui-même ; et quel
est celui que M. de Marmontel s'est vraisemblablement tenu ? Le voici. Il s'est dit: « Il y

» a certainement des défauts dans cet ouvrage, et
» je les remarquerai ; mais fermerai-je les yeux
» des autres et les miens sur son utilité ? Non
» sans doute ; à Dieu ne plaise que j'arrache des
» mains du lecteur des feuilles qui lui offriront à
» chaque ligne les préceptes de l'art de bien vivre
» et de mourir ! On trouve, à-la-vérité, l'un et
» l'autre dans d'autres ouvrages ; mais on ne peut
» trop répéter aux hommes , sur-tout avec une
» certaine force, ces utiles et grandes leçons »...
Il est rare qu'aucune de ces idées se soit présentée
à l'esprit de nos critiques.

Cependant un des plus indulgens a dit : « On
» reconnoît dans l'apologiste un écrivain qui sent
» profondément ; un grand nombre de morceaux
» annoncent l'homme de génie et le philosophe
» qui ne peuvent se cacher »…. Je connois l'auteur de l'*Essai* ; et je suis sûr que cet éloge
flatteur ne le corrompra pas ; il s'est apprécié.
Vingt à vingt-cinq années de sa vie ont été con-
sacrées à ébaucher l'histoire de la philosophie et
la description des arts mécaniques ; on a dessiné
dans les ateliers et sous ses yeux trois à quatre
mille planches, à travers toutes sortes de per-
sécutions et de dégoûts. Il a fait une fortune immense à des commerçans ; il n'a pas fait la sienne,
parce qu'en toute circonstance la fortune est la
chose à laquelle il a le moins pensé. Il obtient

de temps-en-temps quelques larmes et quelques
applaudissemens au théâtre : le jugement qu'il
porte lui-même de ses autres ouvrages, c'est qu'ils
attaquent les erreurs sans attaquer les personnes ;
et que , s'ils n'instruisent pas toujours , ils n'of-
fensent jamais. Et il me permettra d'ajouter qu'il
seroit un ingrat , s'il ne publioit que sa majesté
impériale de Russie l'a comblé de bienfaits dans
sa patrie et de distinctions à sa cour ; que c'est
d'elle et d'elle seule qu'il a reçu la récompense
de ses longs travaux ; et que, si sa bouté lui a
trop accordé, c'est une faute qu'elle commettra
toutes les fois qu'un peu de mérite fixera ses
regards.

Et *j'ajouterai* que je sais , à-la-vérité , un assez
grand nombre de choses ; mais qu'il n'y a presque
pas un homme qui ne sache sa chose beaucoup
mieux que moi. Cette médiocrité dans tous les
genres est la suite d'une curiosité effrénée et d'une
fortune si modique, qu'il ne m'a jamais été permis
de me livrer tout entier à une seule branche de
la connoissance humaine. J'ai été forcé , toute ma
vie, de suivre des occupations auxquelles je n'é-
tois pas propre, et de laisser de côté celles où
j'étois appelé par mon goût , mon talent et quelque
espérance de succès. Je me crois passable moraliste , parce que cette science ne suppose qu'un
peu de justesse dans l'esprit, une ame bien faite ;

de fréquens soliloques , et la sincérité la plus rigoureuse avec soi-même , savoir s'accuser , et
ignorer l'art de s'absoudre.

Et *j'ajouterai encore* que je pourrois bien
avoir été un apologiste mal-adroit ; pour un
écrivain de mauvaise foi , quelque vraisemblance
que les censeurs y voient , je leur proteste qu'il
n'en est rien ; personne sous le ciel ne le sait
mieux que moi. D'honneur , j'ai cru bêtement
avec des hommes célèbres , anciens et modernes ,
que Sénèque étoit un grand penseur, un instituteur vertueux et un grand ministre ; et si, malgré
toutes les peines qu'ils se sont données pour me
détromper , je leur protestois que je persiste dans
ma bêtise, ce seroit encore de la meilleure foi du
monde ; et je consentirois qu'ils me prissent au
mot, mais à condition qu'ils sépareroient ma cause
de celle de Tacite , de Tertullien , d'Othon de
Freizingen , de Montaigne , de la Mothe-le-Vayer,
d'une infinité d'autres ; et qu'ils prouveroient qu'en
parlant comme ces approbateurs ont parlé , ils
ont eu de l'esprit , et que je ne suis qu'un idiot ;
qu'ils étoient vrais , et que je suis faux.

25°. « Qu'on permettra volontiers à l'auteur
» d'admirer Sénèque ; mais à la condition qu'il
» sera poli »…. Un journaliste qu'il ne connut
jamais, à qui il n'adressa de sa vie un mot dé-

sobligeant, et qui vient, entre mille autres galanteries pareilles , de le traiter de vil apologiste;
vil apologiste lui, et vils apologistes tous ceux
qui seroient tentés d'être de son avis , et qui lui
recommande la politesse; voilà ce qu'on peut appeler une leçon bien placée.

Apologiste vil de Sénèque !.... Qu'on l'eût
appelé fieffé sophiste, plat raisonneur, déclamateur insipide, ce sont des douceurs d'usage ; mais,
vil apologiste ! c'est excéder un peu , ce nous
semble, la mesure des petites licences des aristarques du jour. « Et son apologiste partagera
» avec lui le mépris et l'indignation universelle »...
Censeurs , reprenez vos esprits , remettez-vous ;
et dites-nous comment celui qui s'occupe de toute
sa force à défendre l'innocence d'un homme mort
il y a deux mille ans , et qui n'a d'autre motif,
en le justifiant, que le vif intérêt qu'il prend à
la vertu calomniée, peut encourir le mépris et
l'indignation universelle ? Savez-vous ce que vous
faites ? vous mettez l'apologiste de Sénèque et le
sien sur la ligne du prêtre infâme qui a publié
l'*Apologie de la St.-Barthelemi* et de la *Révocation
de l'édit de Nantes.* Cela n'est pas bien.

Le mépris universel! l'indignation universelle !
Censeur, il nous semble qu'en vous restreignant
au terme *général,* vous vous seriez épargné une

injure grossière, et que vous l'auriez encore suffisamment insulté. Il faudra bien qu'il se passe
de votre suffrage, et je l'y crois résolu; mais il
lui en restera à la cour, à la ville, dans les académies, parmi vos connoissances, peut-être entre
vos amis, dans toutes les conditions de la société
qui lit. Ces vils personnages, qui, sans partager
sa façon de penser sur Sénèque, approuvent sa
tentative et la trouvent honnête, ne sont pas tout-
à-fait aussi rares que vous l'imaginez. Voulez-
vous que je vous révèle un secret ? C'est qu'en
vous informant avec soin, vous en découvririez
plus d'un sous l'habit même que vous portez. Il
est vrai que ce ne sont pas de petits intrigans,
des prêtres hypocrites qui courent la pension ou le
bénéfice; peut-être sont-ils du nombre de ceux qui
les confèrent : cela est horrible, mais cela n'en est
pas moins vrai ; et un autre point qui vous surprèn-
dra davantage, c'est que ces gens-là ne sont pas
sans loix, sans mœurs et sans foi. En attendant,
je vous en dénonce un d'entre eux qui a dit
expressément : « On sent combien elle est noble,
» cette apologie qui a pour objet de venger, après
» dix-huit siècles, un grand homme calomnié;
» en-même-temps, on sent combien elle est dif-
» ficile. Le défenseur de Sénèque ne s'est pas
» dissimulé cette difficulté, dont il se plaint avec
» une sensibilité vraiment touchante ».

26.° « Que le premier éditeur de l'Essai sur
» Sénèque est un apprentif philosophe ».... Cet
homme de lettres nous est peu connu ; nous
n'avons aucun motif personnel, soit de le louer,
soit de le blâmer ; mais nous savons qu'il est
versé dans les langues anciennes ; qu'il écrit
et s'exprime purement et facilement dans quelques-unes des modernes ; qu'il connoît l'antiquité ;
qu'il a bien fait voir par son travail sur Sénèque
et par ses notes sur l'auteur dont il a soigné l'é-
dition, qu'il étoit érudit dans toute la valeur du
terme ; qu'il sait penser ; qu'il a profondément
médité les philosophes des temps éloignés et du
nôtre ; qu'il est occupé d'un ouvrage qui présente plus de difficultés à vaincre que sa lecture
n'en laisse soupçonner au commun des lecteurs ;
et que la physique, la chymie, les sciences et
les arts ne lui sont nullement étrangers.

Et *j'ajouterai* que quand l'aristarque l'appela
apprentif philosophique, il eut le sens commun,
sans peut-être s'en douter et s'entendre. La recherche de la vérité et la pratique de la vertu
étant les deux grands objets de la philosophie,
quand cesse-t-on d'être un apprentif philosophe ?
Jamais, jamais, non plus que le chrétien qui s'est
proposé la perfection évangélique ne cesse d'être
un apprentif chrétien. Sénèque se confesse ap-

prentif philosophe. Il n'en est pas tout-à-fait du
christianisme et de la philosophie , comme d'une
annonce ou d'une *affiche*. A la place du censeur, plus je m'estimerois excellent dans mon
métier , plus je tâcherois d'être modeste. Puis ,
m'adressant à l'approbateur de son pamphlet ,
je lui demanderai si quelqu'un a le privilège d'injurier un citoyen ; et si un homme honnête peut
laisser dire d'un autre ce qu'il seroit fâché qu'on
dît de lui ?

27.° « Que l'*Essai sur la vie et les écrits de*
» *Sénèque* ne se sauvera peut-être de l'oubli
» qu'à l'aide de la traduction à laquelle il est at-
» taché »…. Cela se peut ; mais en attendant
que Sénèque le fasse lire dans l'avenir , il aura
fait lire les utiles écrits de Sénèque à un assez
grand nombre de ses concitoyens qui ne con-
noissoient ni l'instituteur ni le ministre , et que
la fausse délicatesse des pédans avoit dégoûtés
de l'auteur. Ce succès éphémère lui suffit ; de
grands hommes de votre étoffe s'en contentent
bien.

De tout le morceau qui précède , je ne ré-
clame que les additions. Il étoit accompagné de
deux autres , l'un intitulé : *Histoire de la vie
domestique de Jean-Jacques Rousseau* ; l'autre ,

Instructions pour les élèves dans l'art de la critique moderne, tirées de la pratique des grands maîtres. J'ai supprimé le premier, bien que souvent interpellé sur la vérité des faits, il me fût impossible d'en contester aucun. Je n'ai réservé du second que le trente-septième et dernier article, que voici.

« Vous avez sous les yeux un modèle parfait
» de l'écrivain périodique; mais en vous le pro-
» posant, je craindrois de vous décourager. On
» peut être grand, sans s'élever à sa hauteur.
» De quelques singulières qualités que la nature
» vous ait doué; quelque effort que vous fassiez
» pour les perfectionner; quelque haine que vous
» portiez aux talens et aux vertus; avec quelque
» art que vous sachiez entasser les erreurs de
» l'ignorance sur les absurdités du paradoxe en
» littérature, en finance, en commerce, en po-
» litique, en législation, en histoire, en géo-
» graphie et même en mathématique; avec quelque
» intrépidité que vous braviez la vérité; avec
» quelque arrogance ou quelque bassesse que vous
» vous montriez aux hommes puissans; avec quel-
» que audace que vous portiez un front déshonoré;
» de quelque mépris que vous soyez pénétré pour
» l'estime publique; quoi que vous osiez, il faut
» vous y résoudre, vous n'occuperez jamais que

» le second rang ». Il n'y a pas d'apparence que quelqu'un se reconnoisse à ce portrait ; et malheur à celui que l'on y reconnoîtroit.

CONCLUSION.

§. 110. Après tant de comptes opposés, que l'on vous a rendus de cet Essai sur les mœurs et les écrits de Sénèque, lecteur, dites-moi, qu'en faut-il penser ?

Sénèque et Burrhus sont-ils d'honnêtes gens, ou ne sont-ils que deux lâches courtisans ?

Sénèque a-t-il du génie, ou n'est-il qu'un faux bel-esprit ?

A-t-il parlé de la vertu comme un homme qui en connoissoit la douceur et la dignité, ou comme un hypocrite que sa conduite ou ses écrits rendent également suspect ?

Suis-je un homme de bien ou un vil apologiste ? et ma tentative heureuse ou malheureuse est-elle digne d'éloge ou digne de blâme ?

Si quelqu'un s'avisoit de prendre ma défense comme j'ai pris celle de Sénèque, encourroit-il le mépris et l'indignation universelle ?

Sais-je ou ne sais-je pas ma langue ?

Suis-je un raisonneur ou un sophiste ? un écrivain de bonne ou de mauvaise foi ?

Mon discours a-t-il quelque solidité, ou ne suis-je qu'un déclamateur frivole ?

Ai-je de la logique et des idées, ou en manquai-je ?

Ai-je fait un bon ou mauvais livre ? Lequel des deux ?

Si l'on ne forme qu'une classe de mes antagonistes, il est certain qu'ils ont dit pour et contre tout ce que pouvoïent leur inspirer le mensonge et la vérité, la bienveillance et le dessein de nuire, la dialectique et l'artifice, le sens commun et la folie, la raison et le préjugé, l'impartialité et l'exagération, les lumières et l'ignorance, l'esprit et l'imbécillité ; et que celui qui imagineroit une accusation nouvelle qui leur eût échappé, ne donneroit pas une médiocre preuve de sagacité.

Abstraction faite des qualités personnelles de nos aristarques, convenez, lecteur, que vous n'en savez rien, mais rien du tout ; et qu'il seroit plus difficile d'accorder les horloges de la capitale que les arbitres de nos productions, quoiqu'il y ait pour eux tous une méridienne commune ; qu'un moyen sûr d'ignorer l'heure, c'est d'être entouré de pendules ; qu'il n'en faut avoir qu'une réglée

par le bon goût et par le jugement ; et qu'on
n'en peut interroger une autre , sans répéter toutes
sortes de décisions contradictoires , et n'avoir point
d'avis à soi.

Les preuves qui se déduisent des faits sont
bornées ; les conjectures du caprice et de la méchanceté sont infinies. On est dispensé de répondre
aux objections de la mauvaise foi. J'ai dit : Vous
qui troublez dans ses exercices celui qui visite le
jour et la nuit les autels d'Apollon , bruyantes
cymbales de Dodone , tintez tant qu'il vous plaira ;
je ne vous entends plus. Si le dernier qui parle est
celui qui a raison ; censeurs , parlez, et ayez raison.

MELANGES

DE LITTÉRATURE

ET

DE PHILOSOPHIE.

ÉLOGE DE RICHARDSON,

auteur des romans de Paméla, de Clarisse et de Grandisson.

» Il nous est tombé entre les mains (*) un
» exemplaire anglois de *Clarisse*, accompagné
» de réflexions manuscrites, dont l'auteur, quel
» qu'il soit, ne peut être qu'un homme de beau-
» coup d'esprit; mais dont un homme qui n'auroit
» que beaucoup d'esprit, ne seroit jamais l'auteur.
» Ces réflexions portent sur-tout le caractère
» d'une imagination forte et d'un cœur très-sen-
» sible; elles n'ont pu naître que dans ces momens
» d'enthousiasme, où une ame tendre et pro-
» fondément affectée cède au besoin pressant d'é-

(*) Ce préambule est celui même qui précède l'É-
loge de Richardson, tel qu'il fut d'abord imprimé
dans le journal étranger. L'abbé Arnaud, un des
collaborateurs de ce journal, n'ignoroit pas que cet
Éloge si éloquent étoit de Diderot; mais il respecta
le secret de ce philosophe, et il parla de son ouvrage comme d'un manuscrit dont l'auteur lui étoit
inconnu, et que le hasard seul lui avoit offert. Ce
préambule, pensé avec justesse et écrit avec élégance,
donne une très-juste idée de cet Éloge de Richardson,
et le montre sous son vrai point de vue. C'est le
jugement d'un homme de goût sur l'ouvrage d'un
homme de génie.

NOTE DE L'ÉDITEUR.

» pancher au-dehors les sentimens dont elle est,
» pour-ainsi-dire, oppressée. Une telle situation,
» sans-doute, n'admet point les procédés froids et
» austères de la méthode : aussi l'auteur laisse-t-il
» errer sa plume au gré de son imagination ».
J'ai tracé des lignes, dit-il lui-même, *sans
liaison, sans dessein et sans ordre, à mesure
qu'elles m'étoient inspirées dans le tumulte de
mon cœur.* « Mais à travers le désordre et la
» négligence aimable d'un pinceau qui s'aban-
» donne, on reconnoît aisément la main sûre et
» savante d'un grand peintre. La flamme du génie
» brilloit sur son front, lorsqu'il a peint » *l'envie
cruelle poursuivant l'homme de mérite jusqu'au
bord de sa tombe ; là, disparoître et céder sa
place à la justice des siècles.*

Mais nous ne devons ni prévenir, ni suspendre
plus long-temps l'impatience de nos lecteurs. C'est
le panégyriste de *Richardson*, qui va parler.

Par un roman, on a entendu jusqu'à ce jour
un tissu d'événemens chimériques et frivoles, dont
la lecture étoit dangereuse pour le goût et pour
les mœurs. Je voudrois bien qu'on trouvât un
autre nom pour les ouvrages de Richardson,
qui élèvent l'esprit, qui touchent l'ame, qui res-
pirent par-tout l'amour du bien, et qu'on appelle
aussi des romans.

Tout ce que Montaigne, Charron, la Roche-
foucauld et Nicole ont mis en maximes, Ri-

chardson l'a mis en action. Mais un homme d'esprit, qui lit avec réflexion les ouvrages de Richardson, refait la plupart des sentences des moralistes; et avec toutes ces sentences, il ne referoit pas une page de Richardson.

Une maxime est une règle abstraite et générale de conduite, dont on nous laisse l'application à faire. Elle n'imprime par elle-même aucune image sensible dans notre esprit : mais celui qui agit, on le voit, on se met à sa place ou à ses côtés, on se passionne pour ou contre lui ; on s'unit à son rôle, s'il est vertueux; on s'en écarte avec indignation, s'il est injuste et vicieux. Qui est-ce que le caractère d'un Lovelace, d'un Tomlinson, n'a pas fait frémir ? Qui est-ce qui n'a pas été frappé d'horreur du ton pathétique et vrai, de l'air de candeur et de dignité, de l'art profond avec lequel celui-ci joue toutes les vertus ? Qui est-ce qui ne s'est pas dit au fond de son cœur qu'il faudroit fuir de la société et se réfugier au fond des forêts, s'il y avoit un certain nombre d'hommes d'une pareille dissimulation ?

O Richardson ? on prend, malgré qu'on en ait, un rôle dans tes ouvrages, on se mêle à la conversation, on approuve, on blâme, on admire, on s'irrite, on s'indigne. Combien de fois ne me suis-je pas surpris, comme il est arrivé à des enfans qu'on avoit menés au spectacle pour la première fois, criant : *Ne le croyez pas, il vous trompe....*

Si vous allez là , vous êtes perdu. Mon âme
étoit tenue dans une agitation perpétuelle. Combien
j'étois bon ! combien j'étois juste ! que j'étois satisfait de moi ! J'étois , au sortir de la lecture ,
ce qu'est un homme à la fin d'une journée qu'il
a employée à faire le bien.

J'avois parcouru dans l'intervalle de quelques
heures un grand nombre de situations, que la
vie la plus longue offre à peine dans toute sa durée.
J'avois entendu les vrais discours des passions ;
j'avois vu les ressorts de l'intérêt et de l'amour-
propre jouer en cent façons diverses ; j'étois devenu spectateur d'une multitude d'incidens, je sen-
tois que j'avois acquis de l'expérience.

Cet auteur ne fait point couler le sang le long
des lambris ; il ne vous transporte point dans
des contrées éloignées ; il ne vous expose point
à être dévoré par des sauvages ; il ne se renferme
point dans des lieux clandestins de débauche ; il
ne se perd jamais dans les régions de la féérie.
Le monde où nous vivons est le lieu de la scène ;
le fond de son drame est vrai; ses personnages
ont toute la réalité possible ; ses caractères sont
pris du milieu de la société ; ses incidens sont
dans les mœurs de toutes les nations policées ; les
passions qu'il peint sont telles que je les éprouve
en moi ; ce sont les mêmes objets qui les émeuvent, elles ont l'énergie que je leur connois ; les
traverses et les afflictions de ses personnages sont

de la nature de celles qui me menacent sans cesse ; il me montre le cours général des choses qui m'environnent. Sans cet art, mon ame se pliant avec peine à des biais chimériques, l'illusion ne seroit que momentanée, et l'impression foible et passagère.

Qu'est-ce que la vertu ? C'est, sous quelque face qu'on la considère, un sacrifice de soi-même. Le sacrifice que l'on fait de soi-même en idée, est une disposition préconçue à s'immoler en réalité.

Richardson sème dans les cœurs des germes de vertus qui y restent d'abord oisifs et tranquilles : ils y sont secrètement, jusqu'à ce qu'il se présente une occasion qui les remue et les fasse éclore. Alors ils se développent ; on se sent porter au bien avec une impétuosité qu'on ne se connoissoit pas. On éprouve, à l'aspect de l'injustice, une révolte qu'on ne sauroit s'expliquer à soi-même. C'est qu'on a fréquenté Richardson ; c'est qu'on a conversé avec l'homme de bien, dans des momens où l'ame désintéressée étoit ouverte à la vérité.

Je me souviens encore de la première fois que les ouvrages de Richardson tombèrent entre mes mains : j'étois à la campagne. Combien cette lecture m'affecta délicieusement! A chaque instant je voyois mon bonheur s'abréger d'une page. Bientôt j'éprouvai la même sensation qu'éprouveroient des hommes d'un commerce excellent qui

1 *

auroient vécu ensemble pendant long-temps, et qui seroient sur-le-point de se séparer. A la fin, il me sembla tout-à-coup que j'étois resté seul.

Cet auteur vous ramène sans cesse aux objets importans de la vie. Plus on le lit, plus on se plaît à le lire.

C'est lui qui porte le flambeau au fond de la caverne ; c'est lui qui apprend à discerner les motifs subtils et déshonnêtes, qui se cachent et se dérobent sous d'autres motifs qui sont honnêtes, et qui se hâtent de se montrer les premiers. Il souffle sur le fantôme sublime qui se présente à l'entrée de la caverne ; et le more hydeux qu'il masquoit, s'apperçoit.

C'est lui qui sait faire parler les passions : tantôt avec cette violence, qu'elles ont lorsqu'elles ne peuvent plus se contraindre ; tantôt avec ce ton artificieux, et modéré, qu'elles affectent en d'autres occasions.

C'est lui qui fait tenir aux hommes de tous les états, de toutes les conditions, dans toute la variété des circonstances de la vie, des discours qu'on reconnoît. S'il est au fond de l'ame du personnage qu'il introduit, un sentiment secret, écoutez bien, et vous entendrez un ton dissonant qui le décélera. C'est que Richardson a reconnu que le mensonge ne pouvoit jamais ressembler parfaitement à la vérité, parce qu'elle est la vérité, et qu'il est le mensonge.

S'il importe aux hommes d'être persuadés qu'in-
dépendamment de toute considération ultérieure
à cette vie, nous n'avons rien de mieux à faire
pour être heureux que d'être vertueux; quel service Richardson n'a-t-il pas rendu à l'espèce
humaine? Il n'a point démontré cette vérité;
mais il l'a fait sentir : à chaque ligne il fait
préférer le sort de la vertu opprimée au sort
du vice triomphant. Qui est-ce qui voudroit
être Lovelace avec tous ses avantages? Qui est-ce
qui ne voudroit pas être Clarisse, malgré toutes
ses infortunes?

Souvent j'ai dit en le lisant: Je donnerois volontiers ma vie, pour ressembler à celle-ci; j'aimerois mieux être mort, que d'être celui-là.

Si je sais, malgré les intérêts qui peuvent
troubler mon jugement, distribuer mon mépris
ou mon estime selon la juste mesure de l'impartialité; c'est à Richardson que je le dois. Mes
amis, relisez-le; et vous n'exagérerez plus de
petites qualités qui vous sont utiles; vous ne dé-
primerez plus de grands talens qui vous croisent
ou qui vous humilient.

Hommes, venez apprendre de lui à vous ré-
concilier avec les maux de la vie; venez; nous
pleurerons ensemble sur les personnages malheureux de ses fictions, et nous dirons : Si le sort
nous accable, du moins les honnêtes gens pleu-
reront aussi sur nous. Si Richardson s'est proposé

d'intéresser , c'est pour les malheureux. Dans son ouvrage , comme dans ce monde , les hommes sont partagés en deux classes; ceux qui jouissent, et ceux qui souffrent. C'est toujours à ceux-ci qu'il m'associe; et, sans que je m'en apperçoive , le sentiment de la commisération s'exerce et se fortifie.

Il m'a laissé une mélancolie qui me plaît et qui dure; quelquefois on s'en apperçoit, et l'on me demande; Qu'avez-vous? vous n'êtes pas dans votre état naturel? que vous est-il arrivé? On m'interroge sur ma santé, sur ma fortune, sur mes parens, sur mes amis. O mes amis , Paméla , Clarisse et Grandisson sont trois grands drames! Arraché à cette lecture par des occupations sérieuses, j'éprouvois un dégoût invincible; je laissois là le devoir, et je reprenois le livre de Richardson. Gardez-vous bien d'ouvrir ces ouvrages enchanteurs, lorsque vous aurez quelques devoirs à remplir.

Qui est-ce qui a lu les ouvrages de Richardson , sans desirer de connoître cet homme, de l'avoir pour frère ou pour ami? Qui est-ce qui ne lui a pas souhaité toutes sortes de bénédictions?

O Richardson, Richardson, homme unique à mes yeux, tu seras ma lecture dans tous les temps. Forcé par des besoins pressans , si mon ami tombe dans l'indigence, si la médiocrité de ma fortune ne suffit pas pour donner à mes enfans les soins

nécessaires à leur éducation, je vendrai mes livres;
mais tu me resteras; tu me resteras sur le même
rayon avec Moyse, Homère, Euripide et Sophocle; et je vous lirai tour-à-tour.

Plus on a l'ame belle, plus on a le goût exquis et pur, plus on connoît la nature, plus on
aime la vérité, plus on estime les ouvrages de
Richardson.

J'ai entendu reprocher à mon auteur ses détails
qu'on appeloit des longueurs: combien ces reproches m'ont impatienté!

Malheur à l'homme de génie, qui franchit les
barrières que l'usage et le temps ont prescrites
aux productions des arts, et qui foule au pied
le protocole et ses formules! Il s'écoulera de longues
années après sa mort, avant que la justice qu'il
mérite lui soit rendue.

Cependant soyons équitables. Chez un peuple
entraîné par mille distractions, où le jour n'a pas
assez de ses vingt-quatre heures pour les amusemens dont il s'est accoutumé de les remplir,
les livres de Richardson doivent paroître longs.
C'est par la même raison que ce peuple n'a déjà
plus d'opéra; et qu'incessamment on ne jouera
sur ses autres théâtres que des scènes détachées
de comédie et de tragédie.

Mes chers concitoyens, si les romans de Richardson vous paroissent longs, que ne les abrégez-
vous? soyez conséquens. Vous n'allez guère à

une tragédie que pour en voir le dernier acte.
Sautez tout de suite aux vingt dernières pages de
Clarisse.

Les détails de Richardson déplaisent et doivent
déplaire à un homme frivole et dissipé ; mais ce
n'est pas pour cet homme-là qu'il écrivoit; c'est
pour l'homme tranquille et solitaire , qui a connu
la vanité du bruit et des amusemens du monde,
et qui aime à habiter l'ombre d'une retraite, et
à s'attendrir utilement dans le silence.

Vous accusez Richardson de longueurs ! Vous
avez donc oublié combien il en coûte de peines ,
de soins , de mouvemens , pour faire réussir la
moindre entreprise, terminer un procès, conclure
un mariage, amener une réconciliation. Pensez
de ces détails ce qu'il vous plaira; mais ils seront
intéressans pour moi, s'ils sont vrais, s'ils font
sortir les passions, s'ils montrent les caractères.

Ils sont communs , dites-vous ; c'est ce qu'on
voit tous les jours ! Vous vous trompez : c'est ce
qui se passe tous les jours sous vos yeux , et
que vous ne voyez jamais. Prenez-y garde; vous
faites le procès aux plus grands poëtes , sous le
nom de Richardson. Vous avez vu cent fois le
coucher du soleil et le lever des étoiles ; vous avez
entendu la campagne retentir du chant éclatant des
oiseaux; mais qui de vous a senti que c'étoit le
bruit du jour qui rendoit le silence de la nuit plus
touchant ? Eh bien ! il en est pour vous des phé-

nomènes moraux , ainsi que des phénomènes physiques : les éclats des passions ont souvent frappé
vos oreilles ; mais vous êtes bien loin de connoître
tout ce qu'il y a de secret dans leurs accens et
dans leurs expressions. Il n'y en a aucune qui
n'ait sa physionomie ; toutes ces physionomies se
succèdent sur un visage, sans qu'il cesse d'être
le même ; et l'art du grand poëte et du grand
peintre est de vous montrer une circonstance
fugitive qui vous avoit échappé.

Peintres, poëtes , gens de goût, gens de bien ,
lisez Richardson ; lisez-le sans cesse.

Sachez que c'est à cette multitude de petites
choses que tient l'illusion : il y a bien de la difficulté à les imaginer , il y en a bien encore à
les rendre. Le geste est quelquefois aussi sublime
que le mot ; et puis ce sont toutes ces vérités
de détail qui préparent l'ame aux impressions
fortes des grands événemens. Lorsque votre impatience aura été suspendue par ces délais mo-
mentanés qui lui servoient de digues , avec quelle
impétuosité ne se répandra-t-elle pas au moment
où il plaira au poëte de les rompre ! C'est alors
qu'affaissé de douleur ou transporté de joie , vous
n'aurez plus la force de retenir vos larmes prêtes
à couler , et de vous dire à vous-même : *Mais
peut-être que cela n'est pas vrai*. Cette pensée
a été éloignée de vous peu-à-peu ; et elle est si
loin , qu'elle ne se présentera pas.

Une idée qui m'est venue quelquefois en rêvant aux ouvrages de Richardson, c'est que j'avois acheté un vieux château ; qu'en visitant un jour ses appartemens, j'avois apperçu dans un angle une armoire qu'on n'avoit pas ouverte depuis long-temps, et que l'ayant enfoncée, j'y avois trouvé pêle-mêle les lettres de Clarisse et de Paméla. Après en avoir lu quelques-unes, avec quel empressement ne les aurois-je pas arrangées par ordre de dates ! Quel chagrin n'aurois-je pas ressenti, s'il y avoit eu quelque lacune entre elles ! Croit-on que j'eusse souffert qu'une main téméraire (j'ai presque dit sacrilège) en eût supprimé une ligne ?

Vous qui n'avez lu les ouvrages de Richardson que dans votre élégante traduction françoise, et qui croyez les connoître, vous vous trompez. Vous ne connoissez pas Lovelace ; vous ne connoissez pas Clémentine ; vous ne connoissez pas l'infortunée Clarisse ; vous ne connnoissez pas miss Howe, sa chère et tendre miss Howe, puisque vous ne l'avez point vue échevelée et étendue sur le cercueil de son amie, se tordant les bras, levant les yeux noyés de larmes vers le ciel, remplissant la demeure des Harlove de ses cris aigus, et chargeant d'imprécations toute cette famille cruelle ; vous ignorez l'effet de ces circonstances que votre petit goût supprimeroit, puisque vous n'avez pas entendu le son lugubre des cloches de la paroisse, porté par le vent sur la demeure des Harlove, et réveillant dans ces ames de pierre le remords assoupi; puisque vous n'avez pas vu le tressaillement qu'ils éprouvèrent au bruit des roués du char qui portoit le cadavre de leur victime. Ce fut alors que le silence morne, qui régnoit au milieu d'eux, fut rompu par les sanglots du père et de la mère ; ce fut alors que le vrai supplice de ces méchantes ames commença, et que les serpens se remuèrent au fond de leurs cœurs, et les déchirèrent. Heureux ceux qui pûrent pleurer!

J'ai remarqué que, dans une société où la lecture de Richardson se faisoit en commun ou séparément, la conversation en devenoit plus intéressante et plus vive.

J'ai entendu, à l'occasion de cette lecture, les points les plus importans de la morale et du goût discutés et approfondis.

J'ai entendu disputer sur la conduite de ses personnages, comme sur des événemens réels ; louer, blâmer Paméla, Clarisse, Grandisson, comme des personnages vivans qu'on auroit connus, et auxquels on auroit pris le plus grand intérêt.

Quelqu'un d'étranger à la lecture qui avoit précédé et qui avoit amené la conversation, se seroit imaginé, à la vérité et à la chaleur de l'en-

Vie de Sénèque. TOME II.　　　K

tretien, qu'il s'agissoit d'un voisin, d'un parent,
d'un ami, d'un frère, d'une sœur.

Le dirai-je?.... J'ai vu, de la diversité des jugemens, naître des haines secrètes, des mépris
cachés, en un mot, les mêmes divisions entre
des personnes unies, que s'il eût été question de
l'affaire la plus sérieuse. Alors, je comparois l'ouvrage de Richardson à un livre plus sacré encore, à un Evangile apporté sur la terre pour
séparer l'époux de l'épouse, le père du fils, la
fille de la mère, le frère de la sœur ; et son travail
rentroit ainsi dans la condition des êtres les plus
parfaits de la nature. Tous sortis d'une main toute-
puissante et d'une intelligence infiniment sage,
il n'y en a aucun qui ne pèche par quelque endroit. Un bien présent peut être dans l'avenir la
source d'un grand mal ; un mal, la source d'un
grand bien.

Mais qu'importe si, graces à cet auteur, j'ai
plus aimé mes semblables, plus aimé mes devoirs ; si je n'ai eu pour les méchans que de la
pitié ; si j'ai conçu plus de commisération pour
les malheureux, plus de vénération pour les bons,
plus de circonspection dans l'usage des choses
présentes, plus d'indifférence sur les choses fu-
tures, plus de mépris pour la vie, et plus d'amour
pour la vertu, le seul bien que nous puissions
demander au ciel, et le seul qu'il puisse nous

accorder, sans nous châtier de nos demandes in-
discrètes.

Je connois la maison des Harlove comme la
mienne ; la demeure de mon père ne m'est pas
plus familière que celle de Grandisson. Je me suis
fait une image des personnages que l'auteur a mis
en scène ; leurs physionomies sont là : je les reconnois dans les rues, dans les places publiques,
dans les maisons ; elles m'inspirent du penchant
ou de l'aversion. Un des avantages de son travail, c'est qu'ayant embrassé un champ immense,
il subsiste sans cesse sous mes yeux quelque portion
de son tableau. Il est rare que j'aie trouvé six
personnes rassemblées, sans leur attacher quelques-uns de ses noms. Il m'adresse aux honnêtes
gens, il m'écarte des méchans ; il m'a appris
à les reconnoître à des signes prompts et délicats. Il me guide quelquefois, sans que je m'en
apperçoive.

Les ouvrages de Richardson plairont plus ou
moins à tout homme, dans tous les temps et
dans tous les lieux ; mais le nombre des lecteurs
qui en sentiront tout le prix, ne sera jamais grand :
il faut un goût trop sévère ; et puis, la variété
des événemens y est telle, les rapports y sont
si multipliés, la conduite en est si compliquée, il
y a tant de choses préparées, tant d'autres sau-
vées, tant de personnages, tant de caractères ;
A-peine ai-je parcouru quelques pages de Clarisse,

que je compte déjà quinze ou seize personnages;
bientôt le nombre se double. Il y en a jusqu'à quarante dans Grandisson; mais ce qui confond d'é-
tonnement, c'est que chacun a ses idées, ses
expressions, son ton; et que ces idées, ces expressions, ce ton, varient selon les circonstances,
les intérêts, les passions, comme on voit sur un
même visage les physionomies diverses des passions se succéder. Un homme qui a du goût ne
prendra point une lettre de madame Norton pour
la lettre d'une des tantes de Clarisse, la lettre
d'une tante pour celle d'une autre tante ou de
madame Howe, ni un billet de madame Howe
pour un billet de madame Harlove, quoiqu'il
arrive que ces personnages soient dans la même
position, dans les mêmes sentimens, relativement
au même objet. Dans ce livre immortel, comme
dans la nature au printemps, on ne trouve point
deux feuilles qui soient d'un même verd! Quelle
immense variété de nuances! S'il est difficile à
celui qui lit de les saisir, combien n'a-t-il pas
été difficile à l'auteur de les trouver et de les
peindre!

O Richardson! j'oserai dire que l'histoire la
plus vraie est pleine de mensonges, et que ton
roman est plein de vérités. L'histoire peint quelques individus; tu peins l'espèce humaine: l'histoire attribue à quelques individus ce qu'ils n'ont
ni dit, ni fait; tout ce que tu attribues à l'homme,

il l'a dit et fait : l'histoire n'embrasse qu'une portion de la durée, qu'un point de la surface du
globe ;. tu as embrassé tous les lieux et tous les
temps. Le cœur humain, qui a été, est et sera
toujours le même, est le modèle d'après lequel
tu copies. Si l'on appliquoit au meilleur historien
une critique sévère, y en a-t-il aucun qui la
soutînt comme toi ? Sous ce point de vue, j'oserai
dire que souvent l'histoire est un mauvais roman ;
et que le roman, comme tu l'as fait, est une bonne
histoire. O peintre de la nature! c'est toi qui ne
mens jamais.

Je ne me lasserai point d'admirer la prodigieuse
étendue de tête qu'il t'a fallu, pour conduire des
drames de trente à quarante personnages, qui
tous conservent si rigoureusement les caractères
que tu leur as donnés ; l'étonnante connoissance
des loix, des coutumes, des usages, des mœurs,
du cœur humain, de la vie; l'inépuisable fonds
de morale, d'expériences, d'observations qu'ils
te supposent.

L'intérêt et le charme de l'ouvrage dérobent
l'art de Richardson à ceux qui sont le plus faits
pour l'appercevoir. Plusieurs fois j'ai commencé
la lecture de Clarisse pour me former ; autant
de fois j'ai oublié mon projet à la vingtième page;
j'ai seulement été frappé, comme tous les lecteurs
ordinaires, du génie qu'il y a à avoir imaginé
une jeune fille remplie de sagesse et de prudence,

qui ne fait pas une seule démarche qui ne soit
fausse , sans qu'on puisse l'accuser , parce qu'elle
a des parens inhumains et un homme abominable pour amant ; à avoir donné à cette jeune prude
l'amie la plus vive et la plus folle , qui ne dit
et ne fait rien que de raisonnable , sans que la
vraisemblance en soit blessée; à celle-ci un honnête
homme pour amant , mais un honnête homme
empesé et ridicule que sa maîtresse désole , malgré
l'agrément et la protection d'une mère qui l'appuie ;
à avoir combiné dans ce Lovelace les qualités les
plus rares , et les vices les plus odieux , la bassesse
avec la générosité , la profondeur et la frivolité ,
la violence et le sang-froid , le bon sens et la
folie ; à en avoir fait un scélérat qu'on hait , qu'on
aime , qu'on admire , qu'on méprise , qui vous
étonne sous quelque forme qu'il se présente , et
qui ne garde pas un instant la même. Et cette
foule de personnages subalternes , comme ils sont
caractérisés ! Combien il y en a ! et ce Belford
avec ses compagnons , et madame Howe et son
Hickam , et madame Norton , et les Harlove
père , mère , frère , sœurs , oncles et tantes , et
toutes les créatures qui peuplent le lieu de débauche ! Quels contrastes d'intérêts et d'humeurs !
Comme tous agissent et parlent ! Comment une
jeune fille , seule contre tant d'ennemis réunis ,
n'auroit-elle pas succombé ! Et encore quelle est
sa chute !

Ne reconnoît-on pas sur un fond tout divers
la même variété de caractères, la même force
d'événemens et de conduite dans Grandisson ?

Paméla est un ouvrage plus simple, moins étendu, moins intrigué; mais il y a-t-il moins de génie ?
Or, ces trois ouvrages, dont un seul suffiroit
pour immortaliser, un seul homme les a faits.

Depuis qu'ils me sont connus, ils ont été ma
pierre de touche; ceux à qui ils déplaisent, sont
jugés pour moi. Je n'en ai jamais parlé à un homme
que j'estimasse, sans trembler que son jugement
ne se rapportât pas au mien. Je n'ai jamais rencontré personne qui partageât mon enthousiasme,
que je n'aie été tenté de le serrer entre mes
bras et de l'embrasser.

Richardson n'est plus. Quelle perte pour les
lettres et pour l'humanité ! Cette perte m'a touché
comme s'il eût été mon frère. Je le portois en
mon cœur sans l'avoir vu, sans le connoître que
par ses ouvrages.

Je n'ai jamais rencontré un de ses compatriotes,
un des miens qui eût voyagé en Angleterre,
sans lui demander : Avez-vous vu le poëte Richardson ? ensuite : Avez-vous vu le philosophe
Hume ?

Un jour, une femme d'un goût et d'une sensibilité peu commune, fortement préoccupée de l'histoire de Grandisson qu'elle venoit de lire, dit à
un de ses amis qui partoit pour Londres : Je vous

prie de voir de ma part miss Emilie, M. Belford et
sur-tout miss Howe, si elle vit encore.

Une autre fois, une femme de ma connoissance,
qui s'étoit engagée dans un commerce de lettres
qu'elle croyoit innocent, effrayée du sort de Clarisse, rompit ce commerce tout au commencement de la lecture de cet ouvrage.

Est-ce que deux amies ne se sont pas brouil-
lées, sans qu'aucun des moyens que j'ai employés
pour les rapprocher m'ait réussi, parce que l'une
méprisoit l'histoire de Clarisse, devant laquelle
l'autre étoit prosternée !

J'écrivis à celle-ci, et voici quelques endroits
de sa réponse.

« *La piété de Clarisse l'impatiente !* Eh quoi !
» veut-elle donc qu'une jeune fille de dix-huit
» ans, élevée par des parens vertueux et chré-
» tiens, timide, malheureuse sur la terre, n'ayant
» guère d'espérance de voir améliorer son sort
» que dans une autre vie, soit sans religion et
» sans foi ? Ce sentiment est si grand, si doux,
» si touchant en elle ; ses idées de religion sont
» si saines et si pures ; ce sentiment donne à
» son caractère une nuance si pathétique ! Non,
» non, vous ne me persuaderez jamais que cette
» façon de penser soit d'une ame bien née.

» *Elle rit, quand elle voit cet enfant déses-
» pérée de la malédiction de son père !* Elle
» rit, et c'est une mère. Je vous dis que cette

» femme ne peut jamais être mon amie : je rougis
» qu'elle l'ait été. Vous verrez que la malédic-
» tion d'un père respecté, une malédiction qui
» semble s'être déjà accomplie en plusieurs points
» importans, ne doit pas être une chose terrible
» pour un enfant de ce caractère ! Et qui sait
» si Dieu ne ratifiera pas, dans l'éternité, la
» sentence prononcée par son père ?

» *Elle trouve extraordinaire que cette lecture*
» *m'arrache des larmes !* Et ce qui m'étonne tou-
» jours, moi, quand j'en suis aux derniers instans
» de cette innocente, c'est que les pierres, les
» murs, les carreaux insensibles et froids sur les-
» quels je marche ne s'émeuvent pas, et ne
» joignent pas leur plainte à la mienne. Alors,
» tout s'obscurcit autour de moi ; mon ame se
» remplit de ténèbres ; et il me semble que la
» nature se voile d'un crêpe épais.

» *A son avis, l'esprit de Clarisse consiste à*
» *faire des phrases; et lorsqu'elle en a pu faire*
» *quelques-unes, la voilà consolée.* C'est, je vous
» l'avoue, une grande malédiction que de sentir et
» penser ainsi ; mais si grande, que j'aimerois
» mieux tout-à-l'heure que ma fille mourût entre
» mes bras que de l'en savoir frappée. Ma fille !....
» Oui, j'y ai pensé, et je ne m'en dédis pas.

» Travaillez à présent, homme merveilleux,
» travaillez, consumez-vous ; voyez la fin de
» votre carrière à l'âge où les autres commen-

» cent la leur, afin qu'on porte de vos chefs-
» d'œuvres des jugemens pareils. Nature, prépare
» pendant des siècles un homme tel que Richard-
» son; pour le douer, épuise - toi; sois ingrate
» envers tes autres enfans: ce ne sera que pour
» un petit nombre d'ames comme la mienne que
» tu l'auras fait naître; et la larme qui tombera
» de mes yeux, sera l'unique récompense de
» ses veilles ».

Et par postcrit elle ajoute: « Vous me de-
» mandez l'enterrement et le testament de Cla-
» risse, et je vous les envoie; mais je ne vous
» pardonnerois de ma vie d'en avoir fait part
» à cette femme. Je me rétracte : lisez-lui vous-
» même ces deux morceaux, et ne manquez
» pas de m'apprendre que ses ris ont accompa-
» gné Clarisse jusques dans sa dernière demeure,
» afin que mon aversion pour elle soit parfaite ».

Il y a, comme on voit, dans les choses de
goût, ainsi que dans les choses religieuses, une
espèce d'intolérance, que je blâme, mais dont
je ne me garantirois que par un effort de raison.

J'étois avec un ami, lorsqu'on me remit l'enterrement et le testament de Clarisse, deux morceaux que le traducteur français a supprimés, sans
qu'on sache trop pourquoi. Cet ami est un des
hommes les plus sensibles que je connoisse, et
un des plus ardens fanatiques de Richardson: peu
s'en faut qu'il ne le soit autant que moi. Le voilà

qui s'empare des cahiers, qui se retire dans un coin, et qui lit. Je l'examinois : je vois couler des pleurs, il s'interrompt, il sanglotte ; tout-à-coup il se lève, il marche sans savoir où il va, il pousse des cris comme un homme désolé, et il adresse les reproches les plus amers à toute la famille des Harlowe.

Je m'étois proposé de noter les beaux endroits des trois poëmes de Richardson ; mais le moyen ? Il y en a tant !

Je me rappelle seulement que la cent vingt-huitième lettre, qui est de madame Harvey à sa nièce, est un chef-d'œuvre ; sans apprêt, sans art apparent, avec une vérité qui ne se conçoit pas, elle ôte à Clarisse toute espérance de réconciliation avec ses parens, seconde les vues de son ravisseur, la livre à sa méchanceté, la détermine au voyage de Londres, à entendre des propositions de mariage, etc. Je ne sais ce qu'elle ne produit pas : elle accuse la famille en l'excusant; elle démontre la nécessité de la fuite de Clarisse, en la blâmant. C'est un des endroits entre beaucoup d'autres, où je me suis écrié : *Divin Richardson !* Mais pour éprouver ce transport, il faut commencer l'ouvrage et lire jusqu'à cet endroit.

J'ai crayonné dans mon exemplaire la cent vingt-quatrième lettre, qui est de Lovelace à son complice Léman, comme un morceau charmant: c'est là qu'on voit toute la folie, toute la gaîté,

toute la ruse, tout l'esprit de ce personnage.
On ne sait si l'on doit aimer ou détester ce démon.
Comme il séduit ce pauvre domestique! C'est
le bon, c'est *l'honnête Léman*. Comme il lui
peint la récompense qui l'attend! *Tu seras monsieur l'hôte de l'ours blanc ; on appellera ta
femme madame l'hôtesse*. Et puis en finissant:
Je suis votre ami Lovelace. Lovelace ne s'arrête
point à de petites formalités, quand il s'agit de
réussir : tous ceux qui concourent à ses vues,
sont ses amis.

Il n'y avoit qu'un grand maître qui pût songer à
associer à Lovelace cette troupe d'hommes perdus d'honneur et de débauche, ces viles créatures
qui l'irritent par des railleries, et l'enhardissent
au crime. Si Belfort s'élève seul contre son scélérat
ami, combien il lui est inférieur! Qu'il falloit de
génie, pour introduire et pour garder quelqu'é-
quilibre entre tant d'intérêts opposés.

Et croit-on que ce soit sans dessein que l'auteur
a supposé à son héros cette chaleur d'imagination,
cette frayeur du mariage, ce goût effréné de l'intrigue et de la liberté, cette vanité démesurée,
tant de qualités et de vices!

Poètes, apprenez de Richardson à donner des
confidens aux méchans, afin de diminuer l'horreur
de leurs forfaits, en la divisant ; et, par la raison
opposée, à n'en point donner aux honnêtes gens,
afin de leur laisser tout le mérite de leur bonté.

Avec quel art ce Lovelace se dégrade et se
relève ! Voyez la lettre 175. Ce sont les sentimens
d'un Cannibale ; c'est le cri d'une bête féroce.
Quatre lignes de postcript le transforment tout-à-
coup en un homme de bien ou peu s'en faut.

Grandisson et Paméla sont aussi deux beaux
ouvrages, mais je leur préfère Clarisse. Ici l'auteur
ne fait pas un pas, qui ne soit de génie.

Cependant on ne voit point arriver à la porte
du Lord le vieux père de Paméla, qui a marché
toute la nuit ; on ne l'entend point s'adresser aux
valets de la maison, sans éprouver les plus violentes secousses.

Tout l'épisode de Clémentine dans Grandisson
est de la plus grande beauté.

Et quel est le moment où Clémentine et Clarisse
deviennent deux créatures sublimes ? Le moment
où l'une a perdu l'honneur, et l'autre la raison.

Je ne me rappelle point, sans frissonner, l'entrée de Clémentine dans la chambre de sa mère,
pâle, les yeux égarés, le bras ceint d'une bande,
le sang coulant le long de son bras et dégoutant
du bout de ses doigts, et son discours : *Maman,
voyez ; c'est le vôtre.* Cela déchire l'âme.

Mais pourquoi cette Clémentine est-elle si intéressante dans sa folie ? C'est que, n'étant plus
maîtresse des pensées de son esprit, ni des mouvemens de son cœur, s'il se passoit en elle quelque chose honteuse, elle lui échapperoit. Mais

elle ne dit pas un mot qui ne montre de la candeur et de l'innocence ; et son état ne permet pas de douter de ce qu'elle dit.

On m'a rapporté que Richardson avoit passé plusieurs années dans la société , presque sans parler.

Il n'a pas eu toute la réputation qu'il méritoit. Quelle passion que l'envie! C'est la plus cruelle des Euménides : elle suit l'homme de mérite jusqu'au bord de sa tombe ; là , elle disparoît ; et la justice des siècles s'assied à sa place.

O Richardson ! si tu n'as pas joui de ton vivant de toute la réputation que tu méritois , combien tu seras grand chez nos neveux , lorsqu'ils te verront à la distance d'où nous voyons Homère ! Alors qui est-ce qui osera arracher une ligne de ton sublime ouvrage ? Tu as eu plus d'admirateurs encore parmi nous que dans ta patrie ; et je m'en réjouis. Siècles , hâtez-vous de couler et d'amener avec vous les honneurs qui sont dûs à Richardson ! J'en atteste tous ceux qui m'écoutent : je n'ai point attendu l'exemple des autres, pour te rendre hommage ; dès aujourd'hui j'étois incliné au pied de ta statue; je t'adorois cherchant au fond de mon ame des expressions qui répondissent à l'étendue de l'admiration que je te portois, et je n'en trouvois point. Vous qui parcourez ces lignes que j'ai tracées sans liaison, sans dessein et sans ordre , à mesure qu'elles m'étoient inspirées dans le tu-

multe de mon cœur, si vous avez reçu du ciel une
ame plus sensible que la mienne, effacez - les. Le
génie de Richardson a étouffé ce que j'en avois.
Ses fantômes errent sans cesse dans mon imagination ; si je veux écrire, j'entends la plainte de
Clémentine ; l'ombre de Clarisse m'apparoît ; je
vois marcher devant moi Grandisson ; Lovelace
me trouble ; et la plume s'échappe de mes doigts.
Et vous, spectres plus doux, Emilie, Charlotte,
Paméla, chère miss Howe, tandis que je converse
avec vous, les années du travail et de la moisson
des lauriers se passent, et je m'avance vers le
dernier terme, sans rien tenter qui puisse me re-
commander aussi aux temps à venir.

DE TERENCE.

Térence étoit esclave du sénateur Térentius Lucanus. Térence esclave! un des plus beaux génies de Rome! l'ami de Lælius et de Scipion! cet auteur qui a écrit sa langue avec tant d'élégance, de délicatesse et de pureté, qu'il n'a peut-être pas eu son égal ni chez les anciens, ni parmi les modernes! Oui, Térence étoit esclave; et si le contraste de sa condition et de ses talens nous étonne, c'est que le mot esclave ne se présente à notre esprit qu'avec des idées abjectes; c'est que nous ne nous rappelons pas que le poëte comique Cæcilius fut esclave; que Phèdre le fabuliste fut esclave; que le stoïcien Epictète fut esclave; c'est que nous ignorons ce que c'étoit quelquefois qu'un esclave chez les Grecs et chez les Romains. Tout brave citoyen qui étoit pris les armes à la main, combattant pour sa patrie, tomboit dans l'esclavage, étoit conduit à Rome la tête rase, les mains liées, et exposé à l'encan sur une place publique, avec un écriteau sur la poitrine qui indiquoit son savoir-faire. Dans une de ces ventes barbares, le crieur ne voyant point d'écriteau à un esclave qui lui restoit, lui dit : *Et toi, que sais-tu?* L'esclave lui répondit :

K *

Commander aux hommes. Le crieur se mit à crier :
Qui veut un maître ? Et il crie peut-être encore.

Ce qui précède suffit pour expliquer comment
il se faisoit qu'un Epictète, ou tel autre personnage de la même trempe, se rencontrât parmi
la foule des captifs ; et qu'on entendît autour du
temple de Janus ou de la statue de Marsias :
*Messieurs, celui-ci est un philosophe. Qui veut
un philosophe ? A deux talents le philosophe.
Une fois, deux fois. Adjugé.* Un philosophe
trouvoit sous Séjan moins d'adjudicataires qu'un
cuisinier : on ne s'en soucioit pas. Dans un temps
où le peuple étoit opprimé et corrompu ; où les
hommes étoient sans honneur, et les femmes sans
honnêteté ; où le ministre de Jupiter étoit ambitieux,
et celui de Thémis vénal ; où l'homme d'étude
étoit vain, jaloux, flateur, ignorant et dissipé ;
un censeur philosophe n'étoit pas un personnage,
qu'on pût priser et chercher.

Une autre sorte d'esclaves, c'étoient ceux qui
naissoient dans la maison d'un homme puissant,
de pères et de mères esclaves. Si, parmi ces derniers, il y en avoit qui montrassent dans leur
jeunesse d'heureuses dispositions, on les cultivoit ;
on leur donnoit les maîtres les plus habiles ; on
consacroit un temps et des sommes considérables
à leur instruction ; on en faisoit des musiciens,
des poëtes, des médecins, des littérateurs, des
philosophes ; et il y auroit aussi peu de jugement

à confondre ces esclaves avec ceux qu'on appeloit *cursores, emissarii, lecticarii, peniculi, vestipici, unctores, ostiarii,* etc. la valetaille d'une grande maison, qu'à comparer nos insipides courtisannes, avec ces créatures charmantes qui enchaînèrent Péric'ès, et qui arrachèrent Démosthène de son cabinet ; à qui Epicure ne ferma point la porte de son école ; qui amusèrent Ovide, inspirèrent Horace, désolèrent Tibulle et le ruinèrent. Celles-ci réunissoient aux rares avantages de la figure et aux graces de l'esprit les talens de la poésie, de la danse et de la musique, tous les charmes enfin qui peuvent attacher un homme de goût aux genoux d'une jolie femme. Qu'est-ce qu'il y a de commun entre Finette et Thaïs, Marton et Phriné, si l'on en excepte l'art de dépouiller leurs adorateurs, art encore mieux entendu d'une courtisanne d'Athènes que des nôtres ?

Ces esclaves instruits dans les sciences et les lettres, faisoient la gloire et les délices de leurs maîtres. Le don d'un pareil esclave étoit un beau présent ; et sa perte causoit de vifs regrets. Mécène crut faire un grand sacrifice à Virgile en lui cédant un de ses esclaves. Dans une lettre, où Cicéron annonce à un de ses amis la mort de son père, ses larmes coulent aussi sur la perte d'un esclave, le compagnon de ses études et de ses travaux. Il faut cependant avouer que la morgue de la naissance patricienne et du rang sénatorial laissoit

toujours un grand intervalle entre le maître et son
esclave. Je n'en veux pour exemple que ce qui
arriva à Térence , lorsqu'il alla présenter son *Andriene* à l'édile Acilius. Le poëte modeste arrive,
mesquinement vêtu , son rouleau sous le bras.
On l'annonce à l'inspecteur des théâtres ; celui-
ci étoit à table. On introduit le poëte ; on lui
donne un petit tabouret. Le voilà assis au pied
du lit de l'édile. On lui fait signe de lire ; il lit.
Mais à-peine Acilius a-t-il entendu quelques
vers , qu'il dit à Térence : *Prenez place ici,*
dînons , et nous verrons le reste après. Si l'inspecteur des théâtres étoit un impertinent , comme
cela peut arriver ; c'étoit du-moins un homme de
goût, ce qui est plus rare.

Toutes les comédies de Térence furent applau-
dies. L'Hecyre seule, composée dans un genre
particulier, eut moins de succès que les autres ;
le poëte en avoit banni le personnage plaisant.
En se proposant d'introduire le goût d'une comédie tout-à-fait grave et sérieuse , il ne comprit
pas que cette composition dramatique ne souffre
pas une scène foible ; et que la force de l'action
et du dialogue doit remplacer par-tout la gaîté
des personnages subalternes : et c'est ce que l'on
n'a pas mieux compris de nos jours, lorsqu'on
a prononcé que ce genre étoit facile.

La fable des comédies de Térence est grecque ,
et le lieu de la scène toujours à Scyros , à Andros,

ou dans Athènes. Nous ne savons point ce qu'il
devoit à Ménandre : mais si nous imaginons qu'il
dût à Lælius et à Scipion quelque chose de plus
que ces conseils qu'un auteur peut recevoir d'un
homme du monde sur un tour de phrase inélégant,
une expression peu noble, un vers peu nombreux,
une scène trop longue ; c'est l'effet de cette pauvreté basse et jalouse qui cherche à se dérober
à elle-même sa petitesse et son indigence, en
distribuant à plusieurs la richesse d'un seul.
L'idée d'une multitude d'hommes de notre petite stature nous importune moins que l'idée d'un
colosse.

J'aimerois mieux regarder Lælius, tout grand
personnage qu'on le dit, comme un fat qui envioit
à Térence une partie de son mérite, que de le
croire auteur d'une scène de l'*Andriene* ou de
l'*Eunuque*. Qu'un soir, la femme de Lælius, lassée
d'attendre son mari, et curieuse de savoir ce qui
le retenoit dans sa bibliothèque, se soit levée sur
la pointe du pied et l'ait surpris écrivant une
scène de comédie ; que pour s'excuser d'un travail prolongé si avant dans la nuit, Lælius ait
dit à sa femme qu'il ne s'étoit jamais senti tant de
verve ; et que les vers qu'il venoit de faire étoient
les plus beaux qu'il eût faits de sa vie ; n'en
déplaise à Montaigne, c'est un conte ridicule
dout quelques exemples récens pourroient nous
désabuser, sans la pente naturelle qui nous porte

à croire tout ce qui tend à rabattre du mérite
d'un homme, en le partageant.

L'auteur des *Essais* a beau dire que « si la
» perfection du bien parler pouvoit apporter quel-
» que gloire sortable à un grand personnage,
» certainement Scipion et Lælius n'eussent pas
» résigné l'honneur de leurs comédies, et toutes
» les mignardises et délices du langage latin à
» un serf Africain »; je lui répondrai sur son
ton, que le talent de s'immortaliser par les lettres,
n'est une qualité mésavenante à quelque rang que
ce soit; que la guirlande d'Apollon s'entrelace
sans honte sur le même front avec celle de Mars;
qu'il est beau de savoir amuser et instruire pendant
la paix ceux dont on a vaincu l'ennemi, et fait
le salut pendant la guerre; que je rabattrois un
peu de la vénération que je porte à ces premiers
hommes de la république, si je leur supposois
une stupide indifférence pour la gloire littéraire;
qu'ils n'ont point eu cette indifférence; et que
si je me trompe, on me feroit déplaisir de me
déloger de mon erreur.

La statue de Térence ou de Virgile se soutient très-bien entre celles de César et de Scipion; et peut-être que le premier de ceux-ci
ne se prisoit pas moins de ses commentaires que
de ses victoires. Il partage l'honneur de ses victoires avec la multitude de ses lieutenans et de
ses soldats; et ses commentaires sont tout à lui.

S'il n'est point d'homme de lettres , qui ne fût
très-vain d'avoir gagné une bataille; y a-t-il un
bon général d'armée , qui ne fût aussi vain d'avoir
écrit un beau poëme ? L'histoire nous offre un
grand nombre de généraux et de conquérans ; et
l'on a bientôt fait le compte du petit nombre
d'hommes de génie capables de chanter leurs hauts
faits. Il est glorieux de s'exposer pour la patrie; mais
il est glorieux aussi , et il est plus rare de savoir
célébrer dignement ceux qui sont morts pour elle.

Laissons donc à Térence tout l'honneur de ses
comédies , et à ses illustres amis tout celui de
leurs actions héroïques. Quel est l'homme de
lettres qui n'ait pas lu plus d'une fois son Térence,
et qui ne le sache presque par cœur ? Qui est-
ce qui n'a pas été frappé de la vérité de ses
caractères et de l'élégance de sa diction ? En
quelque lieu du monde qu'on porte ses ouvrages,
s'il y a des enfans libertins et des pères cour-
roucés , les enfans reconnoîtront dans le poëte
leurs sottises, et les pères leurs réprimandes. Dans
la comparaison que les anciens ont faite du caractère et du mérite de leurs poëtes comiques,
Térence est le premier pour les mœurs. *In ethesin
Terentius.... Et hos (mores) nulli alii servare
convenit quàm Terentio....* Horace couvrant ,
avec sa finesse ordinaire , la satire d'un jeune
débauché par l'éloge de notre poëte , s'écrie :
Numquid Pomponius istis audiret leviora, pater

si viveret? Ressuscitez le père de Pomponius ;
qu'il soit témoin des dissipations de son fils, et
bientôt vous entendrez Chremès parler par sa
bouche. La mesure est si bien gardée qu'il n'y
aura pas un mot de plus ou de moins : et croit-
on qu'il n'y ait pas autant de génie à se modeler
si rigoureusement sur la nature, qu'à en disposer d'une manière plus frappante peut-être,
mais certainement moins vraie ?

Térence a peu de verve, d'accord. Il met
rarement ses personnages dans ces situations
bizarres et violentes qui vont chercher le ridicule
dans les replis les plus secrets du cœur, et qui
le font sortir sans que l'homme s'en apperçoive :
j'en conviens. Comme c'est le visage réel de
l'homme et jamais la charge de ce visage qu'il
montre, il ne fait point éclater le rire. On n'entendra point un de ses pères s'écrier d'un ton
plaisamment douloureux : *Que diable alloit-il
faire dans cette galère ?* Il n'en introduira point
un autre dans la chambre de son fils harassé de
fatigue, endormi et ronflant sur un grabat : il
n'interrompra point la plainte de ce père par le
discours de l'enfant, qui, les yeux toujours fermés, et les mains placées comme s'il tenoit les
rênes de deux coursiers, les excite du fouet et
de la voix, et rêve qu'il les conduit encore. C'est
la verve propre à Molière et à Aristophane, qui
leur inspire ces situations. Térence n'est pas pos-

sédé de ce démon-là. Il porte dans son sein une
muse plus tranquille et plus douce. C'est sans
doute un don précieux que celui qui lui manque ;
c'est le vrai caractère que nature a gravé sur le
front de ceux qu'elle a *signés* poëtes , sculpteurs,
peintres et musiciens. Mais ce caractère est de
tous les temps, de tous les pays , de tous les
âges et de tous les états. Un Cannibale amoureux
qui s'adresse à la couleuvre et qui lui dit : « Cou-
» leuvre , arrête-toi , couleuvre ! afin que ma sœur
» tire sur le patron de ton corps et de ta peau
» la façon et l'ouvrage d'un riche cordon que
» je puisse donner à ma mie ; ainsi soient, en
» tout temps, ta forme et ta beauté préférées à
» tous les autres serpens ». Ce Cannibale a de la
verve , il a même du goût ; car la verve se laisse
rarement maîtriser par le goût, mais ne l'exclut
pas. La verve a une marche qui lui est propre ;
elle dédaigne les sentiers connus. Le goût timide
et circonspect tourne sans cesse les yeux autour
de lui ; il ne hasarde rien ; il veut plaire à tous ;
il est le fruit des siècles et des travaux successifs
des hommes. On pourroit dire du goût ce que
Cicéron disoit de l'action héroïque d'un vieux Romain : *Laus est temporum, non hominis.* Mais
rien n'est plus rare qu'un homme doué d'un tact
si exquis, d'une imagination si réglée, d'une orga-
nisation si sensible et si délicate ; d'un jugement
si fin et si juste , appréciateur si sévère des ca-

ractères , des pensées et des expressions; qu'il ait
reçu la leçon du goût et des siècles dans toute
sa pureté , et qu'il ne s'en écarte jamais : tel me
semble Térence. Je le compare à quelques-unes
de ces précieuses statues qui nous restent des
Grecs , une Vénus de Médicis , un Antinoüs. Elles
ont peu de passions, peu de caractère , presque
point de mouvement; mais on y remarque tant
de pureté , tant d'élégance et de vérité , qu'on
n'est jamais las de les considérer. Ce sont des
beautés si déliées , si cachées, si secrètes , qu'on
ne les saisit toutes qu'avec le temps; c'est moins
la chose, que l'impression et le sentiment qu'on
en remporte : il faut y revenir, et l'on y revient
sans cesse. L'œuvre de la verve au contraire se
connoît tout entier, tout d'un coup , ou point
du tout. Heureux le mortel qui sait réunir dans
ses productions ces deux grandes qualités, la verve
et le goût ! Où est-il ? Qu'il vienne déposer son
ouvrage au pied du Gladiateur et du Laocoon ,
artis imitatoriæ opera stupenda.

Jeunes poëtes, feuilletez alternativement Molière et Térence. Apprenez de l'un à dessiner,
et de l'autre à peindre. Gardez-vous sur-tout de
mêler les masques hideux d'un bal avec les physionomies vraies de la société. Rien ne blesse autant un amateur des convenances et de la vérité ,
que ces personnages outrés, faux et burlesques ;
ces originaux sans modèles et sans copies , amenés

on ne sait comment parmi des personnages simples, naturels et vrais. Quand on les rencontre
sur le théâtre des honnêtes gens, on croit être
transporté par force sur les tréteaux du fauxbourg
Saint-Laurent. Sur-tout, si vous avez des amans
à peindre, descendez en vous-même, ou lisez
l'Esclave Africain. Ecoutez Phédria dans l'Eunuque; et vous serez à jamais dégoûté de toutes ces
galanteries misérables et froides qui défigurent
la plupart de nos pièces.... « Elle est donc bien
» belle !.... Ah ! si elle est belle ! Quand on
» l'a vue, on ne sauroit plus regarder les autres...
» Elle m'a chassé ; elle me rappelle ; retourne-
» rai-je ?.... Non, vînt-elle m'en supplier
» à genoux ». C'est ainsi que sent et parle un
amant. On dit que Térence avoit composé cent
trente comédies que nous avons perdues ; c'est
un fait qui ne peut être cru que par celui qui n'en
a pas lu une seule de celles qui nous restent.

C'est une tâche bien hardie, que la traduction
de Térence : tout ce que la langue latine a de
délicatesse est dans ce poète. C'est Cicéron, c'est
Quintilien qui le disent. Dans les jugemens divers
qu'on entend porter tous les jours, rien de si
commun que la distinction du style et des choses.
Cette distinction est trop généralement acceptée,
pour n'être pas juste. Je conviens qu'où il n'y a
point de choses, il ne peut y avoir de style ; mais
je ne conçois pas comment on peut ôter au style

sans ôter à la chose. Si un pédant s'empare d'un raisonnement de Cicéron ou de Démosthène, et qu'il le réduise en un syllogisme qui ait sa majeure, sa mineure et sa conclusion, sera-t-il en droit de prétendre qu'il n'a fait que supprimer des mots, sans avoir altéré le fond ? L'homme de goût lui répondra : Eh ! qu'est devenue cette harmonie qui me séduisoit ? Où sont ces figures hardies, par lesquelles l'auteur s'adressoit à moi, m'interpelloit, me pressoit, me mettoit à la gêne ? Comment se sont évanouies ces images qui m'assailloient en foule, et qui me troubloient ? Et ces expressions, tantôt délicates, tantôt énergiques, qui réveilloient dans mon esprit je ne sais combien d'idées accessoires, qui me montroient des spectres de toutes couleurs, qui tenoient mon ame agitée d'une suite presqu'interrompue de sensations diverses, et qui formoient cet impétueux ouragan qui la soulevoit à son gré ; je ne les retrouve plus. Je ne suis plus en suspens ; je ne souffre plus ; je ne tremble plus ; je n'espère plus ; je ne m'indigne plus ; je ne frémis plus ; je ne suis plus troublé, attendri, touché ; je ne pleure plus : et vous prétendez toutefois que c'est la chose même que vous m'avez montrée ! Non, ce ne l'est pas ; les traits épars d'une belle femme ne font pas une belle femme ; c'est l'ensemble de ces traits qui la constituent, et leur désunion la détruit ; il en est de même du style. C'est

qu'à parler rigoureusement, quand le style est
bon, il n'y a point de mot oisif; et qu'un mot
qui n'est pas oisif représente une chose, et une
chose si essentielle, qu'en substituant à un mot
son synonyme le plus voisin, ou même au synonyme le mot propre, on fera quelquefois entendre le contraire de ce que l'orateur ou le poète
s'est proposé.

Le poète a voulu me faire entendre que plusieurs événemens se sont succédés en un clin-d'œil.
Rompez le rithme et l'harmonie de ses vers;
changez les expressions; et mon esprit changera
la mesure du temps; et la durée s'alongera pour
moi avec votre récit. Virgile a dit:

Hic gelidi fontes, hic mollia prata, Lycori;
Hic nemus, hic ipso tecum consumerer ævo.

Traduisez avec l'abbé Desfontaines : *Que ces
clairs ruisseaux, que ces prairies et ces bois
forment un lieu charmant! Ah, Lycoris, c'est
ici que je voudrois couler avec toi le reste de
mes jours*, et vantez-vous d'avoir tué un poète.

Il n'y a donc qu'un moyen de rendre fidèlement
un auteur, d'une langue étrangère dans la nôtre;
c'est d'avoir l'ame bien pénétrée des impressions
qu'on en a reçues, et de n'être satisfait de sa
traduction que quand elle réveillera les mêmes
impressions dans l'ame du lecteur. Alors, l'effet
de l'original et celui de la copie sont les mêmes;

mais cela se peut-il toujours ? Ce qui paroît sûr,
c'est qu'on est sans goût, sans aucune sorte de
sensibilité, et même sans une véritable justesse
d'esprit, si l'on pense sérieusement que tout ce
qu'il n'est pas possible de rendre d'un idiome dans
un autre, ne vaut pas la peine d'être rendu. S'il
y a des hommes qui comptent pour rien ce charme
de l'harmonie qui tient à une succession de sons
graves ou aigus, forts ou foibles, lents ou rapides,
succession qu'il n'est pas toujours possible de remplacer; s'il y en a qui comptent pour rien ces
images qui dépendent si souvent d'une expression,
d'une onomatopée qui n'a pas son équivalent dans
leur langue; s'ils méprisent ce choix de mots énergiques dont l'ame reçoit autant de secousses qu'il
plaît au poète ou à l'orateur de lui en donner;
c'est que la nature leur a donné des sens obtus,
une imagination sèche ou une ame de glace. Pour
nous, nous continuerons de penser que les morceaux d'Homère, de Virgile, d'Horace, de Térence, de Cicéron, de Démosthène, de Racine,
de la Fontaine, de Voltaire, qu'il seroit peut-
être impossible de faire passer de leur langue dans
une autre, n'en sont pas les moins précieux;
et loin de nous laisser dégoûter, par une opinion
barbare, de l'étude des langues tant anciennes
que modernes, nous les regarderons comme des
sources de sensations délicieuses que notre paresse
et notre ignorance nous fermeroient à jamais.

M. Colman, le meilleur auteur comique que l'Angleterre ait aujourd'hui, a donné, il y a quelques années, une très-bonne traduction de Térence. En traduisant un poète plein de correction, de finesse et d'élégance, il a bien senti le modèle et la leçon dont ses compatriotes avoient besoin. Les comiques anglois ont plus de verve que de goût ; et c'est en formant le goût du public, qu'on réforme celui des auteurs. Vanbrugh, Wicherley, Congrève et quelques autres ont peint avec vigueur les vices et les ridicules : ce n'est ni l'invention, ni la chaleur, ni la gaîté, ni la force qui manquent à leur pinceau ; mais cette unité dans le dessin, cette précision dans le trait, cette vérité dans la couleur, qui distinguent le portrait d'avec la caricature. Il leur manque surtout l'art d'appercevoir et de saisir, dans le développement des caractères et des passions ; ces mouvemens de l'ame naïfs, simples et pourtant singuliers, qui plaisent et étonnent toujours, et qui rendent l'imitation tout-à-la-fois vraie et piquante ; c'est cet art qui met Térence, et Molière sur-tout, au-dessus de tous les comiques anciens et modernes.

SUR

LES SYSTÈMES DE MUSIQUE
DES ANCIENS PEUPLES.

Avant que d'exposer les idées de l'abbé Roussier, il ne sera pas mal de faire précéder quelques notions élémentaires et communes, qui rendront intelligible le fond d'un mémoire où l'auteur
se propose de démontrer que tous les systèmes de
musique anciens sont émanés de la division d'une
corde selon la progression triple, 1, 3, 9, etc.; et
que ces systèmes et celui des Chinois ne sont que
des pièces detachées d'un autre système plus ancien, plus complet, et inventé par un autre peuple.

Si des cordes sonores sont tendues, la ten-
sion étant la même, plus ces cordes seront longues,
plus les sons qu'elles rendront seront graves.

On a découvert par l'expérience, 1°: que la
longueur d'une corde étant comme 1, la même
corde d'une longueur qui sera double ou comme 2,
donnera l'octave au-dessous de la première; et que
par conséquent un son est à son octave au-dessous,
comme 1 est à 2 :

2°. Que la longueur d'une corde étant comme 2,
la même corde dont la longueur sera comme 3,
donnera la quinte au-dessous de la corde 2; et
que par conséquent un son est à sa quinte au-
dessous, comme 2 est à 3:

5.° Que la longueur d'une corde étant comme 3, la même corde, dont la longueur sera comme 4, donnera la quarte au-dessous de la corde 3; et que par conséquent un son est à sa quarte au-dessous, comme 3 est à 4 :

4°. Que la longueur d'une corde étant comme 1, dans une suite de mêmes cordes, dont les longueurs seront représentées par les nombres de la progression suivante :

1, 3, 9, 27, 81, 243, 729, 2187, 6561; 19683, 59049, 177147, etc.

la seconde corde 3 donnera la quinte au-dessous de l'octave grave de la corde 1; la troisième corde 9 donnera la quinte au-dessous de l'octave grave de la corde 3; la quatrième corde 27 donnera la quinte au-dessous de l'octave grave de la corde 9; la cinquième corde 81, donnera la quinte au-dessous de l'octave grave de la corde 27, et ainsi de suite.

De manière que, si l'on écrit la suite des nombres de la progression triple, et les sons rendus par des cordes dont ces nombres représentent les longueurs, on aura,

1, 3, 9, 27, 81, 243, 729, 2187, 6561,
si, mi, la, ré, sol, ut, fa, si b, mi b,
19683, 59049, 177147, etc.
la b, re b, sol b.

observant que ces quintes successives sont chacune la quinte au-dessous de l'octave grave de la corde qui la précède immédiatement.

Mais, puisqu'une longueur de corde étant comme 1, je n'ai qu'à la doubler pour avoir son octave

au-dessous, il est évident qu'en doublant toujours
le nombre 1 jusqu'à ce que j'aie le nombre le
plus proche de 2187, j'aurai le *si* b, immédiatement au-dessous du *si* naturel, et ainsi des
autres cordes ou nombres qui les représentent.

Je parviendrai donc à former une suite de nombres, qui représenteront les longueurs que devroient
avoir les cordes pour rendre une octave chromatique descendante, ou une octave descendante
successivement par semi-tons; et par conséquent
en nommant la première corde *fa*, au-lieu de
la nommer *si* (car on peut donner à la première
corde à vide le nom qu'on veut), j'aurai l'octave chromatique descendante,

Fa, mi, mi b, ré, ré b, ut, si, si b, la,
la b, sol, sol b, fa.

A présent on entendra facilement ce que c'est
que les anciens appeloient *proportions authentiques* ou *pythagoriciennes*, et *rapports harmoniques*. Les authentiques étoient les rapports trou-
vés par la division d'une corde, d'un son à son
octave au-dessous, comme 1 à 2; d'un son à sa
quinte au-dessous, comme 2 à 3; d'un son à sa
quarte au-dessous, comme 3 à 4. Les harmoniques
étoient d'autres rapports déterminés d'après quelques notions arbitraires, systématiques, de fantaisie et de goût; et les quatre nombres 1, 2, 3,
4, employés dans les rapports authentiques s'appeloient *le sacré quaternaire* de Pythagore.

Cela bien compris (et il faut convenir que rien

n'est plus facile à comprendre), il ne s'agit plus
que de jeter les yeux sur la petite table qui suit,
pour se faire des idées justes des systêmes de
musique grecs, chinois et égyptiens, et des conjectures de M. l'abbé Roussier.

Cette petite table montre la *lyre ancienne de
Mercure*, *le systéme chinois*, *l'eptacorde des
Grecs*, *l'octacorde des Grecs*, et *le grand systéme pythagoricien*; le complet, le parfait, l'im-
muable, comme on disoit alors, avec les noms
des sons et des tétracordes qui forment ce systême.

Vieille lyre, ou lyre de Mercure	Eptacorde des Grecs.	Octacorde des Grecs.	Grand système de Pythagore.		Système chinois.
mi b	mi	mi	nété hyperboléon.	la	mi b i
	re d	ré	paranété hyperboléon.	sol	ré b l
	ut f	ut	trité hyperboléon.	1. fa	
si a	si	si	nété diézeugménon.	mi	si b h
la c	la	la	para nété diézeugménon, ou nété synnéménon.	re	la b k
	sol e	sol	trité diézeugménon, ou paranété synnéménon.	ut	sol b m
		fa g	paramésé.	2. si	mi b
mi	mi	mi	trité synnéménon.	b. si b 3.	
			mésé.	la	
			lichanos méson.	4. sol	
			par hypaté méson	fa	
			hypaté méson.	mi	
			lichanos hypaton.	re	
			par hypaté hypaton.	5. ut	
			hypaté hypaton.	si	
			proslambanoménos.	la	

PROGRESSION TRIPLE,

ou longueurs des cordes en nombre avec les noms des sons au - dessous.

```
a ,  b ,  c ,  d ,    e ,     f ,    g ,    h ,      i ,
1 , 3 , 9 , 27 , 81 , 243, 729, 2187, 6561 ,
si, mi , la , ré,   sol,   ut,    fa,   si b,    mi b.
  k ,      l ,        m ,
19683 , 59049 , 177147.
  la b,     ré b,      sol b.
```

D'où l'on voit que la lyre ancienne, la lyre de Mercure, ne renferme que les trois premiers

a , b , c ,

termes de progression si, mi, la ; or, le son *si* est regardé comme le générateur du système, parce que le *si* s'est de tout temps appelé, chez les Grecs, hypaté hypaton, le premier des premiers.

Que l'eptacorde des Grecs n'est que la lyre de Mercure, en y ajoutant les trois termes de la

d   e   f

progression 36, 81, 243.

Que l'octacorde des Grecs n'est que l'eptacorde, en y ajoutant le *fa* ou le terme de la

g

progression 729.

Que le grand système de Pythagore n'est que l'octacorde en y ajoutant le *si* b ou le terme de

h

la progression 2187.

Et que le systême des Chinois est formé des cinq derniers termes de la progression $\overset{h}{\underset{\text{si b}}{2187}}$, $\overset{i}{\underset{\text{mi b}}{6561}}$, $\overset{k}{\underset{\text{la b}}{19683}}$, $\overset{l}{\underset{\text{re b}}{59049}}$, $\overset{m}{\underset{\text{sol b}}{177147}}$, et commençe où le grand systême de Pythagore finit.

Dans ce grand systême, les quatre sons les plus aigus, et les quatre sons les plus graves ne sont que des répliques des intermédiaires.

1. Tétracorde dit hyperboléon ou des aiguës.

2. Tétracorde dit diézeugménon ou des disjointes. *Voyez* la fig.

3. Tétracorde dit synnéménon ou des conjointes.

4. Tétracorde dit méson ou des moyennes.

5. Tétracorde dit hypaton ou des principales.

Celui qui examinera ce systême y verra la raison des ces dénominations. On appeloit aussi les cordes *si*, *mi*, *la*, *ré*, cordes fixes, cordes stables. Le *la* fut une corde surajoutée, acquise comme sa dénomination l'indique.

Ce grand systême de Pythagore, appelé le parfait, ne l'étoit guère; et l'octacorde étoit plus défectueux que le systême de Pythagore, l'eptacorde plus que l'octacorde, et la lyre de Mercure plus que le systême des Chinois.

Outre le défaut des sons, le systême des Chinois a encore d'autres vices, deux interruptions et cinq tons de suite; mais ce qui doit surprendre, c'est qu'à ces vices d'ignorance, il réunit un caractère savant.

La corde génératrice de tous ces systêmes est le *si;* le *si* naturel des systêmes grecs, le *si* b du système chinois dont les cordes sont *mi* b, *ré* b, *si* b, *la* b, *sol* b, *mi* b.

D'où M. Roussier conclut que les Grecs et les Chinois ont été des fripons et des ignorans, qui ont dépécé chacun le grand système, le vrai système général de quelqu'autre peuple, des Egyptiens; les Grecs ayant pris les premiers termes de la progression triple, et les Chinois ses termes les plus éloignés; car si l'on réunit le système chinois au grand système grec, voici ce que l'on obtiendra :

si,	mi,	la,	ré,	sol,	ut,	fa,	si b,	mi b,
1,	3,	9,	27,	81,	243,	729,	2187,	6561,

la b,	ré b,	sol b.
19683,	59049,	177147.

C'est-à-dire, un tout tiré de la progression triple, poussée jusqu'à son douzième terme, c'est-à-dire, toute la perfection qu'un système de musique peut avoir; car, rapprochez les intervalles, vous aurez,

Fa, mi, mi b, ré, ré b, ut, si, si b, la, la b, sol, sol b, fa. Octave chromatique à laquelle on ne peut rien ajouter, et de laquelle on ne peut rien retrancher. Il y a lacune chez le Grec, il y a lacune chez le Chinois ; mais les deux réunies forment un système complet.

On ne peut rien retrancher de ce système, car on y formeroit un vide ; on n'y peut rien ajouter, car la distance de *ut* à *ut* b, et de *fa* à *fa* b, formant des intervalles plus grands que ceux de *ut* à *si*, et de *fa* à *mi*, il y auroit dans l'échelle un *ut* plus bas qu'un *si*, et un *fa* plus bas qu'un *mi* ; et en introduisant dans la gamme les treizième et quatorzième termes de la progression triple, on sortiroit du genre chromatique pour entrer dans le genre enharmonique.

Il paroît que Timothée de Milet avoit connu l'imperfection de la lyre à sept cordes, et qu'il y avoit introduit des sons chromatiques ; mais son instrument et sa musique furent proscrits par les Spartiates, dont le décret qu'on va lire nous a été transmis.

« Quoniam Timotheus Milesius, in urbem
» nostram profectus, musicam antiquam spernit,
» et inversâ cithara eptacordo, pluribusque sonis
» introductis aures juvenum corrumpit, atque
» chordarum multiplicatione et cantûs novitate
» modulationem mollem et variam, pro simplici
» intextu, adornat, constituens genus cantandi
» chromaticum; visum est de his decernere. Reges
» atque ephori Timotheum reprehendant, co-
» gantque ut rescindat ex undecim chordis super-
» fluas, septemque relinquat; ut singuli animadver-

» tant civitatis nostræ gravitatem ac severitatem ;
» caveantque ne in Spartam quicquam invehant
» quod bonis moribus adversetur , nec certaminum
» gloria turbetur ». C'est-à-dire , attendu que
Timothée le Milésien, arrivé dans notre ville,
méprise la musique ancienne ; et ayant changé
la lyre eptacorde et introduit dans cet instrument
plusieurs sons , corrompt les oreilles de notre jeunesse ; et par la multiplicité des cordes et la nouveauté du chant , subtitue à notre mélodie simple
une mélodie fleurie , molle et variée , formant un
système de musique chromatique ; il nous a paru
convenable de statüer là-dessus. En conséquence,
voulons que nos rois et nos éphores réprimandent
ledit Thimothée, lui enjoignant de couper les
quatre cordes superflues de son instrument, et
de le réduire à son premier nombre de sept,
afin que chacun reconnoisse dans notre chant le
caractère grave et sévère de notre ville ; et qu'il
soit pourvu à ce qu'il ne se fasse rien ici de ce
qui peut être nuisible aux bonnes mœurs, et troubler
la tranquillité publique , par des contestations
ambitieuses et frivoles.

Ceux qui attachent tant d'importance à la musique des anciens , et lui supposent une si grande
influence sur les mœurs, s'en scandaliseront tant
qu'il leur plaira ; mais voilà un décret qui sent
l'esprit monastique. Il me semble que j'y retrouve
l'histoire de nos querelles sur la musique françoise

ét la musique italienne ; ou, qui pis est, la révolte de nos prêtres en faveur des anciennes hymnes barbares contre les nouvelles. Ce décret de Sparte dût occasionner bien des plaisanteries dans Athènes ; et, Timothée ayant montré une ancienne petite statue d'Apollon, dont la lyre avoit le même nombre de cordes que la sienne, son instrument resta tel qu'il étoit ; et les Spartiates dirent : Puisque Apollon a une lyre à onze cordes, permis à Timothée d'en avoir une aussi.

Je ne finirai point cet extrait sans donner l'origine du tempérament dans les instrumens à touches fixes.

Il est évident que si, dans la progression triple, au-lieu d'employer les nombres 1, 3, 9, 27, etc. j'emploie les fractions 1, $\frac{1}{3}$, $\frac{1}{9}$, $\frac{1}{27}$, etc. la première progression donnant une suite de quintes en descendant, celle-ci donnera une suite de quintes en remontant. J'aurai donc 1, $\frac{1}{3}$, $\frac{1}{9}$, $\frac{1}{27}$, $\frac{1}{81}$.

ut, sol, re, la, mi.

Or il est évident que l'intervalle de *ut* à *mi* ou de 1 à $\frac{1}{81}$, est égal à 4 octaves, plus 4 quintes ou 38 tons. Mais on a découvert par expérience que de deux cordes, dont la longueur de l'une est comme *1*, et la longueur de l'autre comme $\frac{1}{5}$, celle-ci donne la tierce majeure de la seconde octave aiguë de la première.

Soit dans la corde appelée *ut,* la corde comme *1*, et par conséquent *mi* comme la corde $\frac{1}{5}$,

L *

l'on aura 1, $\frac{1}{2}$, $\frac{1}{4}$, $\frac{1}{5}$, $\frac{1}{10}$, $\frac{1}{20}$, $\frac{1}{40}$, $\frac{1}{80}$. Or il est
ut, ut, ut, mi, mi, mi, mi, mi.
évident que *ut* est éloigné du dernier *mi* de
six octaves, plus une tierce majeure ou de 38
tons.

Donc le dernier *mi* trouvé par cette nouvelle
division de corde, est le même *mi*, trouvé par
la progression triple 1, $\frac{1}{3}$, $\frac{1}{9}$, etc. puisque les
distances de 1 sont, de part et d'autre, de 38
tons.

Mais la longueur du *mi*, trouvé par la pro-
gression triple est $\frac{1}{81}$, et la longueur du *mi* trouvé
par la seconde progression est $\frac{1}{80}$; donc le *mi*
qui sert de tierce majeure à *ut*, ne peut servir
de quinte à *la*. Ce qui est pourtant indispensable
sur les instrumens à touches fixes. Donc il faut
altérer *mi* tierce de *ut*, ou *mi*, quinte de *la*. Si
l'on réduit les deux fractions $\frac{1}{81}$ et $\frac{1}{80}$ à un même
dénominateur, ou aura $\frac{1}{81}$ égale à $\frac{80}{6480}$, et la frac-
tion $\frac{1}{80}$ égale à $\frac{81}{6480}$. Donc il faut en augmenter
la longueur de la corde *mi*, quinte de *la*, ou
diminuer la corde *mi*, tierce majeure de *ut*. Mais
augmenter la longueur d'une corde, c'est en
rendre le son moins aigu ou l'affoiblir. Diminuer
la longueur d'une corde, c'est en rendre le son
plus aigu ou le fortifier. Donc il faut affoiblir les
quintes ou fortifier les tierces. Mais les tierces
ne souffrant point d'altération, on a pris le parti
d'affoiblir les quintes, et de les affoiblir propor-
tionnellement.

Pour cet effet on divise $\frac{1}{6480}$ en quatre parties, autant qu'il y a de quinte, depuis *ut* jusqu'à *mi*, de manière que ces parties soient entre elles comme les nombres qui représentent ces quintes d'après la progression triple ; et l'on ôte de chacune d'elles la partie qui lui correspond.

Je crois, mon ami, que ce papier suffit pour mettre les ignorans en état, si-non de parler de la musique des anciens, du — moins d'entendre ce que les savans en diront.

LETTRE

d'un citoyen zélé , qui n'est ni chirurgien ni médecin ,

A M. D. M. MAITRE EN CHIRURGIE.

Monsieur,

Je ne regarde point d'un œil aussi désintéressé ,
que vous l'imaginez peut-être , votre querelle avec
les médecins. J'aime la vie : je ne suis pas assez
mécontent de mes parens , de mes amis , de la
fortune et de moi-même , pour la mépriser. La
philosophie qui nous apprend à la quitter de bonne
grace , ne nous défend pas d'en connoître le prix.
Je veux donc vivre , du-moins tant que je conti-
nuerai d'être heureux : mais point de vrai bonheur
pour qui n'a pas celui de se bien porter ; aussi
n'est-ce pas sans quelques regrets que je perds
de jour en jour de ma santé ; et quand j'appellerai le chirurgien et le médecin , ce qui sera
bientôt, je desirerai très-sincèrement que , laissant
à part toute discussion étrangère à mon état , ils
ne soient occupés que de ma guérison. Eh quoi !
n'est-ce donc pas assez d'être malade ? faut-il

encore avoir autour de soi des gens acharnés à
ne se point entendre, et à se contredire?

Il y a déjà long-temps que cet inconvénient
dure; et j'y tomberai malgré que j'en aie, à
moins que la suprême autorité, lasse enfin de
vos dissentions, ne se hâte d'abolir les idées frivoles de prééminence et de subordination qui vous
ont divisés, et de confondre les intérêts des médecins avec les vôtres, en vous réunissant tous
en un même corps et sous un nom commun.
Oui, monsieur, je ne connois que ce moyen
d'établir entre vous et vos antagonistes une paix
qui soit durable. Les chirurgiens et les médecins
continueront d'être mortels ennemis, tant que les
uns se regarderont comme les maîtres, et que
les autres ne voudront point être des valets. Or,
de l'humeur dont on vous voit depuis quelque
temps, il n'y a ni arrêt du parlement, ni décision du conseil, ni ordre de sa majesté, qui
vous soumettent sincèrement à cette humble condition. Si les médecins sont gens à quitter la
fourrure et le bonnet doctoral, plutôt que de renoncer au despotisme, les chirurgiens aimeront
mieux cent fois briser la lancette et le bistouri,
que de s'abaisser à une obéissance servile: et,
à vous parler comme je pense, il me paroît ridicule que, dans des occasions où Petit se trouveroit à côte d'un malade avec un P.... ou quelqu'autre embryon de la faculté, celui-ci se crût

en droit de commander , et ne laissât à l'autre
que le parti de céder , et de prêter sa main à un
assassinat. Quoi ! un homme habile, un Quesnay,
parce qu'il n'est que chirurgien , se taira devant
un P.... parce qu'il en a coûté deux mille écus
à ce P.... pour obtenir le titre d'ignorant médecin : cela ne se peut. Les médecins trouveront
de l'indocilité dans les chirurgiens , tant qu'il sera
permis à ceux-ci d'acquérir des lumières ; mais
on aura beau les condamner à devenir imbécilles ,
il dépendra toujours d'eux de lire et de s'instruire :
les Médecins feroient donc beaucoup mieux d'é-
tudier Heister et Garengeot , et de prendre la
lancette , que d'interdire aux chirurgiens les aphorismes d'Hippocrate et les instituts de Boerhaave.

Mais, quand je supposerois avec vous que , par
quelque arrangement singulier, on parviendroit
à pacifier les deux corps , soit en modérant l'autorité de l'un , soit en accordant quelque chose
à la dignité de l'autre , j'oserois assurer que ce
calme ne sera que momentané. Il y aura toujours
des démêlés d'intérêt, occasionnés par les ténèbres
qui confondent les limites de la médecine et de la
chirurgie. Les médecins et les chirurgiens , ne
sachant jamais bien où s'arrêter, franchiront sans
cesse les bornes de leurs domaines. De-là, nouvelles contestations. Depuis trois à quatre cents
ans qu'il y a des maladies vénériennes, il n'est
pas encore décidé que le traitement en appar-

tienne à la chirurgie. Les chirurgiens sont, à-la-
vérité, en possession de presque tous les libertins du royaume; mais, c'est plus par le choix
des malades que du consentement des médecins,
qui partageroient volontiers cette proie. N'y a-t-il
point d'autres maladies de la même nature, dont
les uns se soient emparés, et que les autres re-
vendiquent? N'y en eût-il point, n'en surviendra-
t-il jamais? Mais, que dis-je? il se rencontre
tous les jours une infinité de cas particuliers, où le
chirurgique et le médecinal ne se démêlent point;
et où en seroit alors un malade, si son médecin
ou son chirurgien ne pouvoit lui donner du secours
qu'après s'être bien assuré qu'il ne sortira point des
bornes de la profession? Voici deux faits arrivés
dans un intervalle de quatre à cinq jours, à un
homme vrai, à un médecin de la Faculté de
Paris, le docteur Dubourg, qui me les a racontés.
On l'éveille pendant la nuit, en hiver; il accourt, il
trouve une jeune femme dans son lit, suffoquée,
et dont les crachats commençoient à se teindre de
sang. Il envoie chez un chirurgien qui étoit absent,
chez un autre qui ne veut pas se lever; la saignée
qu'il falloit faire sur-le-champ est différée de
quelques heures: le lendemain, le docteur revient
de grand matin, et il trouve sa malade morte.
Dans la même semaine, il est appelé auprès d'un
homme déjà d'un certain âge, qui touchoit à
son dernier instant; il avoit été saigné par un

chirurgien, dans une attaque d'apoplexie séreuse, dont il mourut. Si ce chirurgien avoit été médecin, il auroit reconnu l'espèce de la maladie ; il n'eût pas saigné ; et cet homme n'en seroit pas mort. Dans le cas précédent, si le médecin eut été chirurgien, il auroit tiré sa lancette et saigné sa malade, qui peut-être vivroit encore : et qu'on ne croye pas que ces contre-temps soient rarés. Et pourquoi le médecin et le chirurgien ne seroient-ils pas en-même-temps pharmaciens ? S'ils avoient à remplir en-même-temps ces trois fonctions, les médicamens en seroient mieux préparés et administrés plus à propos. On verroit moins de malades ; les culottes du médecin ne tomberoient pas d'elles-mêmes, le soir, entraînées par le poids de l'argent ; les visites seroient moins nombreuses, mais plus salutaires. Ma proposition doit paroître d'autant moins étrange, que les médecins et les chirurgiens sont tous plus ou-moins chymistes ; et qu'il n'y a aucune bonne raison, ce me semble, pour leur interdire la pratique d'une science qu'ils se sont presque tous donné la peine d'étudier. Les anciens étoient aussi pharmaciens. Il y a, dans Hippocrate, des procédés très-exacts ; mais nos apothicaires sont si instruits, et remplissent si bien leurs devoirs, que je consens qu'on leur abandonne cette partie de l'art de guérir. Je désirerois seulement que nos magistrats restreignissent le commerce des épiciers aux dro-

gues employées dans les arts mécaniques; et que
le petit peuple cessât enfin d'aller acheter la mort
dans leurs boutiques.

Permettre au chirurgien un certain nombre de
saignées sans l'avis du médecin, c'est peut-être
l'expédient le plus ridicule qu'on pourroit imaginer : car je demanderai d'abord pourquoi deux
saignées, et non quatre ? Pourquoi des saignées plutôt que tout autre remède ? Comment ! on avoue qu'il y a une infinité de cas
où toutes les lumières de la médecine suffisent
à peine pour déterminer si tel secours convient
ou ne convient pas ; le professeur enseigne, dans
les écoles, qu'un seul remède absurde est capable de tuer un malade ; le praticien rencontre
tous les jours des petites véroles et autres maladies, où il est de la dernière difficulté de se
décider entre des symptômes contradictoires, dont
les uns semblent exiger la saignée, et d'autres
la rejetter, et où il est de la dernière conséquence
de prendre le bon parti ; et l'on nous abandonne
aux caprices, aux conjectures, aux lueurs d'un
chirurgien, qu'on accuse d'ignorer jusqu'aux élémens de l'art de guérir, et qu'on s'efforce de
retenir dans cette ignorance. Où en sommes-nous
donc ? Où est la pudeur ? Où est l'humanité ?
On joue notre vie en croix ou pile, et on a le
front de nous le dire ! Non, monsieur, non ; il n'en
sera pas ainsi. Il faut espérer que le gouvernement

sera plus conséquent que les médecins. On sentira
qu'il y a, dans presque toute maladie, des secours
préliminaires et antérieurs à l'opération chirur-
gicale, sur lesquels il n'appartient qu'à la médecine
de prononcer : l'on en conclura qu'il n'y a point
de milieu, qu'il faut que les chirurgiens soient
les égaux ou les *tartares* des médecins ; et l'on
ne souffrira pas que les uns et les autres prennent des arrangemens pernicieux, et se donnent
l'air de gens qui vivent de notre sang, et qui
se le disputent.

Mais comme il n'y a pas d'apparence, ni même
peut-être de possibilité, que les limites qui doivent
séparer la chirurgie de la médecine soient, un
jour, mieux connues ; ces arts, me direz-vous,
seront donc toujours ennemis ?

Oui, sans-doute ; je vous l'ai déjà dit, monsieur, et je vous le répète ; le seul moyen de
les accorder, ce seroit de remettre les choses
sur l'ancien pied. Qu'étoient, s'il vous plaît, Es-
culape, Hippocrate et Galien ? Médecins et chirurgiens. Pourquoi donc leurs derniers successeurs
ne les imiteroient-ils pas ? Quel inconvénient y a-t-il
aujourd'hui à ce que le même homme ordonne
et fasse une saignée ? Conservons l'ancien titre
de médecin, mais abolissons le nom de chirurgien ; que les médecins et les chirurgiens forment
un même corps ; qu'ils soient rassemblés dans un
même collége, où les élèves apprennent les opé-

rations de la chirurgie, et où les principes spéculatifs de l'art de guérir leur soient expliqués;
qu'ils composent une même académie; que chacun
y soit rangé dans la classe qui lui sera marquée
par son talent particulier; que le botaniste apporte aux assemblées l'analyse exacte d'une plante;
l'anatomiste, quelque injection délicate; le praticien, une observation nouvelle; l'opérateur, un
instrument inventé ou perfectionné, etc. Le recueil
des mémoires n'y perdra rien; et le public y
gagnera beaucoup.

Mais je ne m'en tiendrai pas à vous avoir démontré que la réunion des deux corps n'est pas
sans avantage : vous allez voir qu'elle n'entraîne
aucun désordre nouveau. Ceux d'entre les chirurgiens qui, sans principes ni lumières, ont la
témérité d'ordonner des remèdes, ne s'en cor-
rigeront pas, quelque précaution que l'on prenne
pour les y résoudre. Or, puisqu'il faut qu'ils fassent la médecine à tort et à travers, qu'importe
qu'ils y soient autorisés ou non? Ce qui tuera
le malade, ce n'est point l'arrêt qui leur permettra d'ordonner des remèdes; mais bien les remèdes absurdes qu'ils n'auroient pas manqué d'ordonner, quand même il n'y auroit eu aucun arrêt
qui leur eût assuré l'impunité. On laissera donc
subsister un mal qui ne peut être prévenu, et
c'est-là le pis qui puisse arriver : mais on étouf-
fera pour toujours les semences de la division entre

des gens qui, ne formant qu'un seul corps sous
un nom commun, auront les mêmes vues, les
mêmes intérêts, la même réputation à soutenir,
et qui concourront à ces fins d'un commun accord. Quant aux médecins qui se sont contentés
jusqu'à présent de lire, d'écrire et d'ordonner,
ils auront beau jouir du droit d'opérer, ils ne
s'en mêleront pas davantage. Il n'y a pas à craindre
que le savant Falconet, que le laborieux * * *
s'avisent de prendre le bistouri à l'âge qu'ils ont.
L'un continuera d'étendre ses connoissances en
tout genre, d'enrichir sa bibliothèque, et d'o-
bliger les savans ; l'autre mourra en dissertant et
compilant des faits et des dates. Si les médecins
qui commencent la carrière ont le courage d'embrasser les deux fonctions, tant mieux pour nous.
La spéculation éclairera dans la pratique et l'u-
sage de l'instrument ; et les fautes seront encore
plus rares.

Vous m'objecterez peut-être que c'est exposer
les deux professions à dégénérer, que de permettre à un seul homme de les cultiver à-la-
fois. A cela je vous répondrai avec Boerhaave,
votre maître, qu'elles ne sont pas aujourd'hui
plus étendues que jadis, ni les cerveaux plus étroits.
Pourquoi nos neveux ne pourroient-ils pas ce
qu'ont bien fait Hippocrate et Morand? Et quel
avantage concevez-vous à ôter les mains à un
médecin, et les yeux à un chirurgien ? Loin

d'avancer par cette voie la médecine et la chirurgie à un plus haut dégré de perfection, n'est-
ce pas-là, au contraire, le secret de remplir
les deux états d'estropiés? Du-moins, c'est ainsi
que je me peins la plupart des médecins et des
chirurgiens d'aujourd'hui, et que vous les verrez
comme moi, si vous avez la bonté de les considérer un moment avec mon microscope.

Supposez qu'ayant à suivre, pendant un long
voyage, des routes pénibles et difficiles, il m'arrive
de faire un faux pas, ou de prendre, sur quelques
apparences trompeuses, un terrain fangeux et
mou pour un chemin sûr et solide, et d'enfoncer dans le limon, je ne manquerai pas d'essayer, pour en sortir, tous les efforts que la
nature et l'instinct me suggéreront : mais, ou la
nature sera trop foible, ou l'instinct ne sera pas
assez éclairé ; et je périrai dans la vase, si l'on
ne vient à mon secours. J'appelle donc ; et le
premier homme qui se présente m'interroge sur
les circonstances de ma chute, m'examine, me
considère, m'explique bien ou mal la nature du
terrain, la difficulté de m'en tirer, et cent autres
choses curieuses, qui m'éclairent sur l'embarras
où je suis, et qui m'y laissent. « Eh ! mon ami,
» lui dis-je, ennuyé de sa science profonde, de
» grace, laissez la dissertation ; donnez-moi vîte
» la main, car je péris ». Mais lui, sans m'é-
couter, se jette dans de nouveaux raisonnemens

sur l'accroissement du danger, disserte avec moins
de ménagement encore, et finit un discours fort
obscur et fort long, par m'apprendre qu'il est
manchot; et que, n'ayant par conséquent aucun
secours à me procurer par lui-même, seul, il
ne mérite ni mon attention, ni ma confiance.

Un autre lui succède: « Mon dieu soit loué,
» dis-je en moi-même, d'aussi loin que j'ap-
» perçois le nouveau personnage, me voilà sauvé;
» car il a des mains, celui-ci »; et lui portant
aussi-tôt la parole : « Mon ami, lui criai-je,
» approchez, aidez-moi; car vous me paroissez
» avoir de bons bras, et vous voyez que j'en ai
» grand besoin ». Ah! pauvre malheureux, me
répond-il; je suis au désespoir de vous être inutile : j'ai des bras à-la-vérité, et la meilleure
volonté de m'en servir; mais ne remarquez-vous
pas que je suis aveugle, je n'ai point d'yeux ?
On ne veut pas que j'en aye; et quand j'en aurois,
il ne me seroit pas permis de voir. « Que je
» suis à plaindre, reprends-je d'un ton dou-
» loureux! ne viendra-t-il pas quelqu'un qui
» ait des bras et des yeux ? et périrai-je ici,
» faute d'un homme à qui il soit donné de voir
» et d'agir »?

Cependant le danger que je courois ne m'ayant
pas entièrement ôté la présence d'esprit, j'ar-
rêtai celui-ci, je rappelai le premier; et m'a-
dressant à tous les deux : « Au nom de dieu,

» mes amis, leur dis-je, unissez-vous pour me
» secourir : vous, honnête manchot, qui possédez
» des yeux excellens, dirigez un peu les mains
» de ce bon aveugle qui ne demande qu'à tra-
» vailler ». Très-volontiers, me répondit-il ; et
prenant un ton magistral, il se mit à donner des
ordres, que son second reçut d'un air dédai-
gneux et sans se mouvoir, me soufflant seulement
à l'oreille que le manchot étoit fou, et qu'on
n'avoit jamais débarrassé les gens de cette fon-
drière en les tirant par la main droite. L'autre
me crioit à haute voix : « Vous êtes perdu, si
» l'on vous prend par la main gauche ». Celui-ci
faisoit des raisonnemens à perte de vue ; celui-là
ne finissoit pas de citer des exemples d'embourbés
de toute espèce ; et ils seroient encore aux prises,
et moi dans la vase, si un troisième survenant,
qui avoit de bons bras et de bons yeux, ne m'eût
procuré les secours qu'il me falloit.

Qu'en pensez-vous, monsieur ? Ne fus-je pas
bien heureux de rencontrer un pareil homme ?
Ne seroit-il pas à souhaiter que ses semblables
fussent plus communs ? Eh bien ! je vous promets
qu'ils le deviendront, si l'on permet aux chirurgiens d'avoir des yeux, et aux médecins de se
servir de leurs mains. C'est le but de mon projet.
Tel étoit anciennement l'état de la médecine ;
car qu'étoit-ce, à votre avis, que ces hommes
qui se répandoient dans la Grèce au sortir de

l'école de Cos , que des gens qu'Hippocrate avoit
instruits de ses principes lumineux , et dont, pour
me servir de ses expressions , il avoit armé les
mains du fer et du feu ? Ce n'étoit là ni des
aveugles ni des manchots. C'étoit les yeux et
les mains d'Hippocrate multipliés. Ces élèves
savoient et discerner et faire. S'ils revenoient quelquefois aux conseils de leur maître, ils y étoient
contraints par des conjonctures extraordinaires ,
où l'art les abandonnoit. Restituons donc les choses
dans leur simplicité première : qu'il n'y ait plus
de chirurgiens ; mais que les médecins et les
chirurgiens réunis forment un corps de guérisseurs ;
et nous verrons les querelles cesser , et l'art
marcher à sa perfection.

Vous n'y pensez pas , dira-t-on ; l'art est long,
et la vie est courte. J'en conviens, et je demande
si cette maxime est d'hier ? Ne la devons-nous
pas à Hippocrate , qui cependant ne s'est point
avisé de séparer des talens que leur objet tient
indivisiblement réunis ? Il les a exercés pendant
toute sa vie ; et , à la honte de nos contemporains , l'on sait trop avec quel succès. Si toute-
fois l'exemple d'Hippocrate ne prouve rien ; si
Boerhaave avoit des idées fausses de la facilité
de son art ; et s'il est vrai qu'un seul homme
ne puisse l'embrasser dans toute son étendue ;
bientôt il arrivera à la médecine en général , ce
qui est arrivé à la chirurgie en particulier. Les

chirurgiens, instruits des principes communs de
la chirurgie, se sont distribués entre eux les opérations ; et elles ne s'en font que mieux. Les médecins, munis des maximes fondamentales de
l'art de guérir, se partageront les maladies. Chacun s'emparera d'une branche de la médecine ;
et cette science, souffrant à Paris le même nombre de divisions qu'à Pékin, nous n'en serons
que mieux servis.

Supposé donc que la réunion des deux professions dans la même personne soit avantageuse
à la société, il est superflu de faire parler les
anciennes loix qui les ont séparées. Tous les jours,
on institue des choses nouvelles dont on décou-
vre l'utilité ; et l'on abroge des vieilles institutions dont on ressent enfin l'inconvénient. S'il y
eut jamais un temps où l'ignorance des chirurgiens et l'habileté des médecins sembloient condamner les premiers à monter derrière le carrosse
de ceux-ci, il faut convenir que ce temps a bien
changé ; du-moins s'il en faut juger par la confiance que les chirurgiens ont obtenue du public,
et par les marques distinguées de protection dont
sa majesté vient de les honorer.

Mais s'il n'y a que des médecins, ajoutera-
t-on, quiconque prétendra à ce titre sera donc
obligé d'apprendre le latin, d'avoir des dégrés
dans l'université, et de perdre à des études inutiles un temps qui seroit mieux employé à l'ana-

tomie, à la botanique, ou à quelqu'autre partie de la médecine.

J'observerai d'abord que, si le temps que l'on donne à l'étude du grec et du latin est perdu pour la chirurgie, il n'est guère mieux employé pour la médecine, depuis sur-tout que les anciens auteurs, et ceux d'entre les modernes qui en valent la peine, ont été traduits dans notre langue. Il n'en est pas d'Hippocrate, de Galien et de Celse, ainsi que d'Homère, d'Horace et de Virgile. Ce sont les élégances du discours que l'on cherche singulièrement dans ceux-ci; il suffit, au contraire, de rendre fidèlement les premiers. Si on en conserve scrupuleusement le sens, le reste ne mérite pas d'être regretté, sur-tout pour celui qui lit pour s'instruire, et non pour s'amuser. Je ne doute nullement qu'un homme qui posséderoit ce que nous avons dans notre langue, de bon en anatomie, en botanique, en matière médicale, en médecine systématique, etc. ne fût un très-grand médecin, un médecin comme il y en a peu. Mais j'insiste trop sur la partie foible de ma réponse. Et quelle raison y auroit-il qu'on se graduât dans l'université pour obtenir le titre de médecin ? Quelle nécessité qu'un médecin fût de la Faculté, ou même de l'académie de médecine ? Il y a, selon mon projet, trois choses à distinguer, le corps des médecins, la faculté de médecine, et l'académie.

Un homme s'est livré avec succès à quelque
branche importante de la médecine ou de la chirurgie, mais il ne sait ni grec ni latin; il ne
sera ni de la faculté, ni même peut-être de l'a-
cadémie. Une académie est un établissement particulier, où sont admis, sous le bon plaisir de
sa majesté, ceux de ses sujets qui passent pour
exceller dans quelque genre. Les places de l'académie des sciences sont à ceux qui se distinguent dans les sciences naturelles. Celles de l'a-
cadémie françoise ont été destinées à ceux qui se
signaleroient dans l'étude de la langue et des belles-
lettres. L'académie des inscriptions est peuplée
par les studieux d'antiquités; mais on est bon géomètre, homme de lettres et savant antiquaire,
sans être membre d'aucune académie. Pareillement,
un homme n'a point eu l'avantage de passer des
années dans les écoles de l'université; mais il est
grand anatomiste, habile opérateur, personne
n'est plus adroit à tirer une pierre de la vessie;
qui empêche qu'il ne soit médecin-lithotomiste,
et peut-être même académicien? Il n'a point de
grades, il est sans lettres de maîtrise ès arts.
Eh bien! il ne sera point de la faculté. Des
honneurs du corps des médecins, il n'y en aura
point auquel il ne puisse parvenir, si l'on en
excepte celui d'assister aux assemblées de l'université, et de se montrer une fois tous les trois mois
dans les rues de Paris, à la suite du recteur. En

un mot, on ne pourra point être de la faculté
ni de l'académie, sans être du corps ; mais on
sera très-bien du corps, sans être ni de la faculté
ni de l'académie. F. L. C.... manque d'études,
mais il a les lumières requises, et ses deux mille
écus comptans ; qu'il soit interrogé, examiné et
reçu par le corps ou ses députés, qui lui accor-
deront, pour ses connoissances et son argent,
le titre de médecin, et la permission d'exercer
l'art de guérir : ainsi les choses resteront à-peu-
près dans le même état où elles ont toujours été ;
à cela près que, cette race inquiète de chirurgiens
étant éteinte, les médecins vivront en paix ; ou
que, s'il s'élève entre eux quelques différends,
le public n'en sera plus la victime.

Voilà, monsieur, quelles sont mes idées. Je
les ai proposées en conversation, avant que de
les jeter par écrit ; et je vous assure qu'elles n'ont
souffert aucune objection qui n'ait contribué à
m'en découvrir la justesse. Mais les personnes à
qui je me suis adressé pouvoient ne manquer ni
de lumières ni de sagacité, sans en avoir autant
que vous. Je vous les soumets donc ; disposez-
en comme vous le jugerez à propos. Je ne re-
gretterai pas les instans employés à vous en faire
part, si elles vous persuadent du—moins que je
suis un bon citoyen, et que tout ce qui concerne
le bien de la société et la vie de mes semblables
est très - intéressant pour moi. Quand il s'agit

de leur bonheur, l'amour-propre n'est plus écouté ; et j'aime mieux hasarder une idée ridicule, que d'étouffer un projet utile.

J'ai l'honneur d'être, etc.

———————————

SUR L'HISTOIRE

DE

LA CHIRURGIE,

PAR M. PEYRILHE.

L'HISTOIRE de la Chirurgie fut entreprise, il y a quelques années, par M. Dujardin, membre du collège de chirurgie de Paris. Une mort prématurée ne lui permit pas d'en conduire l'exécution au-delà du premier volume, qu'il publia en 1774. M. Peyrilhe, chargé de continuer cet ouvrage, s'en est acquitté d'une manière également instructive et piquante. Il intéressera, et les personnes qui font une étude profonde de l'art de guérir, et les savans à qui cet art est étranger.

Après avoir jeté quelques fleurs sur la cendre de M. Dujardin, M. Peyrilhe expose le plan de son travail. Si, pour continuer avec succès l'histoire de la chirurgie, il ne falloit qu'être pénétré du dessein du premier auteur, sa mort laisseroit peu de choses à regretter. « Marquer » tous les pas que l'art a faits, soit qu'ils l'ap- » prochent, soit qu'ils l'éloignent de la perfec- » tion ; annoncer en quel temps et par qui il » fut accéléré ou retardé dans sa marche ; pré-

» senter les découvertes vraiment originales, les
» vues propres de chaque inventeur, avec les
» conséquences les plus remarquables qu'il tire
» de ses principes et de ceux de ses prédécesseurs;
» disposer les inventions dans l'ordre de leur nais-
» sance; en donner une idée plus ou moins étendue;
» indiquer où elles se trouvent, afin d'épargner
» au lecteur qui sait qu'elles existent, la peine
» de les chercher, et à celui qui l'ignore, celle
» de les inventer; montrer comment une dé-
» couverte a produit d'autres découvertes; et
» seconder les génies inventifs, en développant
» l'art d'inventer; rapporter les inventions de tout
» genre à leurs véritables auteurs; déterminer le
» temps, le lieu et les circonstances qui les ont
» vu naître; et recueillir les traits les plus frappans
» de leur vie : voilà, dit M. Peyrilhe, quel fut
» le dessein de M. Dujardin, et quel est le nôtre».

Le lecteur sentira, sans qu'on l'en prévienne,
combien cette tâche est étendue et pénible; mais
elle va embrasser un espace plus vaste encore
sous la plume du continuateur, qui réunit à l'histoire de l'art celle de la profession.

La première contient « toutes les vérités et
» toutes les erreurs que le temps a fait éclore et
» qu'il a vu mourir; c'est-à-dire, tous les dog-
» mes, qui ont régné successivement dans la
» chirurgie; ce qui forme la bibliothèque la plus
» ample qu'un chirurgien, sortant des mains de

» ses instituteurs , puisse lire , et peut - être la
» seule dont il ait besoin : en un mot , elle pré-
» sente une sorte de *code* chirurgical , où sont
» rassemblées , et les loix abrogées , et les loix
» qui sont encore en vigueur ».

L'histoire de la profession marque « le rang
» que la chirurgie a tenu dans tous les temps
» parmi les autres arts , le degré d'estime ac-
» cordé à ceux qui l'ont professée, et le mérite
» personnel de ses promoteurs ». Des recherches
de l'auteur dans cette branche de l'histoire, il
résulte que « chez les Romains , comme chez
» les Grecs , le même homme réunissoit en lui
» les trois professions qui constituent aujourd'hui
» l'art de guérir ; que le partage de la médecine ,
» qu'on a cru démêler dans les écrits de Celse
» n'eut jamais lieu ; et qu'il n'exista jusqu'à la
» renaissance des lettres entre les médecins opé-
» ran sou vulnéraires , et les non-opérans ou dié-
» tétiques , d'autre distinction que celle que la
» mesure différente de connoissances et d'habileté
» met entre des personnes de la même profession ».
D'où il s'ensuit évidemment qu'aux dogmes près
qui sont divers, l'histoiré de la chirurgie est absolument l'histoire de la médecine jusqu'à l'époque
de la division légale de ces deux sciences , que
l'auteur fixe au treizième ou quatorzième siècle.

Si , pour obéir aux loix de l'histoire , M. Peyrilhe n'a pu retrancher de son ouvrage la sèche

M *

énumération d'une foule de médecins dont on ne
connoît que les noms, il dédommage son lecteur
du peu d'intérêt qu'inspirent des détails de cette
nature, par d'excellentes analyses de tous les écrits
échappés à la dent du temps, dont on n'eût peut-
être jamais de plus fréquentes occasions de dé-
plorer les ravages, si une bonne page de l'art de
conserver l'homme vaut mieux que cent volumes
fastueux de l'art cruel de l'exterminer.

On convient unanimement de l'utilité de la lecture des anciens; mais cette étude n'est pas également possible à tous ceux qui cultivent la chirurgie;
et tout n'est pas également précieux dans leurs
écrits. Il faut être doué d'un discernement bien
exquis, pour séparer l'essentiel des superfluités et
des répétitions; il faut être animé d'un grand courage pour suivre, ligne à ligne, d'énormes volumes dont on n'extraira que ce qu'ils ont de
particulier, et par conséquent un petit nombre
de phrases : c'est néanmoins ce qu'a fait M. Peyrilhe, et ce dont je ne saurois me dispenser de
lui rendre graces, au nom de tous ceux qui attachent quelque prix à leur temps, et qui, persuadés qu'il n'y a point de bonne philosophie
sans médecine, se sont livrés, comme moi, à
la lecture de ces ouvrages, où l'on ne tarde pas
à trouver, entre une multitude de phénomènes
relatifs à l'homme considéré sous tant d'aspects
variés, la ruine ou la confirmation de ses idées

systématiques. Par exemple, j'avois pensé plusieurs
fois que la matrice n'étoit point un organe essentiel à la vie de la femme. J'en ai trouvé la
preuve, dans l'ouvrage dont je rends compte.

Les philosophes spéculatifs auroient marché d'un
pas plus rapide et plus assuré dans la recherche
de la vérité, s'ils eussent puisé dans l'étude de
la médecine la connoissance des faits qui ne se
devinent point, et qui peuvent seuls confirmer
ou détruire les raisonnemens métaphysiques. Combien de singularités ces philosophes ignoreront sur
la nature de l'ame, s'ils ne sont instruits de ce
que les médecins ont dit de la nature du corps!

En lisant cette histoire, car je l'ai lue avec
toute l'attention dont je suis capable, une chose
qui m'a souvent étonné, c'est le nombre de découvertes dont on fait honneur aux modernes,
puisées dans les anciens, que je n'ai pas la manie
d'illustrer à nos dépens.

On aura souvent lieu de regretter que l'oubli de
certains moyens puissans ait rendu incurables des
maladies qu'on traitoit autrefois avec succès. Seroit-ce qu'à mesure que l'art s'est perfectionné, les
mœurs se sont amollies, et que le malade et
le chirurgien sont devenus pusillanimes?

En général, combien de choses dans cette histoire, nouvelles pour celui qui n'aura puisé son
instruction que dans les livres publiés depuis un
ou deux siècles!

Dans la multitude d'écrivains dont les travaux sont analysés par M. Peyrilhe, on distinguera surtout Arétée, Cœlius-Aurelianus et Galien.

Le premier fut à-la-fois praticien hardi et écrivain élégant. L'*épilepsie*, contre laquelle la chirurgie moderne n'ose plus essayer ses forces n'étoit réputé incurable par Arétée, que quand elle avoit résisté à l'incision des artères qui environnent les oreilles, à la cautérisation du crâne, au trépan, à l'application des mouches cantarides, etc.

La phrénésie, l'apoplexie, le tétanos sont décrits dans cet auteur avec une merveilleuse exactitude, et traités avec la même vigueur.

Rien n'est plus beau que sa description de la plus hideuse des maladies, la lèpre.

Ici M. Peyrilhe compare les différentes espèces de lèpre, rapporte les usages relatifs aux lépreux chez les différens peuples, et finit par recueillir les moyens employés contre cette affreuse maladie, entre lesquels on sera sans-doute étonné de trouver la *castration*. Et pourquoi pas la castration, s'il y a des cas où la lèpre est l'effet d'un vice radical du fluide séminal; et si, comme l'expérience le prouve, les lépreux sont portés à l'acte vénérien avec une fureur inconcevable, soit que cette fureur soit la cause, ou qu'elle soit l'effet de la maladie ? Je ne suis pas médecin, et je hasarde quelques conjectures, au risque de faire rire celui qui effile la charpie à l'Hôtel-Dieu.

M. Peyrilhe avoit parlé ailleurs de la *mentagre* , sorte de dartre hideuse du menton, qui infecta les Romains sous le règne de Tibère. Ce mal se communiquoit par le contact ; et l'on sait que les Romains étoient dans l'usage de se donner, tous les jours, à leur première rencontre , *un baiser de cérémonie* , comme on se donne la main en d'autres contrées. Tibère défendit ces baisers ; et dans le moment qui a précédé celui où j'écris , j'attribuois au tyran ombrageux un attentat de plus contre la liberté publique. Je ne corrigerai pas mon erreur ; mais je remercierai M. Peyrilhe de me l'avoir fait connoître.

La défense de Tibère n'étoit qu'une ordonnance de police infiniment sage , puisqu'elle opposoit au progrès de la *mentagre* , la seule voie de communication générale qu'on lui connût , *les baisers réciproques.* Eh ! que ne nous est-il permis de faire une aussi bonne apologie de ce sombre et perfide scélérat , pendant la durée de son règne de débauche et de sang ! .

On nous montre dans Cœlius-Aurélianus , un auteur célèbre dont l'ouvrage est recommandable , comme monument historique , par le précis excellent de la médecine ancienne.

Enfin , Galien paroît avec tout l'éclat qui , accompagne son nom durant les seizième et dix-septième siècles.

Après tant d'auteurs qui ont écrit la vie de cet

illustre médecin, il étoit difficile de donner à ce
sujet la grace de la nouveauté. Nous féliciterons
M. Peyrilhe d'y avoir réussi, du-moins à notre
jugement. Tout littérateur lira avec un plaisir mêlé
d'intérêt l'éloge historique du médecin de Pergame.
Ceux qui se destinent par état au grand art de
guérir, y trouveront un plan raisonné et suivi de
l'éducation médicinale, que M. Peyrilhe a fondé
sur la marche de Galien dans le cours successif
de ses études. Ce morceau ne se tente pas et
ne s'exécute point sans une connoissance fort étendue de la médecine. Il est écrit avec élégance,
et décèle dans l'historien le talent d'apprécier
les grands hommes, et de les faire connoître de
leurs contemporains et de la postérité.

Nous avons sur-tout appris, dans M. Peyrilhe
combien il importe de savoir plusieurs choses
pour bien parler d'une, et l'énorme différence
des styles de l'auteur profond et de l'écrivain
superficiel ; de celui qui a pratiqué et de celui
qui n'a que spéculé. Combien de choses dans
tous les arts en général, mais sur-tout en physique, en anatomie, en chymie et en chirurgie,
dont on ne s'instruit que le bistouri à la main,
ou assis à côté de la cornue ! Dans les mémoires
informes d'ouvriers, on rencontrera toujours
quelques lignes précieuses, qu'on n'auroit jamais
devinées. Croit-on qu'un médecin n'eût pas fait
cet extrait un peu plus satisfaisant pour M. Pey-

rilhe ? Je le supplie d'excuser la pauvreté de mes
idées par la droiture de mes intentions. Je ne lui
adresse point mon éloge comme un équivalent de
ses peines.

Une observation très-importante que les auteurs de l'Histoire naturelle et de l'Histoire philosophique du commerce des deux Indes pourroient
envier à M. Peyrilhe, c'est que la peau des nègres
est sèche, lorsqu'ils sont malades ; et qu'ils sont
menacés d'une maladie, lorsqu'elle le devient :
d'où M. Peyrilhe conclut que les frictions huileu-
ses, en usage en Italie, dans la Grèce et dans
tous les pays chauds, qui, modérant la transpi-
ration excessive, conserveroient aux humeurs du
corps leur fluidité, seroient un préservatif contre
les maladies inflammatoires qui attaquent et qui
emportent un si grand nombre d'habitans des zônes
tempérées, lorsqu'ils arrivent dans ces climats
brûlans. Quelques expériences ont récemment con-
firmé cette heureuse et subtile conjecture : mais
si les Américains ont promis une grande somme
d'argent à celui qui trouveroit le moyen de détruire les fourmis qui dévastent leurs champs ;
quelle récompense les Européens ne devroient-ils
pas accorder à celui qui auroit découvert le moyen
d'y conserver la vie des voyageurs !

M. Peyrilhe conduit son histoire jusqu'au sep-
tième siècle ; mais nous ne le suivrons pas plus
loin. Forcé, par la nature du Journal, à diriger

notre extrait du côté le plus agréable et le plus
instructif pour le plus grand nombre des lecteurs,
nous avons négligé la partie technique de la chirurgie; mais elle nous a paru traitée avec là même
supériorité que les autres branches. En un mot, je
pense que cet ouvrage manquoit également au
médecin et au chirurgien ; et que, quand on seroit
un digne successeur de Le Clerc ou d'Astruc,
on pourroit s'en promettre encore assez d'avantages pour le placer dans sa bibliothèque. Il présente
à l'instant tout ce qui a été écrit sur une maladie ;
au praticien, les opérations et les remèdes ; au
médecin érudit, les matériaux dont il a besoin. Le
chirurgien, qui se croit inventeur d'un moyen de
guérison, s'assurera, par un coup-d'œil sur les
Tables, si sa découverte est nouvelle ou renou-
velée. Le critique, dont la fonction est de juger
nos productions, se servira utilement de cette
histoire pour apprécier une foule de prétentions,
dont la bonne-foi même des auteurs ne garantit
pas la réalité.

Nous ne finirons pas cet extrait sans dire un mot
du style de M. Peyrilhe. Il nous a paru précis,
nerveux, toujours clair, et même quelquefois
nombreux.

ENTRETIEN

D'UN PERE AVEC SES ENFANS,

o u

du danger de se mettre au-dessus des loix.

Mon père, homme d'un excellent jugement, mais homme pieux, étoit renommé dans sa province pour sa probité rigoureuse. Il fut, plus d'une fois, choisi, pour arbitre entre ses concitoyens; et des étrangers qu'il ne connoissoit pas lui confièrent souvent l'exécution de leurs dernières volontés. Les pauvres pleurèrent sa perte, lorsqu'il mourut. Pendant sa maladie, les grands et les petits marquèrent l'intérêt qu'ils prenoient à sa conservation. Lorsqu'on sut qu'il approchoit de sa fin, toute la ville fut attristée. Son image sera toujours présente à ma mémoire; il me semble que je le vois dans son fauteuil à bras, avec son maintien tranquile et son visage serein. Il me semble que je l'entends encore. Voici l'histoire d'une de nos soirées, et un modèle de l'emploi des autres.

C'étoit en hiver. Nous étions assis autour de lui, devant le feu, l'abbé, ma sœur et moi. Il me disoit, à la suite d'une conversation sur les inconvéniens de la célébrité : Mon fils, nous avons fait tous les deux du bruit dans le monde, avec cette différence que le bruit que vous faisiez avec votre outil vous ôtoit le repos ; et que celui que je faisois avec le mien ôtoit le repos aux autres. Après cette plaisanterie bonne ou mauvaise du vieux forgeron, il se mit à rêver, à nous regarder avec une attention tout-à-fait marquée ; et l'abbé lui dit : Mon père à quoi rêvez-vous ? Je rêve, lui répondit-il, que la réputation d'homme de bien, la plus desirable de toutes, a ses périls, même pour celui qui la mérite. Puis, après une courte pause, il ajouta : J'en frémis encore, quand j'y pense.... Le croiriez-vous, mes enfans ? Une fois dans ma vie, j'ai été sur-le-point de vous ruiner ; oui, de vous ruiner de fond en comble. *L'abbé.* Et comment cela ? *Mon père.* Comment ? Le voici :

Avant que je commence, dit-il à sa fille : petite sœur, relève mon oreiller qui est descendu trop bas ; à moi : et toi, ferme les pans de ma robe-de-chambre, car le feu me brûle les jambes... Vous avez tous connu le curé de Thivet ? *Ma sœur.* Ce bon vieux prêtre, qui, à l'âge de cent ans, faisoit ses quatre lieues dans la matinée ? *L'abbé.* Qui s'éteignit à cent et un ans, en apprenant la mort d'un frère qui demeuroit avec lui, et qui en avoit quatre-vingt-dix-neuf ? *Mon père.* Lui-

niême. *L'abbé.* Eh bien ! *Mon père.* Eh bien ,
ses héritiers, gens pauvres et dispersés sur les
grands chemins, dans les campagnes, aux portes
des églises où ils mendioient leur vie, m'envoyè-
rent une procuration, qui m'autorisoit à me trans-
porter sur les lieux, et à pourvoir à la sûreté des
effets du défunt curé leur parent. Comment refuser
à des indigens un service que j'avois rendu à
plusieurs familles opulentes ? J'allai à Thivet;
j'appelai la justice du lieu ; je fis apposer les
scellés ; et j'attendis l'arrivée des héritiers. Ils ne
tardèrent pas à venir ; ils étoient au nombre de
dix à douze. C'étoient des femmes sans bas,
sans souliers, presque sans vêtemens, qui tenoient
contre leur sein des enfans entortillés de leurs
mauvais tabliers ; des vieillards couverts de haillons
qui s'étoient traînés jusques-là, portant sur leurs
épaules, avec un bâton, une poignée de guenilles
enveloppées dans une autre guenille ; le spectacle
de la misère la plus hideuse. Imaginez, d'après
cela, la joie des héritiers à l'aspect d'une dizaine
de mille francs qui revenoit à chacun d'eux ; car,
à vue de pays, la succession du curé pouvoit
aller à une centaine de mille francs au-moins. On
lève les scellés. Je procède, tout le jour, à l'inventaire des effets. La nuit vient. Ces malheureux se
retirent ; je reste seul. J'étois pressé de les mettre
en possession de leurs lots, de les congédier, et de
revenir à mes affaires. Il y avoit sous un bureau

un vieux coffre , sans couvercle et rempli de
toutes sortes de paperasses ; c'étoient de vieilles
lettres , des brouillons de réponses , des quit-
tances surannées, des reçus de rebut , des comptes
de dépenses, et d'autres chiffons de cette nature ;
mais en pareil cas on lit tout , on ne néglige
rien. Je touchois à la fin de cette ennuyeuse
révision , lorsqu'il me tomba sous les mains un
écrit assez long ; et cet écrit, savez-vous ce
que c'étoit ? Un testament ! un testament signé
du curé ! Un testament , dont la date étoit si
ancienne , que ceux qu'il en nommoit exécuteurs
n'existoient plus depuis vingt ans ! Un testament
où il rejetoit les pauvres qui dormoient autour
de moi ; et instituoit légataires universels les Frémins , ces riches libraires de Paris , que tu dois
connoître , toi. Je vous laisse juger de ma surprise et de ma douleur ; car, que faire de cette
pièce ? La brûler ? Pourquoi non ? N'avoit-elle
pas tous les caractères de la réprobation ? Et
l'endroit où je l'avois trouvée ; et les papiers
avec lesquels elle étoit confondue et assimilée ,
ne déposoient-ils pas assez fortement contre
elle , sans parler de son injustice révoltante ?
Voilà ce que je me disois en moi-même : et
me représentant en-même-temps la désolation
de ces malheureux héritiers spoliés, frustrés de
leur espérance , j'approchois tout doucement le
testament du feu ; puis , d'autres idées croisoient

les premières , je ne sais quelle frayeur de me
tromper dans la décision d'un cas aussi important ,
la méfiance de mes lumières , la crainte d'écouter
plutôt la voix de la commisération , qui crioit au
fond de mon cœur , que celle de la justice , m'ar-
rêtoient subitement ; et je passai le reste de la
nuit à délibérer sur cet acte inique que je tins
plusieurs fois au-dessus de la flamme , incertain si
je le brûlerois ou non. Ce dernier parti l'emporta ;
une minute plus tôt ou plus tard , c'eût été le parti
contraire. Dans ma perplexité , je crus qu'il étoit
sage de prendre le conseil de quelque personne
éclairée. Je monte à cheval dès la pointe du jour ; je
m'achemine à toutes jambes vers la ville ; je passe
devant la porte de ma maison , sans y entrer ;
je descends au séminaire qui étoit alors occupé par
des oratoriens , entre lesquels il y en avoit un
distingué par la sûreté de ses lumières et la sainteté
de ses mœurs : c'étoit un père Bouin , qui a laissé
dans le diocèse la réputation du plus grand casuiste.

Mon père en étoit là , lorsque le docteur Bissei
entra : c'étoit l'ami et le médecin de la maison.
Il s'informa de la santé de mon père , lui tâta le
pouls, ajouta , retrancha son régime , prit une
chaise , et se mit à causer avec nous.

Mon père lui demanda des nouvelles de quelques-uns de ses malades , entre autres , d'un vieux
fripon d'intendant d'un M. de le Mésangère , ancien maire de notre ville. Cet intendant avoit mis

le désordre dans les affaires de son maître, avoit
fait de faux emprunts sous son nom, avoit égaré
des titres, s'étoit approprié des fonds, avoit commis une infinité de friponneries, dont la plupart
étoient avérées ; et il étoit à la veille de subir
une peine infamante, si-non capitale. Cette affaire occupoit alors toute la province. Le docteur
lui dit que cet homme étoit fort mal, mais qu'il
ne désespéroit pas de le tirer d'affaire. *Mon père.*
C'est un très-mauvais service à lui rendre. *Moi.*
Et une très-mauvaise action à faire. *Le docteur
Bissei.* Une mauvaise action ! Et la raison, s'il
vous plaît ? *Moi.* C'est qu'il y a tant de méchans dans ce monde, qu'il n'y faut pas retenir
ceux à qui il prend envie d'en sortir. *Le docteur
Bissei.* Mon affaire est de le guérir, et non
de le juger ; je le guérirai, parce que c'est
mon métier ; ensuite, le magistrat le fera pendre,
parce que c'est le sien. *Moi.* Docteur, mais il
y a une fonction commune à tout bon citoyen,
à vous, à moi, c'est de travailler de toute notre
force à l'avantage de la république ; et il me
semble que ce n'en est pas un pour elle que
le salut d'un malfaiteur, dont incessamment les
loix la délivreront. *Le docteur Bissei.* Et à qui
appartient-il de le déclarer malfaiteur ? Est-ce
à moi ? *Moi.* Non, c'est à ses actions. *Le docteur
Bissei.* Et à qui appartient-il de connoître de
ses actions ? Est-ce à moi ? *Moi.* Non ; mais per-

mettez , docteur , que je change un peu la thèse ,
en supposant un malade, dont les crimes soient
de notoriété publique. On vous appelle ; vous
accourez , vous ouvrez les rideaux , et vous re-
connoissez Cartouche ou Nivet. Guérirez-vous
Cartouche ou Nivet ? . . . Le docteur Bissei ,
après un moment d'incertitude , répondit ferme
qu'il le guériroit ; qu'il oublieroit le nom du malade , pour ne s'occuper que du caractère de la
maladie ; que c'étoit la seule chose dont il lui fût
permis de connoître ; que s'il faisoit un pas au-
delà , bientôt il ne sauroit plus où s'arrêter ; que
ce seroit abandonner la vie des hommes à la
merci de l'ignorance , des passions , du préjugé ,
si l'ordonnance devoit être précédée de l'examen de
la vie et des mœurs du malade. Ce que vous me
dites de Nivet , un janséniste me le dira d'un moliniste , un catholique d'un protestant. Si vous
m'écartez du lit de Cartouche , un fanatique m'é-
cartera du lit d'un athée. C'est bien assez que
d'avoir à doser le remède , sans avoir encore
à doser la méchanceté qui permettroit ou non
de l'administrer. . . . Mais , docteur , lui répon-
dis - je , si après votre belle cure , le premier
essai que le scélérat fera de sa convalescence ,
c'est d'assassiner votre ami , que direz - vous ?
Mettez la main sur la conscience ; ne vous re-
pentiriez-vous point de l'avoir guéri ? Ne vous
écririez - vous point avec amertume : Pourquoi

l'ai-je secouru ! Que ne le laissais-je mourir ! N'y
a-t-il pas là de quoi empoisonner le reste de
votre vie ? *Le docteur Bissei.* Assurément, je
serai consumé de douleur; mais je n'aurai-point
de remords. *Moi.* Et quel remords pourriez-vous
avoir, je ne dis point d'avoir tué, car il ne
s'agit pas de cela; mais d'avoir laissé périr un
chien enragé ? Docteur, écoutez moi. Je suis plus
intrépide que vous ; je ne me laisse point brider
par de vains raisonnemens. Je suis médecin. Je
regarde mon malade ; en le regardant, je reconnois un scélérat, et voici le discours que
je lui tiens : Malheureux, dépêche-toi de mourir ;
c'est tout ce qui peut t'arriver de mieux pour
les autres et pour toi. Je sais bien ce qu'il y auroit
à faire pour dissiper ce point de côté qui t'op-
presse, mais je n'ai garde de l'ordonner ; je ne
hais pas assez mes concitoyens, pour te renvoyer de nouveau au milieu d'eux, et me préparer à moi-même une douleur éternelle par les
nouveaux forfaits que tu commettrois. Je ne serai
point ton complice. On puniroit celui qui te re-
cèle dans sa maison, et je croirois innocent celui
qui t'auroit sauvé ! Cela ne se peut. Si j'ai un
regret, c'est qu'en te livrant à la mort je t'arrache au dernier supplice. Je ne m'occuperai
point de rendre à la vie celui dont il m'est en-
joint par l'équité naturelle, le bien de la société,
le salut de mes semblables, d'être le dénonciateur.

Meurs , et qu'il ne soit pas dit que par mon art et mes soins , il existe un monstre de plus. *Le docteur Bissei.* Bon jour , papa. Ah ça , moins de café après dîner , entendez - vous. *Mon père.* Ah ! docteur , c'est une si bonne chose que le café ! *Le docteur Bissei.* Du-moins , beaucoup, beaucoup de sucre. *Ma sœur.* Mais , docteur, ce sucre nous échauffera. *Le docteur Bissei.* Chansons. Adieu , philosophe, *Moi.* Docteur , encore un moment. Galien , qui vivoit sous Marc-Aurèle , et qui , certes , n'étoit pas un homme ordinaire , bien qu'il crût aux songes , aux amulettes et aux maléfices , dit dans ses préceptes sur les moyens de conserver les nouveaux-nés : « c'est aux Grecs , aux Romains , à tous ceux qui marchent sur leurs pas dans la carrière des sciences , que je les adresse. Pour les Germains et le reste des Barbares , ils n'en sont pas plus dignes que les ours, les sangliers , les lions et les autres bêtes féroces ». *Le docteur Bissei.* Je savois cela. Vous avez tort tous les deux ; Galien , d'avoir proféré sa sentence absurde ; vous , d'en faire une autorité. Vous n'existeriez pas , ni vous ni votre éloge ou votre critique de Galien , si la nature n'avoit pas eu d'autre secret que le sien , pour conserver les enfans des Germains. *Moi.* Pendant la dernière peste de Marseille. . . . . *Le docteur Bissei.* Dépêchez - vous , car je suis pressé. *Moi.* Il y avoit des brigands qui se ré-

pandoient dans les maisons, pillant, tuant, profitant du désordre général, pour s'enrichir par
toutes sortes de crimes. Un de ces brigands fut
attaqué de la peste, et reconnu par un des fossoyeurs que la police avoit chargés d'enlever les
morts. Ces gens-ci alloient, et jetoient les cadavres dans la rue. Le fossoyeur regarde le scélérat, et lui dit : Ah ! misérable, c'est toi ; et
en-même-temps, il le saisit par les pieds, et
le traîne vers la fenêtre. Le scélérat lui crie : Je
ne suis pas mort. L'autre lui répond : Tu es assez
mort, et le précipite à l'instant d'un troisième
étage. Docteur, sachez que le fossoyeur, qui
dépêche si lestement ce méchant pestiféré, est
moins coupable à mes yeux qu'un habile médecin,
comme vous, qui l'auroit guéri ; et partez. *Le
docteur.* Cher philosophe, j'admirerai votre esprit et votre chaleur, tant qu'il vous plaira ;
mais votre morale ne sera, ni la mienne, ni
celle de l'abbé, je gage. *L'abbé.* Vous gagez à
coup sûr.... J'allois entreprendre l'abbé ; mais
mon père, s'adressant à moi, en souriant, me
dit : Tu plaides contre ta propre cause. *Moi.*
Comment cela ? *Mon père.* Tu veux la mort de
ce coquin d'intendant de M. de la Mésangère,
n'est-ce pas ? Eh ! laisse donc faire le docteur.
Tu dis quelque chose tout bas. *Moi.* Je dis
que Bissei ne méritera jamais l'inscription que les
Romains placèrent au-dessus de la porte du

médecin d'Adrien VI, après sa mort : *Au libé-*
rateur de la patrie. Ma sœur. Et que, médecin
du Mazarin, ce ministre décédé, il n'eût pas
fait dire aux charretiers, comme Guénaut ; *Ca-*
marades, laissons passer monsieur le docteur,
c'est lui qui nous a fait la grace de tuer le car-
dinal. Mon père sourit, et dit : où en étois-je
de mon histoire ? *Ma sœur.* Vous en étiez au Père
Bouin.

Mon père. Je lui expose le fait. Le Père Bouin
me dit : Rien n'est plus louable, monsieur, que
le sentiment de commisération, dont vous êtes
touché pour ces malheureux héritiers. Supprimez
le testament, secourez-les, j'y consens ; mais
c'est à la condition de restituer au légataire universel la somme précise dont vous l'aurez privé,
ni plus, ni moins.... Mais je sens du froid
entre les épaules. Le docteur aura laissé la porte
ouverte ; petite sœur, va la fermer. *Ma sœur.*
J'y vais ; mais j'espère que vous ne continuerez
pas que je ne sois revenue. *Mon père.* Cela
va sans dire.

Ma sœur, qui s'étoit fait attendre quelque
temps, dit en rentrant, avec un peu d'humeur :
C'est ce fou qui a pendu deux écriteaux à sa
porte, sur l'un desquels on lit : *Maison à ven-*
dre vingt-mille francs, ou à louer douze cents
francs par an, sans bail ; et sur l'autre : *Vingt*
mille francs à prêter pour un an, à six pour

cent. Moi. Un fou , ma sœur ? Et s'il n'y avoit qu'un écriteau où vous en voyez deux , et que l'écriteau du prêt ne fût qu'une traduction de celui de la location ? Mais laissons cela, et revenons au Père Bouin.

Mon père. Le Père Bouin ajouta : Et qui est-ce qui vous a autorisé à ôter ou à donner de la sanction aux actes ? Qui est-ce qui vous a autorisé à interpréter les intentions des morts ? = Mais, Père Bouin, et le coffre ? = Qui est-ce qui vous a autorisé à décider si ce testament a été rebuté de réflexion , ou s'il s'est égaré par méprise ? Ne vous est-il jamais arrivé d'en commettre de pareilles , et de retrouver au fond d'un seau un papier précieux que vous y aviez jeté d'inadvertance ? = Mais, Père Bouin, et la date , et l'iniquité de ce papier ? = Qui est-ce qui vous a autorisé à prononcer sur la justice ou l'injustice de cet acte , et à regarder le legs universel comme un don illicite, plutôt que comme une restitution ou telle autre œuvre légitime qu'il vous plaira d'imaginer ? = Mais, Père Bouin , et ces héritiers immédiats et pauvres, et ce collatéral éloigné et riche ? = Qui est-ce qui vous a autorisé à peser ce que le défunt devoit à ses proches , que vous ne connoissèz pas davantage ? = Mais , père Bouin, et ce tas de lettres du légataire , que le défunt ne s'étoit

pas seulement donné la peine d'ouvrir!.... Une
circonstance que j'avois oublié de vous dire,
ajouta mon père, c'est que dans l'amas de paperasses, entre lesquelles je trouvai ce fatal testament, il y avoit vingt, trente, je ne sais combien de lettres des Frémins, toutes cachetées....
Il n'y a, dit le Père Bouin, ni coffre ni date,
ni lettres, ni Père Bouin, ni si, ni mais, qui
tienne; il n'est permis à personne d'enfreindre
les loix, d'entrer dans la pensée des morts, et
de disposer du bien d'autrui. Si la providence
a résolu de châtier ou l'héritier, ou le légataire,
ou le défunt, car on ne sait lequel, par la conservation fortuite de ce testament, il faut qu'il
reste.

Après une décision aussi nette, aussi précise
de l'homme le plus éclairé de notre clergé, je
demeurai stupéfait et tremblant, songeant en moi-
même à ce que je devenois, à ce que vous
deveniez, mes enfans, s'il me fût arrivé de brûler le testament, comme j'en avois été tenté dix
fois; d'être ensuite tourmenté de scrupules, et
d'aller consulter le Père Bouin. J'aurais restitué;
oh! j'aurois restitué; rien n'est plus sûr, et vous
étiez ruinés.

Ma sœur. Mais, mon père, il fallut, après
cela, s'en revenir au presbytère, et annoncer à
cette troupe d'indigens qu'il n'y avoit rien là qui
leur appartînt, et qu'ils pouvoient s'en retour-

ner comme ils étoient venus. Avec l'ame com-
patissante que vous avez , comment en eûtes-
vous le courage ? *Mon père.* Ma foi , je n'en
sais rien. Dans le premier moment, je pensai
à me départir de ma procuration , et à me remplacer par un homme de loi ; mais un homme
de loi en eût usé dans toute la rigueur , pris et
chassé par les épaules ces pauvres gens dont je
pouvois peut-être alléger l'infortune. Je retournai
donc le même jour à Thivet. Mon absence subite,
et les précautions que j'avois prises en partant,
avoient inquiété ; l'air de tristesse avec lequel je
reparus , inquiéta bien davantage: cependant, je
me contraignis , je dissimulai de mon mieux. *Moi.*
C'est-à-dire assez mal. *Mon père.* Je commençai
par mettre à couvert tous les effets précieux.
J'assemblai dans la maison un certain nombre
d'habitans , qui me prêteroient main-forte , en
cas de besoin. J'ouvris la cave et les greniers
que j'abandonnai à ces malheureux. Les invitant
à boire , à manger et à partager entre eux le
vin , le bled et toutes les autres provisions de
bouche. *L'abbé.* Mais, mon père !.... *Mon
père.* Je le sais, cela ne leur appartenoit pas
plus que le reste. *Moi.* Allons donc , l'abbé, tu
nous interromps. *Mon père.* Ensuite , pâle comme
la mort, tremblant sur mes jambes , ouvrant
la bouche , et ne trouvant aucune parole, m'as-
séyant , me relevant, commençant une phrase ,

et ne pouvant l'achever, pleurant, tous ces gens effrayés m'environnant, s'écriant autour de moi: Eh bien! mon cher monsieur, qu'est-ce qu'il y a? Qu'est-ce qu'il y a, repris-je?..... Un testament, un testament qui vous déshérite. Ce peu de mots me coûta tant à dire, que je me sentis presque défaillir. *Ma sœur.* Je conçois cela.

Mon père. Quelle scène, quelle scène, mes enfans, que celle qui suivit! Je frémis de la rappeler. Il me semble que j'entends encore les cris de la douleur, de la fureur, de la rage, le hurlement des imprécations.... Ici, mon père portoit ses mains sur ses yeux, sur ses oreilles.... Ces femmes, disoit-il, ces femmes, je les vois; les unes se rouloient à terre, s'arrachoient les cheveux, se déchiroient les joues et les mamelles; les autres écumoient, tenoient leurs enfans par les pieds, prêtes à leur écacher la tête contre le pavé, si on les eût laissé faire; les hommes saisissoient, renversoient, cassoient tout ce qui leur tomboit sous les mains; ils menaçoient de mettre le feu à la maison; d'autres, en rugissant, grattoient la terre avec leur ongles, comme s'ils y eussent cherché le cadavre du curé pour le déchirer; et tout au travers de ce tumulte, c'étoient les cris aigus des enfans qui partageoient, sans savoir pourquoi, le désespoir de leurs parens, qui s'attachoient à leurs vêtemens, et qui en étoient inhumainement

repoussés. Je ne crois pas en avoir jamais autant
souffert de ma vie.

Cependant j'avois écrit au légataire de Paris,
je l'instruisois de tout, et je le pressois de faire
diligence, le seul moyen de prévenir quelqu'accident qu'il ne seroit pas en mon pouvoir d'empêcher.

J'avois un peu calmé les malheureux, par l'espérance dont je me flattois en effet d'obtenir
du légataire une renonciation complète à ses droits,
ou de l'amener à quelque traitement favorable ;
et je les avois dispersés dans les chaumières les
plus éloignées du village.

Le Frémin de Paris arriva ; je le regardai fixe-
ment, et je lui trouvai une physionomie dure
qui ne promettoit rien de bon. *Moi.* De grands
sourcils noirs et touffus, des yeux couverts et
petits, une large bouche, un peu de travers,
un tein basané et criblé de petite vérole ? *Mon
père.* C'est cela. Il n'avoit pas mis plus de trente
heures à faire ses soixante lieues. Je commençai
par lui montrer les misérables dont j'avois à plaider
la cause. Ils étoient tous debout devant lui, en
silence ; les femmes pleuroient ; les hommes,
appuyés sur leur bâton, la tête nue, avoient la
main dans leurs bonnets. Le Fremin, assis, les
yeux fermés, la tête penchée, et le menton appuyé
sur sa poitrine, ne les regardoit pas. Je parlai

en leur faveur de toute ma force ; je ne sais où
l'on prend ce qu'on dit en pareil cas. Je lui fis
toucher au doigt combien il étoit incertain que
cette succession lui fût légitimement acquise ;
je le conjurai par son opulence , par la misère
qu'il avoit sous les yeux ; je crois même que je
me jetai à ses pieds ; je n'en pus tirer une obole.
Il me répondit qu'il n'entroit point dans toutes
ces considérations ; qu'il y avoit un testament ;
que l'histoire de ce testament lui étoit indiffé—
rente ; et qu'il aimoit mieux s'en rapporter à
ma conduite qu'à mes discours. D'indignation ,
je lui jetai les clefs au nez ; il les ramassa , s'em-
para de tout ; et je m'en revins si troublé , si
peiné , si changé , que votre mère , qui vivoit
encore , crut qu'il m'étoit arrivé quelque grand
malheur... Ah! mes enfans! quel homme que ce
Frémin.

Après ce récit, nous tombâmes dans le silence , chacun rêvant à sa manière sur cette
singulière aventure. Il vint quelques visites ; un
ecclésiastique , dont je ne me rappelle pas le
nom: c'étoit un gros prieur, qui se connoissoit mieux
en bon vin qu'en morale, et qui avoit plus feuilleté
le Moyen de parvenir que les Conférences de
Grénoble ; un homme de justice , notaire et lieutenant de police , appelé Dubois ; et peu de temps
après, un ouvrier qui demandoit à parler à mon
pere. On le fit entrer , et avec lui un ancien

N *

ingénieur de la province, qui vivoit retiré, et qui cultivoit les mathématiques, qu'il avoit autrefois professées; c'étoit un des voisins de l'ouvrier, l'ouvrier étoit chapelier.

Le premier mot du chapelier fut de faire entendre à mon père que l'auditoire étoit un peu nombreux pour ce qu'il avoit à lui dire. Tout le monde se leva, et il ne resta que le prieur, l'homme de loi, le géomètre, et moi, que le chapelier retint.

/ Monsieur Diderot, dit-il à mon père, après avoir regardé autour de l'appartement s'il ne pouvoit être entendu, c'est votre probité et vos lumières qui m'amènent chez vous; et je ne suis pas fâché d'y rencontrer ces autres messieurs dont je ne suis peut-être pas connu, mais que je connois tous. Un prêtre, un homme de loi, un savant, un philosophe et un homme de bien! Ce seroit grand hasard, si je ne trouvois pas dans des personnes d'état si différent, et toutes également justes et éclairées, le conseil dont j'ai besoin. Le chapelier ajouta ensuite : Promettez-moi d'abord de garder le secret sur mon affaire, quelque soit le parti que je juge à propos de suivre. On le lui promit, et il continua. Je n'ai point d'enfans; je n'en ai point eu de ma dernière femme, que j'ai perdue il y a environ quinze jours. Depuis ce temps, je ne vis pas; je ne saurois ni boire, ni manger, ni travailler, ni dormir. Je me lève, je

m'habille, je sors, et je rode par la ville dévoré
d'un souci profond. J'ai gardé ma femme malade
pendant dix-huit ans ; tous les services qui ont
dépendu de moi , et que sa triste situation exigeoit,
je les lui ai rendus. Les dépenses que j'ai faites
pour elle ont consommé le produit de notre
petit revenu et de mon travail , m'ont laissé
chargé de dettes ; et je me trouverois, à sa mort,
épuisé de fatigues , le temps de mes jeunes années
perdu ; je ne serois , en un mot, pas plus avancé
que le premier jour de mon établissement , si
j'observois les loix, et si je laissois aller à des
collatéraux éloignés la portion qui leur revient
de ce qu'elle m'avoit apporté en dot : c'étoit un
trousseau bien conditionné ; car son père et sa
mère , qui aimoient beaucoup leur fille , firent
pour elle tout ce qu'ils purent , plus qu'ils ne
purent ; de belles et bonnes nippes en quantité ,
qui sont restées toutes neuves ; car la pauvre
femme n'a pas eu le temps de s'en servir ; et
vingt mille francs en argent, provenus du rem-
boursement d'un contrat constitué sur M. Mi-
chelin , lieutenant du procureur général. A-peine
la défunte a-t-elle eu les yeux fermés, que j'ai
soustrait, et les nippes , et l'argent. Messieurs,
vous savez actuellement mon affaire ? Ai-je bien
fait ? Ai-je mal fait ? Ma conscience n'est pas
en repos. Il me semble que j'entends là quelque
chose qui me dit : Tu as volé , tu as volé ; rends ,

rends. Qu'en pensez-vous ? Songez, messieurs,
que ma femme m'a emporté, en s'en allant, tout
ce que j'ai gagné pendant vingt ans; que je ne
suis presque plus en état de travailler; que je
suis endetté ; et que si je restitue, il ne me reste
que l'hôpital, si ce n'est aujourd'hui, ce sera
demain. Parlez, messieurs, j'attends votre décision. Faut-il restituer, et s'en aller à l'hôpital ?

A tout seigneur tout honneur, dit mon père,
en s'inclinant vers l'ecclésiastique ; à vous, monsieur le prieur.

Mon enfant, dit le prieur au chapelier, je
n'aime pas les scrupules, cela brouille la tête,
et ne sert à rien ; peut-être ne falloit-il pas
prendre cet argent ; mais puisque tu l'a pris,
mon avis est que tu le gardes. *Mon père.* Mais,
monsieur le prieur, ce n'est pas là votre der- —
nier mot ? *Le prieur.* Ma foi si ; je n'en sais
pas plus long. *Mon père.* Vous n'avez pas été
loin. A vous, monsieur le magistrat. *Le magistrat.*
Mon ami, ta position est fâcheuse ; un autre
te conseilleroit peut-être d'assurer le fonds aux
collatéraux de ta femme, afin qu'en cas de mort
ce fonds ne passât pas aux tiens, et de jouir,
ta vie durant, de l'usufruit. Mais il y a des loix ;
et ces loix ne t'accordent ni l'usufruit, ni la
propriété du capital. Crois-moi, satisfais aux
loix, et sois honnête homme ; à l'hôpital, s'il le
faut. *Moi.* Il y a des loix ! Quelles loix ! *Mon père.*

Et vous, monsieur le mathématicien, comment résolvez-vous ce problème ? *Le géomètre.* Mon ami, ne m'as-tu pas dit que tu avois pris environ vingt mille francs ? *Le chapelier.* Oui, monsieur. = Et combien à-peu-près t'a coûté la maladie de ta femme ? = A-peu-près la même somme. = Eh bien, qui de vingt mille francs paie vingt mille francs, reste zéro. *Mon père à moi.* Et qu'en dit la philosophie ? *Moi.* La philosophie se tait où la loi n'a pas le sens commun.... Mon père sentit qu'il ne falloit pas me presser; et portant tout de suite la parole au chapelier : Maître un tel, lui dit-il, vous nous avez confessé que depuis que vous aviez spolié la succession de votre femme, vous aviez perdu le repos. Et à quoi vous sert donc cet argent, qui vous a ôté le plus grand des biens ? Défaites-vous-en vîte; et buvez, mangez, dormez, travaillez, soyez heureux chez vous, si vous y pouvez tenir, ou ailleurs, si vous ne pouvez pas tenir chez vous.... Le chapelier répliqua brusquement : Non, Monsieur, je m'en irai à Génève. = Et tu crois que tu laisseras le remords ici ? = Je ne sais, mais j'irai à Génève. = Va où tu voudras, tu y trouveras ta conscience.

Le chapelier partit; sa réponse bizarre devint le sujet de l'entretien. On convint que peut-être la distance des lieux et du temps affoiblissoit plus ou moins tous les sentimens, toutes les sortes dè consciences, même celle du crime. L'assassin transporté sur le rivage de la Chine, est trop loin pour appercevoir le cadavre qu'il a laissé sanglant sur les bords de la Seine. Le remords naît peut-être moins de l'horreur de soi, que de la crainte des autres; moins de la honte de l'action, que du blâme et du châtiment qui la suivroient s'il arrivoit qu'on la découvrît. Et quel est le criminel clandestin assez tranquille dans l'obscurité, pour ne pas redouter la trahison d'une circonstance imprévue, ou l'indiscrétion d'un mot peu réfléchi ? Quelle certitude a-t-il qu'il ne se décélera point dans le délire de la fièvre ou du rêve ? On l'entendra sur le lieu de la scène; et il est perdu. Ceux qui l'environneront à la Chine, ne le comprendront pas. Mes enfans, les jours du méchant sont remplis d'alarmes. Le repos n'est fait que pour l'homme de bien. C'est lui seul qui vit et meurt tranquille. Ce texte épuisé, les visites s'en allèrent ; mon frère et ma sœur rentrèrent ; la conversation interrompue fut reprise, et mon père dit : Dieu soit loué ! nous voilà ensemble. Je me trouve bien avec les autres, mais mieux avec vous. Puis s'adressant à moi : Pourquoi, me demanda-t-il, n'as-tu pas dit ton avis au chapelier ? = C'est que vous m'en avez empêché. = Ai-je mal fait ? = Non, parce qu'il n'y a point de bon conseil pour un sot. Quoi donc, est-ce que cet homme n'est pas le plus

proche parent de sa femme ? Est-ce que le bien
qu'il a retenu ne lui a pas été donné en dot ?
Est-ce qu'il ne lui appartient pas au titre le plus
légitime ? Quel est le droit de ces collatéraux ?
Mon père. Tu ne vois que la loi, mais tu n'en
vois pas l'esprit. *Moi.* Je vois comme vous, mon
père, le peu de sûreté des femmes, méprisées,
haïes, à tort à travers de leurs maris, si la mort
saisissoit ceux-ci de leurs biens. Mais qu'est-ce
que cela me fait à moi, honnête homme, qui
ai bien rempli mes devoirs avec la mienne ? Ne
suis-je pas assez malheureux de l'avoir perdue ?
Faut-il qu'on vienne encore m'enlever sa dé-
pouille ? *Mon père.* Mais si tu reconnois la sagesse de là loi, il faut t'y conformer, ce me
semble. *Ma sœur.* Sans la loi il n'y a plus de
vol. *Moi.* Vous vous trompez, ma sœur. *Mon
frère.* Sans la loi tout est à tous, et il n'y a plus
de propriété. *Moi.* Vous vous trompez, mon frère.
Mon frère. Et qu'est-ce qui fonde donc la propriété ? *Moi.* Primitivement, c'est la prise de
possession par le travail. La nature a fait les bonnes
loix de toute éternité ; c'est une force légitime
qui en assure l'exécution ; et cette force, qui peut
tout contre le méchant, ne peut rien contre
l'homme de bien. Je suis cet homme de bien ;
et dans ces circonstances et beaucoup d'autres que
je vous détaillerois, je la cite au tribunal de mon
cœur, de ma raison, de ma conscience, au tri-

bunal de l'équité naturelle ; je l'interroge , je m'y
soumets ou l'annulle. *Mon père.* Prêche ces prin-
cipes-là sur les toits, e te promets qu'il feront
fortune , et tu verras les belles choses qui en
résulteront. = Je ne les prêcherai pas ; il y a
des vérités qui ne sont pas faites pour les fous ;
mais je les garderai pour moi. — Pour toi qui
es un sage ? = Assurément. = D'après cela ,
je pense bien que tu n'approuveras pas autrement la conduite que j'ai tenue dans l'affaire du
curé de Thivet. Mais toi , l'abbé, qu'en penses-
tu ? *L'abbé.* Je pense , mon père , que vous
avez agi prudemment de consulter , et d'en croire
le père Bouin ; et que si vous eussiez suivi votre
premier mouvement , nous étions en effet ruinés.
o n père. Et toi , grand philosophe, tu n'es
pas de cet avis ? = Non. = Cela est bien court.
Va ton chemin. = Vous me l'ordonnez ? =
Sans doute. = Sans ménagement ? = Sans doute.
= Non certes, lui répondis-je avec chaleur, je
ne suis pas de cet avis. Je pense , moi , que , si
vous avez jamais fait une mauvaise action dans
votre vie , c'est celle-là ; et que si vous vous fus-
siez cru obligé à restitution envers le légataire
après avoir déchiré le testament, vous l'êtes bien
davantage envers les héritiers pour y avoir manqué. *Mon père.* Il faut que je l'avoue , cette
action m'est toujours restée sur le cœur ; mais
le Père Bouin : *oi.* Votre Père Bouin , avec

toute sa réputation de science et de sainteté, n'étoit
qu'un mauvais raisonneur, un bigot à tête ré-
trécie. *Ma sœur, à voix basse.* Est-ce que ton
projet est de nous ruiner ? *Mon père.* Paix ! paix !
laisse là le Père Bouin ; et dis-nous tes raisons,
sans injurier personne. *Moi.* Mes raisons ? Elles
sont simples ; et les voici. Ou le testateur a voulu
supprimer l'acte qu'il avoit fait dans la dureté
de son cœur, comme tout concouroit à le démontrer ; et vous avez annullé sa résipiscence :
ou il a voulu que cet acte atroce eût son effet ;
et vous vous êtes associé à son injustice. *Mon père.*
A son injustice ? C'est bientôt dit. *Moi.* Oui,
oui, à son injustice ; car tout ce que le Père Bouin
vous a débité ne sont que de vaines subtilités,
de pauvres conjectures, des peut-être sans aucune valeur, sans aucun poids, auprès des
circonstances qui ôtoient tout caractère de va-
lidité à l'acte injuste que vous avez tiré de la
poussière, produit et réhabilité. Un coffre à paperasses ; parmi ces paperasses une vieille pa-
perasse proscrite ; par sa date, par son injustice, par son mélange avec d'autres paperasses ;
par la mort des exécuteurs, par le mépris des
lettres du légataire, par la richesse de ce légataire, et par la pauvreté des véritables héritiers !
Qu'oppose-t-on à cela ? Une restitution présumée!
Vous verrez que ce pauvre diable de prêtre, qui
n'avoit pas un sou lorsqu'il arriva dans sa cure,

et qui avoit passé quatre-vingts ans de sa vie
à amasser environ cent mille francs en entassant
sou sur sou, avoit fait autrefois aux Frémins,
chez qui il n'avoit point demeuré, et qu'il n'avoit
peut-être jamais connus que de nom, un vol de
cent mille francs. Et quand ce prétendu vol eût
été réel, le grand malheur que....! J'aurois brûlé
cet acte d'iniquité. Il falloit le brûler, vous dis-
je; il falloit écouter votre cœur, qui n'a cessé de
réclamer depuis, et qui en savoit plus que votre
imbécille Bouin, dont la décision ne prouve
que, l'autorité redoutable des opinions religieuses
sur les têtes les mieux organisées, et, l'influence
pernicieuse des loix injustes, des faux principes
sur le bon sens et l'équité naturelle. Si vous
eussiez été à côté du curé lorsqu'il écrivit cet
inique testament; ne l'eussiez-vous pas mis en
pièces? Le sort le jette entre vos mains; et vous
le conservez!.. *Mon père.* Et si le curé t'avoit
institué son légataire universel ?.... *Moi.* L'acte
odieux n'en auroit été que plus promptement
cassé.... *Mon père.* Je n'en doute nullement;
mais n'y a-t-il aucune différence entre le do-
nataire d'un autre, et le tien ?.... *Moi.* Aucune.
Ils sont tous les deux justes ou injustes, honnêtes
ou malhonnêtes.... *Mon père.* Lorsque la loi ordonne, après le décès, l'inventaire et la lecture
de tous les papiers, sans exception, elle a son
motif, sans doute; et ce motif, quel est-il?

Moi. Si j'étois caustique , je vous répondrois de dévorer les héritiers , en multipliant ce qu'on appelle des vacations : mais songez que vous n'étiez point l'homme de la loi ; et qu'affranchi de toute forme juridique , vous n'aviez de fonctions à remplir que celles de la bienfaisance et de l'équité naturelle.

Ma sœur se taisoit ; mais elle me serroit la main en signe d'approbation. L'abbé secouoit les oreilles ; et mon père disoit : Et puis encore une petite injure au Père Bouin. Tu crois du-moins que ma religion m'absout ? *Moi.* Je le crois ; mais tant pis pour elle. *Mon père.* Cet acte , que tu brûles de ton autorité privée , tu crois qu'il auroit été déclaré valide au tribunal de la loi ? *Moi.* Cela se peut ; mais tant pis pour la loi. *Mon père.* Tu crois qu'elle auroit négligé toutes ces circonstances, que tu fais valoir avec tant de force ? *Moi.* Je n'en sais rien ; mais j'en aurois voulu avoir le cœur net. J'y aurois sacrifié une cinquantaine de louis : ç'auroit été une charité bien faite ; et j'aurois attaqué le testament au nom de ces pauvres héritiers. *Mon père.* Oh ! pour cela , si tu avois été avec moi , et que tu m'en eusses donné le conseil, quoique , dans les commencemens d'un établissement, cinquante louis ce soit une somme , il y a tout à parier que je l'aurois suivi. *L'abbé.* Pour moi , j'aurois autant aimé donner cet argent aux pauvres héritiers qu'aux gens de justice. *Moi.*

Et vous croyez, mon frère, qu'on auroit perdu
ce procès? *Mon frère.* Je n'en doute pas. Les
juges s'en tiennent strictement à la loi, comme
mon père et le Père Bouin ; et font bien. Les
juges ferment, en pareil cas, les yeux sur les
circonstances, comme mon père et le Père Bouin,
par l'effroi des inconvéniens qui s'ensuivroient ;
et font bien. Ils sacrifient quelquefois contre le
témoignage même de leur conscience, comme
mon père et le père Bouin, l'intérêt du malheureux et de l'innocent qu'ils ne pourroient sauver sans lâcher la bride à une infinité de fripons ;
et font bien. Ils redoutent, comme mon père et
le père Bouin, de prononcer un arrêt équitable
dans un cas déterminé, mais funeste dans mille
autres par la multitude de désordres auxquels il
ouvriroit la porte, et font bien. Et dans le cas
du testament dont il s'agit.).... *Mon père.* Tes
raisons, comme particulières, étoient peut-être
bonnes ; mais comme publiques, elles seroient mauvaises. Il y a tel avocat peu scrupuleux, qui m'auroit
dit tête-à-tête : Brûlez ce testament ; ce qu'il n'auroit osé écrire dans sa consultation. *Moi.* J'entends ;
c'étoit une affaire à n'être pas portée devant les
juges. Aussi, parbleu ! n'y auroit-elle pas été
portée, si j'avois été à votre place. *Mon père.*
Tu aurois préféré ta raison à la raison publique ;
la décision de l'homme à celle de l'homme de loi.
Moi. Assurément. Est-ce que l'homme n'est pas

antérieur à l'homme de loi ? Est-ce que la raison
de l'espèce humaine n'est pas tout autrement
sacrée que la raison d'un législateur ? Nous nous
appelons civilisés ; et nous sommes pires que des
sauvages. Il semble qu'il nous faille encore tour-
noyer pendant des siècles, d'extravagances en
extravagances et d'erreurs en erreurs, pour arriver
où la première étincelle de jugement, l'instinct
seul, nous eût menés tout droit. Aussi nous nous
sommes si bien fourvoyés.... *Mon père.* Mon fils,
c'est un bon oreiller, que celui de la raison ; mais
je trouve que ma tête repose plus doucement
encore sur celui de la religion et des loix : et
point de réplique là-dessus ; car je n'ai pas besoin
d'insomnie. Mais il me semble que tu prends de
l'humeur. Dis-moi donc, si j'avois brûlé le testament, est-ce que tu m'aurois empêché de restituer. *Moi.* Non, mon père ; votre repos m'est
un peu plus cher que tous les biens du monde.
Mon père. Ta réponse me plaît, et pour cause.
Moi. Et cette cause, vous allez nous la dire ?
Mon père. Volontiers. Le chanoine Vigneron, ton
oncle, étoit un homme dur, mal avec ses confrères dont il faisoit la satyre continuelle par sa
conduite et par ses discours. Tu étois destiné à
lui succéder ; mais au moment de sa mort, on
pensa dans la famille qu'il valoit mieux envoyer en
cour de Rome, que de faire, entre les mains du
chapitre, une résignation qui ne seroit point agréée.

Le courier part. Ton oncle meurt une heure ou deux avant l'arrivée présumée du courier et voila le canonicat et dix-huit cent francs perdus. Ta mère, tes tantes, nos parens, nos amis étoient tous d'avis de céler la mort du chanoine. Je rejetai ce conseil; et je fis sonner les cloches sur-le-champ. *Moi.* Et vous fîtes bien. *Mon père.* Si j'avois écouté les bonnes femmes, et que j'en eusse eu du remords, je vois que tu n'aurois pas balancé à me sacrifier ton aumusse. *Moi.* Sans cela. J'aurois mieux aimé être un bon philosophe, ou rien, que d'être un mauvais chanoine.

Le gros prieur rentra, et dit, sur mes derniers mots qu'il avoit entendus : un mauvais chanoine ! Je voudrois bien savoir comment on est un bon ou un mauvais prieur, un bon ou un mauvais cha-noine ; ce sont des états si indifférens. Mon père haussa les épaules; et se retira pour quelques devoirs pieux qui lui restoient à remplir. Le prieur dit : J'ai un peu scandalisé le papa. *Mon frère.* Cela se pourroit. Puis, tirant un livre de sa poche: Il faut, ajouta-t-il, que je vous lise quelques pages d'une description de la Sicile par le père Labat. *Moi.* Je les connois. C'est l'histoire du Calsolaio de Messine. *Mon frère.* Précisément. *Le prieur.* Et ce Calsolaio, que faisoit-il ? *Mon frère.* L'historien raconte que, né vertueux, ami de l'ordre et de la justice, il avoit beaucoup à souffrir dans un pays où les loix n'étoient pas seule-

ment sans vigueur, mais sans exercice. Chaque
jour étoit marqué par quelque crime. Des assa-
sins connus marchoient tête levée, et bravoient
l'indignation publique. Des parens se désoloient
sur leurs filles séduites, et jetées du deshonneur
dans la misère, par la cruauté des ravisseurs. Le
monopole enlevoit à l'homme laborieux sa sub-
sistance et celle de ses enfans; des concussions
de toute espèce arrachoient des larmes amères
aux citoyens opprimés. Les coupables échappoient
au châtiment, ou par leur crédit, ou par leur
argent, ou par le subterfuge des formes. Le
Calsolaio voyoit tout cela; il en avoit le cœur
percé; et il rêvoit sans cesse sur sa selle, aux
moyens d'arrêter ces désordres. *Le prieur.* Que
pouvoit un pauvre diable comme lui? *Mon frère!*
Vous allez le savoir. Un jour, il établit une cour
de justice dans sa boutique. *Le prieur.* Comment
cela? *Moi.* Le prieur voudroit qu'on lui expédiât
un récit, comme il expédie ses matines. *Le prieur.*
Pourquoi non? L'art oratoire veut que le récit
soit bref; et l'évangile, que la prière soit courte.
Mon frère. Au bruit de quelque délit atroce,
il en informoit; il en poursuivoit chez lui une instruction rigoureuse et secrette. Sa double fonction de rapporteur et de juge remplie, le procès
criminel parachevé, et la sentence prononcée,
il sortoit avoit une arquebuse sous son manteau;
et, le jour, s'il rencontroit les malfaiteurs dans

quelques lieux écartés, ou la nuit, dans leurs tournées, il vous leur déchargeoit équitablement cinq ou six balles, à travers le corps. *Le prieur.* Je crains bien que ce brave homme-là n'ait été rompu vif. J'en suis fâché. *Mon frère.* Après l'exécution, il laissoit le cadavre sur la place sans en approcher, et regagnoit sa demeure, content comme quelqu'un qui auroit tué un chien enragé. *Le prieur.* Et tua-t-il beaucoup de ces chiens-là ? *Mon frère.* On en comptoit plus de cinquante, et tous de haute condition; lorsque le vice-roi proposa deux mille écus de récompense au délateur; et jura, en face des autels, de pardonner au coupable s'il se déféroit lui-même. *Le prieur.* Quelque sot ! *Mon frère.* Dans la crainte que le soupçon et le châtiment ne tombassent sur un innocent. *Le prieur.* Il se présenta au vice-roi ! *Mon frère.* Il lui tint ce discours : J'ai fait votre devoir; C'est moi qui ai condamné et mis à mort les scélérats que vous deviez punir. Voilà les procès-verbaux qui constatent leurs forfaits. Vous y verrez la marche de la procédure judiciaire que j'ai suivie. J'ai été tenté de commencer par vous; mais j'ai respecté dans votre personne le maître auguste que vous représentez. Ma vie est entre vos mains, et vous en pouvez disposer. *Le prieur.* Ce qui fut fait. *Mon frère.* Je l'ignore; mais je sais qu'avec tout ce beau zèle pour la justice, cet homme n'étoit qu'un meurtrier. *Le prieur.* Un meurtrier !

le mot est dur : quel autre nom pourroit-on lui
donner , s'il avoit assassiné des gens de bien ? *Moi.*
Le beau délire ! *Ma sœur.* Il seroit à souhaiter...
Mon frère , à moi. Vous êtes le souverain : cette
affaire est soumise à votre décision ; quelle sera-t-
elle ? *Moi.* L'abbé, vous me tendez un piège ;
et je veux bien y donner. Je condamnerai le
vice-roi à prendre la place du savetier ; et le
savetier, à prendre la place du vice-roi. *Ma sœur,*
Fort bien, mon frère.

Mon père réparut avec ce visage serein qu'il
avoit toujours après la prière. On lui raconta le
fait ; et il confirma le sentence de l'abbé. Ma sœur
ajouta : et voilà Messine privée , si-non du seul
homme juste , du – moins du seul brave citoyen
qu'il y eut. Cela m'afflige. On servit ; on dis-
puta encore un peu contre moi; on plaisanta
beaucoup le prieur sur sa décision du chapelier, et
le peu de cas qu'il faisoit des prieurs et des chanoi-
nes. On lui proposa le cas du testament ; au – lieu
de le résoudre , il nous raconta un fait qui lui
étoit personnel. *Le prieur.* Vous vous rappelez
l'énorme faillite du changeur Bourmont. *Mon père.*
Si je me la rappelle ! j'y étois pour quelque chose.
Le prieur. Tant mieux. *Mon père.* Pourquoi
tant mieux ? *Le prieur.* C'est que , si j'ai mal fait ,
ma conscience en sera soulagée d'autant. Je fus
nommé syndic des créanciers. Il y avoit parmi
les effets actifs de Bourmont un billet de cent

écus sur un pauvre marchand grenetier son voisin.
Ce billet, partagé au prorata de la multitude des
créanciers, n'alloit pas à douze sous pour chacun
d'eux; et exigé du grenetier; c'étoit sa ruine.
Je supposai....*Mon père.* Que chaque créancier
n'auroit pas refusé douze sous à ce malheureux;
vous déchirâtes le billet, et vous fîtes l'aumône
de ma bourse. *Le prieur.* Il est vrai; en êtes-
vous fâché? *Mon père.* Non. *Le prieur.* Ayez
la bonté de croire que les autres n'en seroient
pas plus fâchés que vous; et tout sera dit. *Mon
père.* Mais, monsieur le prieur, si vous lacérez
de votre autorité privée un billet, pourquoi n'en
lacérez-vous pas deux, trois, quatre; tout autant
qu'il se trouvera d'indigens à secourir aux dépens
d'autrui? Ce principe de commisération peut nous
mener loin, monsieur le prieur: la justice, la
justice. *Le prieur.* On l'a dit, est souvent une
grande injustice. Une jeune femme, qui occupoit le premier, descendit; c'étoit la gaîté et la
folie en personne. Mon père lui demanda des
nouvelles de son mari: ce mari étoit un libertin
qui avoit donné à sa femme l'exemple des mauvaises mœurs, qu'elle avoit, je crois, un peu
suivi; et qui, pour échapper à la poursuite de
ses créanciers, s'en étoit allé à la Martinique.
Madame d'Isigny, c'étoit le nom de notre loca-
taire, répondit à mon père: Monsieur d'Isigny?
Dieu merci! je n'en ai plus entendu parler; il

est peut-être noyé. *Le prieur.* Noyé! je vous
en félicite. *Madame d'Isigny.* Qu'est-ce que
cela vous fait, monsieur l'abbé? *Le prieur.* Rien;
mais à vous? *Madame d'Isigny,* Et qu'est-ce
que cela me fait à moi? *Le prieur.* Mais on dit....
Madame d'Isigny. Et qu'est-ce qu'on dit? *Le
prieur.* Puisque vous le voulez savoir, on dit
qu'il avoit surpris quelques-unes de vos lettres.
Madame d'Isigny. Et n'avois-je pas un beau
recueil des siennes?... Et puis voilà une querelle
tout-à-fait comique entre le prieur et Madame
d'Isigny sur les priviléges des deux sexes. Madame d'Isigny m'appela à son secours; et j'allois
prouver au prieur que le premier des deux époux,
qui manquoit au pacte, rendoit à l'autre sa liberté:
mais mon père demanda son bonnet de nuit, rompit la conversation, et nous envoya coucher.
Lorsque ce fut à mon tour de lui souhaiter la bonne
nuit, en l'embrassant je lui dis à l'oreille : Mon
père, c'est qu'à la rigueur il n'y a point de loix
pour le sage.... Parlez plus bas. ... Toutes
étant sujettes à des exceptions, c'est à lui qu'il
appartient de juger des cas où il faut s'y sou-
mettre ou s'en affranchir. Je ne serois pas trop
fâché, me répondit-il, qu'il y eut dans la ville
un ou deux citoyens comme toi; mais je n'y habi-
terois pas, s'ils pensoient tous de même.

PRINCIPES DE POLITIQUE

DES SOUVERAINS.

AVERTISSEMENT DE L'ÉDITEUR.

LE manuscrit autographe de cet ouvrage a pour titre : *Notes écrites de la main d'un Souverain à la marge de Tacite.* Ce souverain, c'est le roi de Prusse, qui expose ici les principes de sa politique, celle du-moins que Diderot lui supposoit. Comme il n'aimoit pas ce prince, dont il croyoit avoir à se plaindre, il lui prête souvent des maximes et des vues que Frédéric n'auroit certainement ni avouées, ni défendues. En un mot, ces notes sont une espèce de testament fait *ab irato* ; et que, par cela seul, il faut lire avec précaution. De retour dans ses foyers, après un long voyage ; entouré de sa famille et de ses amis qui ne lui rappeloient que des souvenirs doux, Diderot qui savoit aimer, mais qui ne savoit pas haïr, oublia des torts réels ou imaginaires. La raison tranquille et impartiale prit la place de la passion qui altère, qui dénature tous les objets, parce qu'elle les exagère tous. Il relut alors de sang-froid ces notes, qu'un ressentiment juste ou injuste avait dictées ; et que, dans l'un ou l'autre cas, la morale philosophique dont le premier article est renfermé dans ce vers de Voltaire,

Tous les humains ont besoin de clémence,

lui faisoit un devoir de proscrire. Il refondit donc tout l'ouvrage ; retrancha tous les passages qui pouvoient donner à un simple recueil d'observations sur la nature humaine le caractère d'une satyre ; et généralisant des maximes, qui, pour n'être pas directement applicables à tel ou tel souverain, ne perdent rien de leur justesse, il substitua au premier titre de cet écrit celui de *Principes de la politique des Souverains*. On y trouve néanmoins çà et là quelques paragraphes, où sans nommer le roi de Prusse, sans même le désigner par aucune opinion qui lui soit particulière, il fait parler ce prince à la première personne, et dans les principes qu'on lui attribue assez unanimement à tort ou à droit. J'en avertis ici, car on pourroit aisément s'y tromper ; et croire que, dans ces divers passages, où Diderot introduit tout-à-coup et même assez brusquement un interlocuteur qui expose ses idées sur le gouvernement des états, c'est lui-même qui parle en son propre nom.

PRINCIPES DE POLITIQUE

DES SOUVERAINS.

1. Entre les choses qui éblouissent les hommes, et qui excitent violemment leur envie, comptez l'autorité ou le désir de commander.

2. Regardez comme vos ennemis nés tous les ambitieux. Entre les hommes turbulens, les uns sont las ou dégoûtés de l'état actuel des choses; les autres, mécontens du rôle qu'ils font. Les plus dangereux sont des grands, pauvres et obérés, qui ont tout à gagner et rien à perdre à une révolution. *Sylla inops* (*), *undè præcipua audacia*; « Sylla n'avoit rien; et ce fut sur-tout son in-» digence qui le rendit audacieux ». L'injustice apparente ou réelle des moyens qu'on emploie contre eux, est effacée par la raison de la sécurité : ce principe passe pour constant dans toutes les sortes d'états ; cependant il n'en est pas moins atroce de perdre un particulier par la seule crainte que l'on a qu'il ne trouble l'ordre public. Il n'y a point de scélératesse à laquelle cette politique ne conduisît.

(*) Tacit. *Annal.* lib. 14, cap. 57.

O *

3. Il ne faut jamais manquer de justice dans les petites choses, parce qu'on en est récompensé par le droit qu'elle accorde de l'enfreindre impunément dans les grandes ; maxime détestable, parce qu'il faut être juste dans les grandes choses et dans les petites ; dans ces dernières, parce qu'on en 'exerce la justice plus facilement dans es grandes.

4. L'exercice de la bienfaisance, la bonté, ne réussissent point avec des hommes ivres de liberté et envieux d'autorité ; on ne fait qu'accroître leur puissance et leur audace. Cela se peut.

5. C'est aux souverains et aux factieux que je m'adresse ; lorsque les haines (*) ont éclaté, toutes les réconciliations sont fausses.

6. Faire une chose et avoir l'air d'en faire une autre, cela peut être dangereux ou utile ;

(*) C'est une observation de Tacite ; mais je ne me rappelle pas dans ce moment celui de ses ouvrages où elle se trouve. Je puis seulement assurer qu'il l'a exprimée avec cette précision qui caractérise son style, et dont on ne trouve de grands modèles que dans cet historien que Racine appelle avec raison *le plus grand peintre de l'antiquité. Voyez* la préface de Britannicus.

NOTE DE L'ÉDITEUR.

c'est selon lacirconstance, la chose et le souverain.

7. Prévoir des demandes, et les prévenir par une rupture ; maxime détestable.

8. Donner la galle à son chien ; maxime d'ingrat. J'en dis autant de la suivante. Offrir, et savoir se faire refuser.

9. Faire tomber le choix du peuple sur Camille, ou l'ennemi du tribun ; maxime tantôt utile, tantôt nuisible : utile, si le tribun est un factieux ; nuisible, si le tribun est un homme de bien.

10. Ignorer souvent ce qu'on sait, ou paroître savoir ce qu'on ignore ; cela est très-fin, mais je n'aime pas la finesse.

11. Apprendre la langue de Burrhus avec Néron, *mœrens ac laudans ;* il se désoloit, mais il louoit. Il falloit se désoler, mais il ne falloit pas louer. C'est ce qu'auroit fait Burrhus, s'il eût plus aimé la vérité que la vie.

12. Apprendre la langue de Tibère avec le peuple (*). *Verba obscura, perplexa, suspensa,*

(*) Ce sont plusieurs passages de Tacite que Diderot réunit ici en un seul.

NOTE DE L'ÉDITEUR.

eluctantia , in speciem recusantis composita.
« Mots obscurs, perplexes, indécis, esquivant
» toujours entre la grace et le refus ». Oui, c'est
ainsi qu'il faut en user , lorsqu'on craint et qu'on
s'avoue qu'on est haï et qu'on le mérite.

13. Etouffer en embrassant ; perfidie abominable.

14. Froncer le sourcil sans être fâché ; sourire
au moment du dépit ; pauvre ruse, dont on n'a
que faire quand on est bon , et qu'on dédaigne
quand on est grand.

15. Faire échouer par le choix des moyens ce
qu'on ne sauroit empêcher. J'approuve fort cette
ruse, pourvu que l'on s'en serve pour empêcher
le mal , et non pas pour empêcher le bien ; car
il est certain qu'il y a des circonstances où l'on
est forcé de suppléer à l'ongle du lion qui nous
manque, par la queue du renard.

16. Rester l'ami du pape , quand il est abandonné de tous les cardinaux ; c'est un moyen
de les servir plus sûrement ; c'est aussi un rôle
perfide et vil : il n'est pas permis d'être un traître ;
et de simuler l'attachement au pape , quand même
le pape est un brigand.

17. Placer un mouton auprès du souverain ,
quand on conspire contre lui. Pour bien sentir,

et la méchanceté des conspirateurs, et la bassesse du rôle du mouton, il ne s'agit que d'expliquer
ce que c'est qu'un mouton. On appelle ici un
mouton, un valet de prison qu'on enferme avec
un malfaiteur, et qui fait à ce malfaiteur l'aveu de
crimes qu'il n'a pas commis, pour obtenir de
ce dernier l'aveu de ceux qu'il a faits. Les cours
sont pleines de moutons; c'est un rôle qui est
fait par des amis, par des connoissances, par
des domestiques, et sur-tout par les maîtresses.
Les femmes ne sont jamais (*) plus dissolues
que dans les temps de troubles civils; elles se
prostituent à tous les chefs et à tous ceux qui les
approchent, sans autre dessein que celui de connoître leurs secrets et d'en user pour leur intérêt ou celui de leur famille. Sans compter qu'elles
en retirent un air d'importance dont elles sont
flattées. Le cardinal de Retz avoit beaucoup d'esprit, mais il étoit très-laid; ce qui ne l'empêcha
point d'être agacé par les plus jolies femmes de
la cour pendant tout le temps de la Fronde.

18. Savoir faire des coupables; c'est la seule

(*) Conférez ici ce que Diderot dit sur le même
sujet et dans le même sens, dans son écrit *sur les
Femmes*, pag. 1407 et suiv. tome XII de cette édit.
de ses Œuvres.

NOTE DE L'ÉDITEUR.

ressource des ministres atroces pour perdre des gens de bien qui les gênent. Il est donc très-important d'être en garde contre cette espèce de méchanceté.

19. Sévir contre les innocens, quand il en est besoin ; il n'y a point d'honnête homme que ne puisse faire trembler cette maxime qu'on ne manque jamais de colorer de l'intérêt public.

20. Penser une chose, en dire une autre ; mais avoir plus d'esprit que Pompée. Pompée n'auroit pas eu besoin d'esprit, s'il avoit su faire ce qui convenoit à son caractère, dire vrai ou se taire, d'autant plus qu'il mentoit mal-adroitement.

21. Ne pas outrer la dissimulation, s'attrister de la mort de Germanicus, mais ne la pas pleurer. Alors les larmes, évidemment fausses, n'en imposent à personne, et ne sont que ridicules.

22. Parler de son ennemi avec éloge ; si c'est pour lui rendre la justice qu'il mérite, c'est bien fait ; si c'est pour l'entretenir dans une fausse sécurité et le perdre plus sûrement, c'est une perfidie.

23. Publier soi-même (*) une disgrace : souvent

(*) Cette maxime paroit n'être qu'une foible réminiscence de ce beau passage de Tacite : « At Vitellius, fractis apud Cremonam rebus, nuntios

c'est un acte de prudence ; cela empêche les autres de vous en faire rougir et de l'exagérer.

24. Demander la fille d'Antigone pour épou- ser la sœur d'Alexandre, mais être plus fin que Perdiccas. Perdiccas n'eut ni l'une ni l'autre.

25. Donner de belles raisons. Il seroit beaucoup mieux de n'en point donner du tout, ou d'en donner de bonnes.

26. Remercier des comices quinquinnales ; cela signifie dissimuler un événement qui nous déplaît , et que nous n'avons pas pu empêcher , comme fit Tibère ; il avoit tout à craindre des assemblées

---

» cladis occultans , STULTA DISSIMULATIONE , re-
» media potiùs malorum quàm mala differebat. Quip-
» pe confitenti consultantique supererant spes vires-
» que : cum è contrario læta omnia fingeret , falsis
» ingravescebat. Mirum apud ipsum de bello silen-
» tium : prohibiti per civitatem sermones , EOQUE
» PLURES : ac si liceret , vera narraturi , QUIA VE-
» TABANTUR , ATROCIORA VULGAVERANT ». *Hist.*
lib. 3 , cap. 54.

Voilà ce qu'il faudroit graver en lettres d'or sur l'intérieur des murs du palais des souverains , sur le bureau de leurs ministres , et en général de tous ceux qui gouvernent , sous quelque dénomination que ce soit.

NOTE DE L'ÉDITEUR.

du peuple ; il auroit fort desiré qu'elles fussent
rares ou qu'elles ne se fissent plus : elles furent ré-
glées à cinq ans ; et Tibère en remercia et le peuple
et le sénat (*).

27. La fin de l'empire et la fin de la vie,
événement du même jour.

28. Ne lever jamais la main sans frapper. Il
faut rarement lever la main, peut-être ne faut-il
jamais frapper ; mais il n'en est pas moins vrai,
qu'il y a des circonstances où le geste est aussi
dangereux que le coup. Dé-là, la vérité de la
maxime suivante.

29. Frapper juste.

3o. Proclamer César , quand il est dans Rome ;
c'est ce que firent Cicéron , Atticus , et une
infinité d'autres. Mais c'est ce que Caton ne fit pas.

(*) Je trouve tout le contraire dans Tacite. *Voyez*
Annal. lib. 2 , cap 36 et 37. Si Diderot parle d'un
autre fait arrivé quelques années après , je ne m'en
rappelle aucun de ce genre dont Tacite ait fait men-
tion. Mais ma mémoire peut être ici en défaut ; et
j'aime mieux m'en rapporter à celle de Diderot :
cæterùm fides ejus rei penes auctorem erit.

NOTE DE L'ÉDITEUR.

31. Être le premier à prêter serment , à moins qu'on n'ait affaire à Catherine de Russie et qu'on ne soit le comte de Munick ; cas rare. Le comte de Munick resta attaché à Pierre III jusqu'à sa mort ; après la mort de Pierre III, le comte se présenta devant l'Impératrice régnante, et lui dit : » Je n'ai plus de maître , et je viens vous prêter » serment ; je servirai votre majesté avec la même » fidélité que j'ai servi Pierre III ».

32. Ne jamais séparer le souverain de sa personne. Quelque familiarité que les grands nous accordent , quelque permission qu'ils semblent nous donner d'oublier leur rang , il ne faut jamais les prendre au mot.

33. Appeler ses esclaves des citoyens ; c'est fort bien fait ; mais il vaudroit mieux n'avoir point d'esclaves.

34. Toujours demander l'approbation dont on peut se passer : c'est un moyen très-sûr de dérober au peuple sa servitude.

35. Toujours mettre le nom du sénat avant le sien. *Ex senatûs-consulto , et auctoritate Cæsaris.* On n'y manque guère , quand le sénat n'est rien.

36. N'attendre jamais le cas de la nécessité ;

Vie de Sénèque , TOME II.　　　　P

le prévoir et le prévenir. Lorsque la majesté n'en impose plus, il est trop tard. Cette maxime qui est excellente sur le trône, n'est pas moins bonne dans la famille et dans la société.

37. Lorque le peuple s'écrie : Donnons donc l'empire à César, sans quoi l'armée reste sans chef, le peuple ment. C'est un adulateur dangereux qui cède à la nécessité. Cet homme aujourd'hui si essentiel à son salut, il le tuera demain. Ce qui fait sentir l'importance de la maxime suivante.

38. Connoître quand le peuple veut, ou fait semblant de vouloir ; cette maxime n'est pas moins importante dans le camp. Connoître quand le soldat veut, ou fait semblant de vouloir.

39. Connoître quand le peuple veut, par intérêt ou par enthousiasme. La Hollande n'a voulu un *Stathouder* héréditaire, que par enthousiasme.

40. Se faire solliciter de ce qu'on veut faire; secret d'Auguste.

41. Convenir que les loix sont faites pour tous, pour le souverain et pour le peuple; mais n'en rien croire. Ils parlent tous comme Servius Tullius, et en usent tous avec la loi comme Tarquin

avec Lucrèce. Mais il faudroit, quand on oublie la justice, se rappeler de temps en temps le sort de Tarquin.

42. Lorsque Tibère balançoit entre ce qu'il devoit aux lois et ce qu'il devoit à ses enfans, il s'amusoit.

43. J'aime le scrupule de ce pape, qui ne permit point qu'on ordonnât prêtres ses enfans avant l'âge; mais qui les fit évêques.

44. Toujours respecter la loi qui ne nous gêne pas, et qui gêne les autres. Il seroit mieux de les respecter toutes.

45. Un souverain ne s'accuse jamais qu'à Dieu, mais c'est qu'il ne pèche jamais qu'envers lui, cela est clair.

46. Affranchir les esclaves lorsqu'on a besoin de leur témoignage contre un maître qu'on veut perdre. Donner (1) la robe virile à l'enfant qu'on doit mener au supplice. Faire violer (2) entre le

_____

(1) *Voyez* Dion in August. lib. 47, cap. 6, pag. 495, edit. Reimar.

NOTE DE L'ÉDITEUR.

(2) « Tradunt temporis ejus auctores, quia trium-
» virili supplicio affici virginem inauditum habe-
» batur, à carnifice laqueum juxtà compressam exin

lacet et le bourreau , la jeune vierge pour la rendre femme et punissable de mort, voilà ce qu'on appelle respecter les lois à la manière des anciens souverains : il est vrai que ceux d'aujourd'hui ne connoissent pas ces atrocités.

47. Au trait historique qui précède, on peut ajouter , par explication, dépouiller une femme de la dignité de matrone par l'exil, afin de décerner la mort, non contre une matrone, ce qui seroit illégal ; mais bien contre une exilée, ce qui est juste et permis. Toute cette horrible morale se comprend en deux mots ; infliger une première peine juste ou injuste, pour avoir le droit d'en infliger une seconde.

48. Je vous recommande un tel, afin qu'il obtienne par votre suffrage le grade qu'il poursuit. C'est ainsi qu'on persuade à un corps qui n'est rien, qu'il est quelque chose. Un maître n'a guère cette condescendance que lorsqu'il est foible,

---

» oblisis faucibus , id ætatis corpora in gemonias » abjecta ». Il s'agit ici de la fille de Séjan, que Tibère fit violer ainsi par le bourreau. *Tyran subtil et cruel*, dit très-bien Montesquieu , *il détruisoit les mœurs pour conserver les coutumes*. Voyez Tacite, *Annal.* lib. 5 , cap. 9 ; et *l'Esprit des loix* , liv. 12 , chap. 14.

NOTE DE L'ÉDITEUR.

et ne se croit pas en état de déployer toute son autorité sans quelque conséquence fâcheuse.

49. Faire parler le prêtre dans l'occasion où il est à propos de rendre le ciel responsable de l'événement; ce moyen, assez sûr, suppose toujours un peuple superstitieux; il vaudroit bien mieux le guérir de sa superstition et ne le pas tromper.

50. Le glaive et le poignard, *gladius et pugio,* étoient la marque de la (*) souveraineté à Rome. Le glaive pour l'ennemi, le poignard pour le tyran. Le sceptre moderne ne représente, dans la main de celui qui le porte, que le droit de vie et de mort sans formalité.

51. Ne point commander de crime, sans avoir pourvu à la discrétion, c'est-à-dire à la mort

---

(*) J'ignore où Diderot a trouvé ce fait, que je n'ai lu dans aucun auteur. Suétone parle seulement de deux registres secrets, dont l'un avoit pour titre *Gladius,* et l'autre *Pugio.* Ces deux espèces de listes ou de tables de proscription qu'on trouva après la mort violente de Caligula, étoient écrites de sa propre main; et on y lisoit, avec des notes particulières, les noms de tous les personnages distingués de chaque ordre que ce monstre avoit dessein de faire mourir avant son départ pour Alexandrie. *Voyez* Suétone *in Cajo,* cap. 49, edit. Pitisc.

NOTE DE L'ÉDITEUR.

de celui qui l'exécute ; c'est ainsi qu'un forfait
en entraîne un autre. Si les complices des grands
y réfléchissoient bien , ils verroient que leur mort,
presqu'infaillible , est toujours la récompense de
leur bassesse.

52. Susciter beaucoup de petits appuis contre
un appui trop fort et dangereux ; cela me paroît
rudent.

53. Quand on a été conduit au trône par une
Agrippine ; la reconnoissance de Néron. Il n'y
a pas à balancer. Reste à savoir si un trône est
d'un assez grand prix , pour devoir être conservé
par un parricide. On n'en couronne guère un
autre qu'à la condition de régner soi-même ; et
voilà la raison de tant de disgraces qui suivent
les révolutions. On appelle le souverain ingrat ,
tandis qu'il falloit appeler le favori disgracié ,
homme despote.

54. Quand on ne veut pas être foible , il faut
souvent être ingrat ; et le premier acte de l'autorité souveraine est de cesser d'être précaire.

55. Faire sourdement ce qu'on pourroit faire
impunément avec éclat, c'est préférer le petit
rôle du renard à celui du lion.

56. Rugir quelquefois , cela est essentiel ; sans
cette précaution le souverain est souvent exposé
une familiarité injurieuse.

57. Accroître la servitude sous le nom de pri-vilége ou de dispenses ; c'est, dans l'un et l'autre cas , dire de la manière la moins offensante pour le favorisé et la plus injuste pour toute la nation , qu'on est le maître. Toute dispense est une in-fraction de la loi ; et tout privilége est une at-teinte à la liberté générale.

58. Attacher le salut de l'état à une personne ; préjugé populaire , qui renferme tous les autres. Attaquer ce préjugé , crime de lèze-majesté au premier chef.

59. Tout ce qui n'honore que dans la monar-chie , n'est qu'une patente d'esclavage.

60. Souffrir le partage de l'autorité , c'est l'avoir perdue : *Aut nihil , aut Cæsar.* Aussi le peuple ne choisit ses tribuns que parmi les praticiens.

61. Se presser d'ordonner ce qu'on feroit sans notre consentement ; on masque au-moins sa foiblesse par cette politique. Ainsi , proroger le décemvirat avant qu'Appius Claudius le demande.

62. Un état chancèle, quand on en ménage les mécontens. Il touche à sa ruine , quand la crainte les éleve aux premières dignités.

63. Méfiez-vous d'un souverain qui sait par cœur Aristote , Tacite, Machiavel et Montesquieu.

64. Rappeler de temps-en-temps leurs devoirs

aux grands, non pour qu'ils s'amendent, mais pour qu'on sache qu'ils ont un maître. Ils s'amenderoient peut-être, s'ils étoient sûrs d'être châtiés toutes les fois qu'ils manquent à leurs devoirs.

65. Celui qui n'est pas maître du soldat, n'est maître de rien.

66. Celui qui est maître du soldat, est maître de la finance.

67. Sous quelque gouvernement que ce fût, le seul moyen d'être libre, ce seroit d'être tous soldats; il faudroit que dans chaque condition le citoyen eût deux habits, l'habit de son état et l'habit militaire. Aucun souverain n'établira cette éducation.

68. Il n'y a de bonnes remontrances que celles qui se feroient la baïonnette au bout du fusil.

69. Exemple (*) de la jalousie de la souveraineté.

_____

(*) Diderot incapable de s'assujettir à ne voir dans un livre que ce qui s'y trouve, raisonne ici sur des faits qui n'ont de réalité que dans son imagination. Il brouille et confond tout. C'est entre Drusus, son propre fils, et Germanicus, son fils adoptif, que Tibère, pour se mettre lui-même plus en sûreté, partagea le commandement des légions: *Seque tutiorem rebatur, utroque filio legiones obtinente.* Mais

Tibère donna le commandement des légions à
ses deux fils, et il se fâcha que le prêtre eût
fait des (*) prières pour eux. On en feroit peut-
être autant aujourd'hui. Il faut prier pour le succès
des armes de Louis XIV, mais non pour le succès
des armes de Turenne.

---

ce n'est pas en faveur de ces deux princes que les pontifes firent des prières qui leur attirèrent de la part
de l'empereur une légère réprimande (*modice pers-
tricti*). C'est Néron et Drusus, tous les deux fils
d'Agrippine et de Germanicus, que les prêtres recommandèrent aux dieux; et ces deux princes n'ont
jamais commandé les légions. Ainsi cet exemple de
la jalousie de la souveraineté est mal choisi, puisqu'il s'agit, dans les deux faits que Diderot a liés mal
à propos, de personnages très-différens. *Voyez* la
note suivante.

NOTE DE L'ÉDITEUR.

(*) Ce fait, tel que Diderot le présente ici, et
séparé des circonstances qui l'accompagnent dans
Tacite, est assez insignifiant : mais il n'en est pas
de même, lorsqu'on le lit dans l'original. Ces mêmes circonstances que Diderot a négligées ou omises,
sans doute parce qu'il a cité de mémoire, deviennent alors autant de nuances différentes du caractère
de Tibère, autant de traits qui le font mieux connoître. On en va juger. Les pontifes, et à leur
exemple les autres prêtres, en faisant des vœux pour
la conservation de l'empereur, recommandèrent aussi
aux dieux Néron et Drusus. Tibère qui avoit toujours traité durement la famille de Germanicus (*haud*

70. Il me tombe sous les yeux un passage de Salluste, où il me semble que je lis le plan de l'éducation de la maison des Cadets russes. L'Historien fait ainsi parler Marius (*) : Je n'ai point appris les lettres ; je me souciois peu d'une étude

<hr>

unquam domui Germanici mitis) fut très-offensé de ce qu'on égaloit aussi des enfans à un homme de son âge ; et il avertit le sénat de ne point enorgueillir, désormais, par des honneurs prématurés, des têtes jeunes et légères. *Tum verò æquari adolescentes senectæ suæ, impatienter indoluit... cæterum in senatu, oratione monuit in posterum, ne quis mobiles adolescentium animos præmaturis honoribus ad superbiam extolleret.* Annal. lib. 4, cap. 17. On voit par cet exposé, que Diderot n'est point entré dans la pensée de Tacite ; et que le principe général qu'il veut établir ici, quoique vrai en lui-même et fondé sur l'expérience, ne peut pas se déduire de la conduite de Tibère dans cette circonstance.

NOTE DE L'ÉDITEUR.

(*) « Neque litteras græcas didici : parùm placebat
» eas discere, quippe quæ ad virtutem doctoribus
» nihil profuerunt. At illa multo optuma reipu-
» blicæ doctus sum : hostem ferire, præsidia agi-
» tare ; nihil metuere, nisi turpem famam ; hie-
» mem et æstatem jùxtà pati ; humi requiescere,
» eodem tempore inopiam et laborem tolerare....
» hæc atque talia majores vestri faciundo seque rem-
» que publicam celebravere ». *Sallust.* Jugurtha,
cap. 85, edit. Edimburg, 1755.

NOTE DE L'ÉDITEUR.

qui ne donnoit aucune énergie à ceux qui s'y
livroient ; j'ai appris des choses d'une tout autre
importance pour la république. Frapper l'ennemi,
susciter des secours, ne rien craindre que la mauvaise réputation, souffrir également le froid et le
chaud, reposer sur la terre, supporter en-même-
temps la disette et le travail ; c'est en faisant ces
choses que nos ancêtres ont illustré la république.
Là, on ne destine à l'état civil, à la magistrature, aux sciences, que ceux qui y sont entraînés
par leur penchant naturel ; les autres sont élevés
comme Marius. On travaille actuellement à introduire dans cette maison un plan d'éducation
morale, qui balance la vigueur de l'éducation physique. Plus l'homme est fort, plus il importe qu'il
soit juste.

71. Peinture de la conduite du consul Rutilius à
Capoue, que les soldats mutinés avoient projeté secrètement de piller. Il dit aux uns qu'ils ont assez servi, qu'ils méritent d'être stipendiés ; aux autres, que
brisés par l'âge et la fatigue, ils sont hors d'état de
servir ; il disperse par petites troupes, ou seul à seul,
ceux qu'il redoute ; différentes fonctions mili-
taires lui servent de prétexte ; il en occupe à
des convois, à des voyages, à des commissions ;
il donne des congés, il en dépêche à Rome,
où son collègue ne manque pas de raisons pour
les retenir ; il est secondé par le préteur, et la

conspiration s'évanouit; ce qui prouve combien la discipline étoit foible, et combien la licence du soldat étoit redoutable.

72. Éparpiller les soldats par-tout où ils sont indisciplinés, comme on éparpilloit les armées sous la république romaine; *Longis spatiis discreti exercitus, quod saluberrimum est ad continendam militarem fidem* (1).

73. Il est facile de détourner les hommes nouveaux de leurs projets, si l'on sait oublier à temps sa majesté, et profiter des circonstances.

74. Ebranler la nation pour raffermir le trône; savoir susciter une guerre; ce fut le conseil d'Alcibiade à Périclès.

75. « C'est l'affaire des dieux, ce n'est pas » la nôtre. C'est au ciel à venger (2) ses injures, » et à veiller que les autels et les sacrifices ne » soient pas profanés. Nos fonctions se réduisent

---

(1) Tacit. *Hist.* lib. I, cap. 9, fin.

(2) *Deorum injurias diis curæ.* C'est un mot de Tibère, par lequel ce prince, qui avoit un sens très-droit quand la haine ou le ressentiment n'égaroit pas sa raison, termine la réponse judicieuse qu'il fit au sénat dans l'affaire de Rubrius et du comédien Cassius. *Voyez* Tacite, *Annal.* lib. I, cap. 73.

NOTE DE L'ÉDITEUR.

» dans ce moment à souhaiter qu'il n'en arrive
» aucun malheur à la république ». Discours
d'hypocrites , qui prennent le peuple par son
foible.

76. On lit, dans les politiques d'Aristote, que, de
son temps , dans quelques villes, on juroit et
l'on dénonçoit haine ; toute haine au peuple.
(*Voyez* livre v, chap. ix.) Cela se fait par-tout ;
mais on y jure le contraire. Cette impudence ne
se conçoit pas.

77. Helvétius n'a vu que la moitié de la con-
tradiction. Dans les sociétés les plus corrompues ,
on élève la jeunesse pour être honnête ; sous les
gouvernemens les plus tyranniques , on l'élève
pour être libre. Les principes de la scélératesse
sont si hideux , et ceux de l'esclavage si vils ,
que les pères qui les pratiquent rougissent de les
prêcher à leurs enfans. Il est vrai que dans
l'un et l'autre cas l'exemple remédie à tout.

78. Presque pas un empire qui ait les vrais
principes qui conviennent à sa constitution ; c'est
un amas de loix , d'usages , de coutumes , inco-
hérens. Par-tout vous trouverez le parti de la
cour, et le parti de l'opposition.

79. On veut des esclaves pour soi : on veut
des hommes libres pour la nation.

80. Dans les émeutes populaires on diroit que

chacun est souverain , et s'arroge le droit de vie
et de mort.

81. Les factieux attendent les temps de ca-
lamité, de disette, de guerres malheureuses , de
disputes de religion ; ils trouvent alors le peuple
tout prêt.

82. Long-temps avant la déposition et la mort
du dernier empereur de Russie , la nation étoit
imbue qu'il se proposoit d'abolir la religion schis-
matique grecque , et de lui substituer la religion
luthérienne.

83. Un souverain foible pense ce qu'un souverain
fort exécute. Par exemple , tout ce qui suit :

84. Il faut que le peuple vive , mais il faut
que sa vie soit pauvre et frugale ; plus il est
occupé, moins il est factieux ; et il est d'autant
plus occupé , qu'il a plus de peine à pourvoir
à ses besoins.

85. Pour l'appauvrir , il faut créer des gens
qui le dépouillent, et dépouiller ceux-ci ; c'est
un moyen d'avoir l'honneur de venger le peuple,
et le profit de la spoliation.

86. Il faut lui permettre la satire et la plainte :
la haine renfermée est plus dangereuse que la
haine ouverte.

87. Il faut être loué , cela est facile. On cor-

rompt les gens de lettres à si peu de frais ; beaucoup d'affabilité et de caresses , et un peu d'argen'.

88. Il faut établir la proportion et la dépendance
dans tous les états ; c'est-à-dire , une servitude
et une misère égales. Il faut sur-tout exercer la
justice ; rien n'attache et ne corrompt le peuple
plus sûrement.

89. Il faut que la justice soit prompte ; car
moins on leur laisse , moins ils ont de temps à
perdre.

90. Ne pas permettre aux riches de voyager ;
encore moins aux étrangers qui se sont enrichis,
de sortir sans les dépouiller.

91. Tout sacrifier à l'état militaire ; il faut
du pain aux sujets , il (*) me faut des troupes
et de l'argent.

92. Tous les ordres de l'état se réduisent à
deux , des soldats et leurs pourvoyeurs.

93. Ne former des alliances , que pour semer
des haines.

94. Allumer et faire durer la guerre entre mes
voisins.

(*) Voilà un de ces articles , dont j'ai parlé dans
l'avertissement qui précède cet ouvrage.

NOTE DE L'ÉDITEUR.

95. Toujours promettre des secours, et n'en point envoyer (1).

96. Profiter des troubles, pour exécuter ses desseins ; stipendier l'ennemi de son allié.

97. Point de ministres au loin, mais des espions.

98. Point de ministres chez soi, mais des commis.

99. Il n'y a qu'une personne dans l'empire, c'est moi (2).

100. Dévaster dans la guerre ; emporter tout ce qu'on peut ; briser tout ce qu'on ne peut emporter.

101. Être le premier soldat de son armée.

102. Je me (3) soucie fort peu qu'il y ait

---

(1) C'est précisément ce que Catherine II, déjà oubliée, n'a cessé de faire dans la guerre aussi atroce qu'injuste que l'empereur et ses alliés ont suscitée et soutenue contre la République Françoise. Elle promettoit, tous les jours, à ce prince crédule et sans expérience, de lui envoyer douze vaisseaux de ligne et vingt-quatre mille hommes : et il les attend encore.

NOTE DE L'ÉDITEUR.

(2) *Voyez* la note de la page précédente.

(3) *Voyez* sur cette maxime et les quatre suivantes, l'avertissement de l'Editeur, vers la fin.

des lumières, des poëtes, des orateurs, des peintres, des philosophes ; et je ne veux que de bons généraux ; la science de la guerre est la seule utile.

103. Je me soucie encore moins des mœurs, mais bien de la discipline militaire.

104. Le seul bon gouvernement ancien, est, à mon avis, celui de Lacédémone ; ils auroient fini par subjuguer la Grèce entière.

105. Mes sujets ne seront que des ilotes sous un nom plus honnête.

106. Mes idées suivies par cinq ou six successeurs, conduiroient infailliblement à la monarchie universelle.

107. Tenir constamment pour ennemi celui qu'on ne peut compter pour ami, et ne compter pour ami que celui qui a intérêt à l'être.

108. Être neutre, ou profiter de l'embarras des autres pour arranger ses affaires, c'est la même chose.

109. Demander la neutralité entre soi et les autres ; mais ne la point souffrir entre les autres et soi.

110. Marier ses soldats, ou les occuper pendant la paix à en faire d'autres.

P *

111. Faire soldat qui l'on veut.

112. Point de justice du soldat à son pourvoyeur; le peuple.

113. Point de discipline du soldat à l'ennemi; la proie.

114. Secourir, ou subsister aux dépens d'autrui, c'est comme je l'entends.

115. Empêcher l'émigration du citoyen par le soldat, et empêcher la désertion du soldat par le citoyen.

116. Punir le malheur dans la guerre, c'est prêcher énergiquement la maxime, *vaincre ou mourir*.

117. L'impunité pendant la paix, la certitude de la proie après la victoire ; voilà le véritable honneur du soldat, c'est le seul que je lui veuille. Je n'en veux d'aucune sorte aux autres ordres de l'état.

118. L'habitant indigent doit spolier le voyageur.

119. Mal tenir les postes dans un pays où l'on ne voyage que par nécessité.

120. Le besoin satisfait, le reste appartient au fisc.

121. La discipline militaire, la plus parfaite de toutes, est bonne par-tout et possible par-tout.

122. Entre une société de fer et une société de glace ou de porcelaine, il n'y a pas à choisir.

123. Faire des crimes. Torquatus Silanus (1) a eu des nobles, *quos ab epistolis, et libellis, et rationibus* appellet, *nomina summæ curæ, et meditamenta.* Pomposianus s'est fait descendre de la famille impériale (2); il a une mappe-monde, il colporte les harangues que Tite-Livre a mises dans la bouche des chefs et des rois; il a donné à des esclaves les noms d'Annibal et de Magon. La statue de Marcellus est située (3)

---

(1) *Voyez* Tacite, *Annal.* lib. 15, cap. 35. Je rétablis ici le texte de cet historien que Diderot cite presque toujours d'une manière peu exacte, et qu'il obscurcit souvent en supprimant sans nécessité ce qui le rendroit clair et intelligible pour tout le monde. Il faut écouter Diderot lorsqu'il raisonne; sa logique est précise et serrée; il est chaud, pathétique, éloquent, persuasif; il porte la lumière dans l'esprit; mais on ne peut trop se défier de lui, quand il cite : je ne connois pas en ce genre un plus mauvais guide. Il est rare qu'il s'autorise d'un fait sans l'altérer.

NOTE DE L'ÉDITEUR.

(2) *Voyez* Suetone, in Domitiano, cap. 10. C'est sur ces différens chefs d'accusation tous plus ou moins vagues et insignifians, que le cruel Domitien exila Pomposianus.

NOTE DE L'ÉDITEUR.

(3) C'est une partie de l'accusation que Romanus

plus haut que celle de César. C'est avec de pareils moyens de perdre, que personne n'est en sûreté.

124. Alexandre dira qu'Antipater a vaincu ; mais à condition qu'Antipater n'en conviendra pas.

125. Quand on sert les grands, toujours avoir moins d'esprit qu'eux. Témoin la disgrace de Pimentel, secrétaire de Philippe II, roi d'Espagne ; au sortir d'un conseil d'état, il dit à sa femme • Madame, faites vos malles ; j'ai eu la mal-adresse de laisser appercevoir à Philippe que j'en savois plus que lui.

126. Malheur à celui dont on parlera trop.

127. Malheur à celui qui s'illustrera par ses services.

128. Malheur à celui qui m'aura mis dans l'alternative d'oublier ou la majesté ou la sécurité.

129. S'ils vainquent, c'est que je leur ai prêté mes dieux et mon destin.

130. Un roi n'est ni père, ni fils, ni frère, ni parent, ni époux, ni ami. Qu'est-il donc ? Roi, même quand il dort.

———————————

Hispo, cet homme dont Tacite fait un portrait si hideux, intenta contre Granius Marcellus. *Voyez* Tacite. *Annal.* lib. I, cap. 74.

NOTE DE L'ÉDITEUR.

131. Le courtisan ne jure que par le roi , et par son éternité.

132. Le soldat est notre défenseur pendant la guerre , notre ennemi dans la paix ; il est toujours dans un camp , il ne fait qu'en changer.

133. La terreur est une sentinel'e qui manque un jour à son poste.

134. Puisse (*) Agrippine n'aller jamais à Tybur sans son fils ; puisse son fils n'en revenir jamais sans elle !

135. Renvoyer la garde prétorienne ; ce fut là le solécisme de César ; et ce solécisme-là lui coûta la vie.

136. Caligula se fit garder par des Bataves , et Antonin par des Germains.

137. Rien à demi. Pompée avoit eu la tête coupée ; César étoit poignardé ; il falloit assassiner Antoine et Lépide. Octave étoit trop éloigné et trop plat pour oser quelque chose.

138. La position de Tibère après la révolte

(*) Il y a dans le manuscrit autographe de Diderot: « Puisse l'impératrice n'aller jamais à Sarkozelo sans » son fils ! puisse son fils n'en revenir jamais sans » elle ! »

NOTE DE L'ÉDITEUR.

de l'Illyrie , fort semblable à celle de Catherine après la révolution ; *Periculosa severitas ; flagitiosa largitio* (1).

139. Lorsque le prêtre favorise une innovation, elle est mauvaise ; lorsqu'il s'y oppose, elle est bonne. J'en appelle à l'histoire. C'est le contraire du peuple.

140. Sous Auguste , l'empire étoit borné par l'Euphrate à l'orient ; par les cataractes du Nil et les déserts d'Afrique , au midi ; par le Mont Atlas , à l'occident ; et par le Danube et le Rhin , au septentrion. Cet empereur se proposoit d'en restreindre les limites. Plus un empire est étendu, plus il est difficile à gouverner, et plus il est important que la capitale soit au centre. On peut en restreindre le gouvernement, en le divisant, multiplier les gouverneurs des provinces et les changer souvent.

141. Avis aux factieux. Auguste fit périr les assassins de César au bout de trois ans. Septime Sévère traita de même ceux qui tuèrent Pertinax; Domitien , l'affranchi qui préta sa main à Néron ; Vitellius (2), les meurtriers de Galba. On profite

(1) Tacit. *Annal.* lib. 1 , cap. 36.

(2) « Plures quam CXX libellos (les requêtes des » meurtriers de Galba) præmia exposcentium , ob

du crime, et on s'honore encore par le châtiment du criminel.

149. Après la mort du tyran Maximin, Arcadius et Honorius publièrent une loi contre le tyrannicide. L'esprit de cette loi est clair.

143. On a dit que le prince (1) mouroit, et que le sénat étoit immortel. On nous a bien prouvé que c'étoit tout le contraire.

144. Les ordres de la souveraineté qui s'exécutent la nuit, marquent injustice ou foiblesse: n'importe. Que les peuples n'apprennent la chose, que lorsqu'elle est faite.

145. Tandis qu'ils élèvent (2) la mer et qu'ils

» aliquam notabilem illâ die operam, Vitellius postea
» invenit : omnesque conquiri et interfici jussit, non
» honore. Galbæ, sed tradito principibus more, mu-
» nimentum ad præsens; in posterum ultionem ».
Tacit. *Hist.* lib. 1, cap. 44, *in fin.*
NOTE DE L'ÉDITEUR.

(1) *Principes mortales, rempublicam æternam esse.*
C'est une des raisons dont Tibère se servit pour faire cesser les regrets que causoit la mort de Germanicus, dont, selon le peuple, les funérailles n'avoient pas été célébrées avec assez de magnificence. *Voyez* Tacit. *Annal.* lib. 3, cap. 6.
NOTE DE L'ÉDITEUR.

(2) « Etenim quis mortalium, cui virile ingenium

abaissent les montagnes, nous manquons d'a-
syle. Qui est - ce qui parle ainsi ? Catilina. A
qui ? A des hommes ruinés et perdus comme
lui.

146. Que le peuple ne voie jamais couler le
sang royal pour quelque cause que ce soit. Le
supplice public d'un roi change l'esprit d'une nation pour jamais (*).

» est, tolerare potest, illis divitias superare, quas
» profundant in exstruendo mari, et montibus coæ-
» quandis, nobis rem familiarem etiam ad neces-
» saria deesse »? *Apud* Sallust. *Bell. Catilinar.* cap.
20.

NOTE DE L'ÉDITEUR.

(*) Il n'est pas inutile de remarquer que l'ouvrage où se trouve cette dernière réflexion aussi
juste que profonde, a été écrit en 1774 ; et que les
Anglois mêmes, malgré leur pénitence annuelle et
leurs remords intermittens et périodiques, ne font
pas exception à cette règle générale. Sans oser se
l'avouer à elle-même, ou plutôt sans s'en douter,
cette nation en corps n'en est pas moins mo:ifiée
à cet égard pour tout le temps que la forme de son
gouvernement sera monarchique : c'est qu'il faut
peut - être plus de temps à un peuple policé pour
oublier le supplice légal et public d'un de ses rois ;
et pour voir, même après plusieurs siècles écoulés,
ses successeurs absolument du même œil et avec le
même cortége de préjugés et d'illusions qu'il regardoit
les princes qui, avant ce grand exemple, ont régné

147. Qu'est-ce que le roi ? Si le prêtre osoit répondre , il diroit : C'est mon licteur.

sur lui , qu'il n'en a fallu à ce même peuple fatigué d'une longue servitude , pour se résoudre à briser, de ses fers rompus, la tête de ses oppresseurs. Cette observation , dont on sentira d'autant mieux la vérité qu'on aura plus étudié le cœur humain, et qu'on le connoitra mieux , suffit, ce me semble , pour inspirer à tous les François cet esprit d'union, de concorde et de paix qui peut seul tarir la source de leurs maux. Puissent aujourd'hui ceux de més concitoyens qui , moins par goût et par un choix réfléchi , que par l'effet du pouvoir de l'habitude et de la force des opinions préconçues , regrettent au fond de leur cœur un gouvernement aboli par la volonté nationale , et font secrètement des vœux , au moins indiscrets , pour en voir le rétablissement , examiner dans le silence de leurs passions et de leurs préjugés cette grande question ! Puissent-ils , plus instruits et plus éclairés , se convaincre fortement qu'il seroit impossible aujourd'hui de courber tous les François sous le même joug dont ils se sont affranchis, sans baigner encore la France dans des flots de sang , et sans lui imprimer une nouvelle secousse qui en entraineroit nécessairement le déchirement et la ruine ! Puissent, sur-tout , ces hommes aigris par le malheur , et que les convulsions, les désordres et les crimes de toute espèce , inséparables d'une grande révolution , n'ont que trop multipliés sur le sol de la république , abjurer enfin leurs haines , oublier, s'il se peut, le passé, ouvrir désormais leur ame à la clémence , à la commisération , à l'espérance ,

148. Une guerre interminable, c'est celle du peuple qui veut être libre, et du roi qui veut commander. Le prêtre est, selon son intérêt, ou pour le roi contre le peuple, ou pour le peuple contre le roi. Lorsqu'il s'en tient à prier les dieux, c'est qu'il se soucie fort peu de la chose.

149. Créer une cognée à la disposition du peuple; créer une cognée à la disposition du sénat: voilà toute l'histoire du tribunat et de la dictature.

150. Savoir dire *non*, pour un souverain; pouvoir dire *non*, pour un particulier.

151. A la création d'un dictateur, de républicain l'état devenoit monarchique; à la création d'un tribun, il devenoit démocratique.

à l'amitié, à tous les sentimens doux et consolateurs! Puissent-ils, soumis aux sages conseils de la raison et de leur propre intérêt bien entendu, reconnoitre que, tout bien considéré, tout pesé, tout calculé, ils n'ont rien de mieux à faire pour leur bonheur et pour celui de leurs concitoyens, pour assurer sur-tout le repos, la durée, la gloire et la prospérité de la patrie, ce nom cher à tous les cœurs bien nés, que de se rallier en foule autour du gouvernement établi par la constitution, de le maintenir, d'en fortifier à l'envi tous les ressorts, et de donner les premiers le précepte et l'exemple du respect et de l'obéissance aux loix de l'état!

NOTE DE L'ÉDITEUR.

152. Le mélange des sangs ruine l'aristocratie, et fortifie la monarchie. L'état où ce mélange est indifférent, est voisin de l'état sauvage.

153. Les femmes ne sont nulle part aussi a-vilies que dans une nation où le souverain peut faire asseoir sur le trône à côté de lui la femme qui lui plaît le plus ; là, elles ne sont rien qu'un sexe dont on a besoin.

154. Dans les aristocraties, relever plutôt les grandes familles indigentes aux dépens du fisc, que d'en souffrir la diminution ou la mésalliance.

155. César par la loi *Cassia*, Auguste par la loi *Senia* (*), relevèrent le sénat épuisé de familles patriciennes ; Claude introduisit dans ce corps, tous les vieux citoyens, tous ceux dont les pères s'étoient illustrés. Il restoit peu de ces familles que Romulus avoit appelées *majorum gentium*, et Lucius Brutus, *minorum*.

156. On releva la barrière contre le peuple ; car les patriciens de la loi *Cassia* et de la loi *Senia* avoient passé. Et ce sont des tyrans, qui relèvent cette barrière !

157. Rien ne montre tant la grandeur de Rome

_____

(*) *Voyez* Tacit. *Annal.* lib. 11, cap. 25. Diderot ne fait ici que le traduire et l'abréger.
NOTE DE L'ÉDITEUR.

que la force de ce mot, même chez les barbares dans les contrées les plus éloignées : *Je
suis citoyen romain.* On y connoissoit la loi *Portia* ;
on s'y soumettoit. On n'osoit attenter à la vie
d'un Romain.

158. La loi qui défendoit de mettre à mort un
citoyen, fut renouvellée plusieurs fois. Cicéron
fut exilé pour l'avoir enfreinte contre les ennemis de la patrie ; et sous Galba (*), un citoyen
la réclamant, toute la distinction qu'on lui
accorda, ce fut une croix plus élevée et peinte
en blanc.

159. La création d'un dictateur suspendoit
toutes les fonctions de la magistrature, excepté
celles du tribun. Il falloit, pour se mettre dans
une position aussi critique, que le cas fût bien
important : toute l'autorité se partageoit alors
entre deux puissances opposées.

(*) « Tutorem, quod pupillum, qui substitutus
» hæres erat, veneno necasset, cruce adfecit : Im-
» plorantique leges, et civem romanum se testifi-
» canti, quasi solatio et honore aliquo pænam le-
» vaturus, mutari, multoque præter cæteras al-
» tiorem et dealbatam statui crucem jussit ». *Sue-
tonius*, in Galb. cap. 9, *edit.* Oudendorp. Lugdun.
Batav. 1751.

NOTE DE L'ÉDITEUR.

160. Véturius fut mis à mort pour avoir disputé le pas au tribun.

161. L'empereur créé disoit : Je vous rends grace du nom de César, du grand pontificat, et de la puissance tribunitienne.

162. Il fut statué que les huit mille captifs faits à la bataille de Cannes, ne seroient point rachetés. Si vous voulez connoître un beau modèle d'éloquence, vous le trouverez dans une des odes d'Horace (1), où ce poète fait parler Régulus contre l'échange des prisonniers carthaginois et des prisonniers romains.

163. Je ne connois pas un trait de lâcheté mieux caractérisé, que la réponse du soldat à Auguste, qui lui demandoit pourquoi il détournoit ses regards de sa personne : *C'est que je ne puis soutenir l'éclair de tes yeux.* Le soldat, qui n'est pas en état de soutenir l'éclair des yeux de son général, ne soutiendra pas aisément l'éclat des armes de l'ennemi.

164. Pison disoit à Galba (2) : *Pense à ce que*

---

(1) La cinquième du troisième livre.

(2) « Utilissimusque idem ac brevissimus bonarum » malarumque rerum delectus est, cogitare quid aut » volueris sub alio principe, aut nolueris ». *Tacit.*
NOTE DE L'ÉDITEUR.

tu exigerois de ton souverain, si tu étois sujet.
Ce conseil étoit très-sage ; mais il est bien rare
qu'il soit suivi.

165. Lorsqu'il s'agit du salut du souverain,
il n'y a plus de loix. L'inquiétude, même innocente
qu'on lui cause, est un crime digne de mort.
Lorsqu'il s'agit du public relativement au bien
particulier, la justice se tait ; lorsqu'il s'agit de
l'avantage de l'empire, c'est la force qui parle.
Il faut dormir tranquillement chez soi. Tous les
auteurs ont dit : Cette subtilité scrupuleuse que
nous portons dans les affaires particulières, ne
peut avoir lieu dans les affaires publiques. *Judi-
cialis ista subtilitas in negotia publica minimè
cadit.*

166. Le droit de la nature est restreint par
le droit civil ; le droit civil, par le droit des gens,
qui cesse au moment de la guerre, dont tout
le code est renfermé dans un mot : *Sois le plus
fort.*

167. Othon ne voulut pas conserver l'empire
» dans un si grand péril des hommes et des cho-
» ses ». *Magis pudore, ne tanto rerum homi-*

___

Hist. lib. 1 ; cap. 16. Il est difficile de reconnoître la
pensée de Tacite dans la traduction de Diderot. C'est
qu'en général ce philosophe ne traduit pas plus exactement qu'il ne cite.

*numque periculo dominationem sibi asserere
perseveraret, quàm desperatione ullá, aut dif-
fidentiâ copiarum* (1). L'histoire s'écrie : *Oh
l'héroïsme!* J'aimerois mieux que cette exclamation fût d'un souverain.

168. « Il convient qu'un seul meurt pour le
» peuple, et tous pour le souverain ». *Expedit
unum pro populo ; omnes mori pro rege.*

169. « Le discours de Galba étoit avanta-
» geux pour la république, périlleux pour lui ».
*Galbæ vox pro republicâ honesta, ipsi anceps,
legi à se militem, non emi* (2). J'ai bien peur
que ce discours de Galba ne fût qu'un com-
pliment sans conséquence.

170. Caton le censeur! qu'on me le ressus-
cite, et j'en ferai un excellent prieur ou gardien
de couvent. Ce n'est pas là un chef de grande
république ; la sévérité déplacée est pire qu'un
vice. Il divisa l'état en deux factions, et pensa
le renverser. Il eût été la machine d'un profond
hypocrite. Il eût allumé la guerre civile à son
péril et au profit de son rival.

171. Un des grands malheurs du vice, lorsqu'il est général, c'est de se rendre plus utile

---

(1) *Voyez* Suétone, vie d'Othon, cap. *9.*
(2) *Tacit.* Hist. lib. I, cap. 5.

que la vertu. Galba, l'honnête Galba, fut de son
temps ce qu'un homme de probité est toujours
à la cour ; ce qu'un souverain équitable seroit de
nos jours en Europe. « Le reste n'est point ajusté
à cette forme » ; *nec enim ad hanc formam cœtera
erant.* Je ne sais si j'aurois été Saint-Louis ; mais
aujourd'hui il seroit à-peu-près ce que je suis (1).

172. Machiavel dit : *Le secret de l'empire.*
Tacite beacoup plus sage, et nommant les choses
par leur vrai nom, dit : *Le forfait de l'empire* (2).

173. Le véritable athéïsme, l'athéïsme pratique, n'est guère que sur le trône ; il n'y a rien
de sacré ; il n'y a ni loix divines, ni loix humaines pour la plupart des souverains ; presque
tous pensent que celui qui craindroit Dieu ne
seroit pas long-temps craint de ses sujets, et que

---

(1) *Voyez* sur ce paragraphe et sur plusieurs autres
de la page 353, ce que j'ai dit dans l'avertissement
qui précède cet ouvrage.

NOTE DE L'ÉDITEUR.

(2) Diderot n'y avoit pas bien regardé. On trouve
également dans Tacite, *Dominationis arcana ; dominationis flagitia ; arcana imperii tentari,* etc.
Voyez Tacite, *Annal.* lib. 2, cap. 59, lib. 14,
cap. 11. lib. 2, cap. 36. Hist. lib. 1, cap. 4. Le même
historien dit aussi : *Arcana domus.* Voyez *Annal.*
lib. 1, cap. 6.

NOTE DE L'ÉDITEUR.

celui qui respecteroit la justice seroit bientôt méprisé de ses voisins. Voilà un de ces cas, où le scélérat Machiavel dit : *Dominationis arcana*, secrets de domination, et où l'honnête Tacite dit : *Dominationis flagitia*, forfaits de domination (*).

174. Dans un état, il n'y a qu'un asyle pour les malfaiteurs, le palais de César.

175. Il ne faut de la morale et de la vertu qu'à ceux qui obéissent. Hélas ! je sais bien qu'ils n'en pourroient manquer impunément ; et que c'est le malheureux privilège de ceux qui commandent.

176. Quelle redoutable nation que celle où un souverain scélérat commanderoit à des sujets vertueux ! Mais j'y ai beaucoup pensé ; cela ne se peut. Le vieux de la Montagne ne commande qu'à des fanatiques. Le sultan ne commande qu'à des fanatiques ; et si son empire se police, le fanatisme cessera. Si la barbarie de l'empire Ottoman pouvoit cesser et le fanatisme rester, l'Europe ne seroit plus en sûreté.

177. Celui qui introduiroit la science de la guerre dans l'Asie, seroit l'ennemi commun de tous. Heureusement il a manqué un chapitre,

(*) *Voyez* la note précédente.

peut-être un verset au Coran, et le voici : « Ap-
» prends de l'infidèle à te défendre contre lui,
» et n'en apprends que cela; le reste est mauvais,
» laisse-le-lui ».

178. Parler aux hommes, non au nom de la
raison, mais au nom du ciel, c'est bien fait,
si ce sont des sauvages ou des enfans.

179. Ne jamais livrer le transfuge. Ce n'est pas
une loi républicaine; c'en est une de tous les états.

170. Sous Tibère (*) on mit à mort un maître
pour avoir châtié un de ses esclaves, qui tenoit
dans sa main une drachme d'argent frappée à
l'effigie de l'empereur. Il y a dans ce fait, s'il
est vrai, moins encore d'atrocité que d'imbécillité.
Il y avoit tant d'autres moyens de perdre un

(*) « Quo (Tiberio) imperante majestatis reus visus
» esse nonnemo dicitur, quòd servum suum, gerentem
» argenteum Tiberii nummum, verberasset. *Phi-*
» *lostrat.* de vit. Apollon. lib. i, cap. 15, *edit.*
» Olear. Lips. 1709 ». Je suis bien sûr que Diderot
n'avoit pas lu ce fait dans Philostrate, qu'il n'a jamais
ouvert. Mais quel que soit l'auteur qui le lui a fourni,
la citation est du-moins exacte. Observons néanmoins que ce même fait, qui d'ailleurs est bien
dans l'esprit du gouvernement de Tibère, n'est rapporté par Philostrate que comme un bruit public.:
Dicitur.

NOTE DE L'ÉDITEUR.

honnête homme ! je suis sûr que Tibère en sourit
de pitié.

181. Romulus eut un grand art, si le même
jour qu'il subjugua un ennemi, il sut en faire un
citoyen, sans lui conserver de privilége. Avec
ce moyen, ce n'est rien.

182. Sentir toute la force du lien qui attache
l'homme à la glébe, sans quoi on risque de faire
plus ou moins qu'on ne peut.

183. L'ennemi le plus dangereux d'un souverain, c'est sa femme, si elle sait faire autre chose
que des enfans.

184. Persuader à ses sujets que le mal qu'on
leur fait est pour leur bien.

185. Persuader aux citoyens que le mal qu'on
fait à ses voisins, c'est pour le bien de ses sujets.
Toujours enlever des Sabines.

186. Tout le temps que les autres perdent à
penser ce que l'empire deviendra quand ils ne
seront plus, je l'ai employé à le rendre ce que
je voulois qu'il fût de mon vivant.

187. Le seul éloge digne d'être envié d'un
souverain, c'est la terreur de ses voisins.

188. La médecine préservative, si dangereuse

dans tout autre cas, est excellente pour les souverains. *Ne noceri possit.*

189. Ne rien faire qui rende odieux sans une grande utilité. Par exemple l'inceste, il tache les enfans aux yeux des peuples. C'est une cause de révolution pour le moment; et c'en est un prétexte après des siècles.

190. Une autre raison, que j'ai oubliée, de ne pas mettre les loix sous la sanction de la religion; c'est qu'il y a toujours du péril à s'en affranchir; le prince est alors sous la volonté de Dieu; comme le dernier de ses sujets.

191. Tibère sut penser profondément, et dire avec finesse : « Penses-tu, Séjan, que Livie, » femme de Caïus César, femme de Drusus, » pourroit se résoudre à vieillir à côté d'un che- » valier romain (*) »? ·

192. « Le Romain se rendit maître de l'uni- » vers, toujours en secourant ses alliés; c'est

_____

(1) « Falleris enim, Sejane, si te mansurum in » eodem ordine putas, et Liviam, quæ C. Cæsari, » mox Druso nupta fuerit, eâ mente acturam, ut » cum equite romano senescat ». Tacit. *Annal.* lib. 4, cap. 40.

NOTE DE L'ÉDITEUR.

» Cicéron (1) qui le dit : Cicéron est bien naïf » ?

193. « Nous avons combattu en apparence pour
» les Fidiciniens, mais en effet pour nous ».
Pugnavimus verbo pro Fidicinis, re pro nobis.
Autre naïveté des envoyés de la Campanie au
sénat. Heureusement on ne lit guère ces livres-là.

194. Plautus, songez à vous ; faites cesser les
rumeurs ; vous avez des ennemis qui se servent
de l'apparition de la comète pour vous diffamer ;
vous ferez bien de vous soustraire à leur calomnie :
vos ayeux vous ont laissé des terres en Asie ;
sérieusement, je crois que vous feriez bien de
vous y retirer, vous y jouiriez d'une jeunesse
heureuse dans le repos et dans la sécurité. Croiroit-
on que ce discours fût de Néron ? Il en est pourtant. Il falloit que ce Rubellius Plautus fût bien
de ses amis (2). Cela feroit presque l'apologie

_____

(1) Populum romanum, juvandis sociis, totum
» terrarum orbem occupasse ».

(2) Lorsqu'on compare ce narré avec celui de Tacite, on voit que Diderot a mal pris le sens de cet
historien, qui ne dit rien de l'amitié prétendue de
Néron pour Rubellius Plautus. Tout ce qu'on voit
dans le texte de Tacite, et ce qu'il fait très-bien
entendre sans le dire expressément, c'est que Néron,
effrayé des présages que le peuple expliquoit en faveur de Rubellius Plautus, personnage d'une grande
distinction, l'exila en Asie, et qu'il n'osa pas le

de Linguet et des autres scélératesses de Néron.

195. Titus fit assassiner (*) Cæcina qu'il avoit
invité à manger ; Alexandre, Parménion ; Henri III,
le Guise. « Quand il s'agit de la couronne, on
» ne s'en fie qu'à ceux qui sont morts ». *De af-
fectato regno , nisi occisis , non creditur.* Si
cela est vrai du souverain , cela l'est bien davantage
du factieux.

196. Il n'y a nul inconvénient à voir le péril
toujours urgent.

197. César fit couper les mains à ceux qui
avoient porté les armes contre lui, et les laissa
vivre. Ils promenoient la terreur.

198. Le machiavéliste , c'est-à-dire , l'homme
qui calcule tout d'après son intérêt, met souvent
l'amour de la justice à la place de la haine.

---

faire mourir, dans un moment où l'intérêt de sa propre sûreté lui prescrivoit de le laisser vivre « Ergo ,
» permotus iis Nero, componit ad Plautum litteras,
» consuleret quieti urbis, sequi pravè diffamantibus
» subtraheret. Esse illi per Asiam avitos agros , in
» quibus tutâ et inturbatâ juventâ frueretur ». Tacit.
Annal. lib. 14 , cap. 22.
                    NOTE DE L'ÉDITEUR.

(*) *Voyez* Suétone *in Tito* , cap. 6, edit. Oudendorp.
                    NOTE DE L'ÉDITEUR.

199. Ou consoler par de grandes récompen-, ses, ou proscrire les enfans des pères factieux. L'un est plus sûr ; l'autre, plus humain. Car, qu'est-ce qu'un enfant à qui une récompense fait oublier la mort de son père ?

200. Un souverain, qui auroit quelque confiance dans ces pactes si solemnellement jurés, ne seroit ni plus ni moins imbécille que celui qui, étranger à nos usages, mettroit quelque valeur à ces très-humbles protestations qui terminent nos lettres.

201. Si aucun souverain de l'Europe n'oseroit tremper ses mains dans le sang d'un ennemi insidieusement attiré, ou dans une conférence, ou dans un repas, exemple dont les histoires sont remplies jusqu'à nos temps, c'est que les mœurs sont changées. Nous sommes moins barbares assurément, en sommes-nous moins perfides ? J'en doute.

202. Aucune nation de l'Europe ne garde plus fidèlement le pacte qu'elle a juré, que le Turc, capable toutefois de renouveller de nos jours les anciennes atrocités. On peut dire de nous :

— nil faciet sceleris pia dextera.....
Sed mala tollet anum vitiato melle cicuta.

203. Je n'ignore pas les bruits qui courent ;

mais je ne veux pas que Silanus soit jugé sur
des bruits (*). Je vous conjure de négliger l'intérêt que je prends à la chose, et la peine que
cette affaire me cause, et de ne pas confondre
des imputations avec des faits. C'est ainsi qu'on
parleroit de nos jours à une commission, espèce
de justice et d'humanité perfide; moyen sûr de
faire périr un innocent comme coupable, au-lieu
que les assassinats faisoient périr les coupables
comme innocens; *tanquam innocentes perierant.*
Plus le souverain affecte de pitié, plus la perte
est certaine.

(*) Diderot traduit, ou plutôt paraphrase ici à
sa manière un très-beau discours que Tibère pro-
nonça en présence du sénat dans l'affaire de Silanus
qui s'instruisoit devant lui. Mais le texte de l'historien vaut beaucoup mieux que la paraphrase du
philosophe. On ne pense pas plus profondément que
Tacite; et on ne s'exprime pas mieux que lui. Si
Diderot ne vouloit qu'abréger le discours de Tibère,
il falloit du-moins en bien saisir l'esprit ; mais il
se contente d'en traduire les deux premières lignes,
et il prend le reste dans sa tête. Ce qu'il fait dire
à Tibère n'a rien de remarquable: mais ce n'est pas
ainsi que ce prince parle dans Tacite. Lorsqu'on ose
substituer ses propres idées à celles de l'inimitable
auteur des Annales, il faut être bien sûr de dire
mieux que lui; et l'on peut d'autant moins s'en
flatter, qu'il est même très-difficile de dire aussi bien.
Voyez Tacit. *Annal.* lib. 3 , cap. 69.

NOTE DE L'ÉDITEUR.

204. Le même discours a des sens bien différens dans la bouche de Tibère et dans celle de
Titus. Quand Titus dira qu'il ne faut pas (1)
user d'autorité, lorsqu'on peut recourir aux loix;
il parlera comme un homme de bien: Tibère, au
contraire, parlera comme un hypocrite, qui se joue
des loix dont il dispose; il ne veut pas que son
ennemi lui échappe; mais il veut se soustraire
à l'odieux de sa condamnation, en la rendant légale.
Il envoie le centurion au forfait notoire, et l'innocence au sénat. C'est un modèle à étudier
toute la vie.

205. Tyridate disoit (2): « Le plus équitable
» dans la haute fortune est toujours le plus utile.
» Conserver son bien, s'emparer du bien d'au-
» trui; l'un est l'éloge d'un père de famille;
» l'autre, l'éloge d'un roi ». Il se trouve de temps-
en-temps des scélérats indiscrets, comme ce Tyridate, qui relèvent très-mal-à-propos la doctrine
des rois.

---

(1) « Nec utendum imperio, ubi legibus agi pos-
» sit ». *Tiberius* apud *Tacit.* Annal. lib. 3, cap. 69.
NOTE DE L'ÉDITEUR.

(2) « Id in summâ fortuná æquius, quod vali-
» dius : et sua retinere privatæ domus; de alienis
» certare, regiam laudem esse ». *Apud* Tacit. *Annal.*
lib. 15, cap. 1.
NOTE DE L'ÉDITEUR.

Q *

206. Les Romains se jettent sur la Chypre.
Ptolomée, leur allié, est proscrit. Alors, le fisc
étoit épuisé. La proscription de Ptolomée n'eut
pas d'autre motif que la richesse de ce prince,
et la pauvreté du fisc romain. Ptolomée s'empoisonne, la Chypre devient tributaire. On la
spolie. L'honnête Caton en transporta à Rome
les riches dépouilles comme des guenilles ; cela est
tout-à-fait à la moderne, excepté le poison. On
empoisonne, on ne s'empoisonne plus.

207. Jeter des haines entre ses ennemis,
acharner deux puissances l'une contre l'autre,
afin de les affoiblir, et de les perdre toutes deux ;
c'est ce que Drusus fit dans la Germanie, et ce
que Tacite (*) approuve. Et l'on blâmera ce pape,
qui fomentoit la querelle des Colonnes et des
Ursins ; tantôt favorable, tantôt contraire à l'un
et l'autre parti, leur fournissant secrètement de
l'argent et des armes jusqu'à ce que, réduit à
la dernière nécessité par des succès et des défaites
alternatives, il les étouffa sans résistance de leur
part et sans fatigue de la sienne.

208. Celui qui préfère une belle ligne dans l'his-

(*) « Haud leve decus Drusus quæsivit, inliciens
» Germanos ad discordias ». *Annal.* lib. 2, cap. 62.

NOTE DE L'ÉDITEUR.

toire à l'invasion d'une province , pourroit bien
n'avoir ni la province , ni la belle ligne.

209. La raison pour laquelle on crie contre
les fermiers-généraux en France , est précisément
celle pour laquelle on les institue ailleurs.

210. Disgracier ceux à qui l'on auroit des
pensions à faire ; cela est toujours facile.

211. Tout voir par ses yeux , tenir de la clarté
dans ses affaires, et rendre la colonne de la recette
la plus longue , et celle de la dépense la plus
petite possible ; il n'y a point de commerce ni
d'empire qui ne prospère par ces moyens.

212. Plus un souverain recommande l'exercice
des loix , plus il est à présumer que les magistrats sont lâches. Tibère avoit continuellement
dans la bouche , qu'il falloit exécuter les loix ;
exercendas leges esse.

213. *Le crime de lèze - majesté* (*) *est le*
complément de toutes les accusations. Ce mot
de Tacite peint , et l'empereur , et le sénat , et
le peuple.

_____

(*) « Majestatis crimine , quod tùm omnium ac-
» cusationum complementum erat ». Tacit. *Annal.*
lib. 3 , cap. 38.

NOTE DE L'ÉDITEUR.

214. Les victoires en imposent autant au-dedans qu'au-dehors ; on se soumet plus volontiers à un héros qu'à un homme ordinaire ; peut-être aussi s'y mêle-t-il un peu de reconnoissance et de vanité. On est fier d'appartenir à une nation victorieuse ; on est reconnoissant envers un prince à qui l'on doit cette illustration, compagne de la sécurité.

215. Je voudrois bien savoir ce qui se passoit au fond de l'ame de Tibère, écoutant gravement en silence les sénateurs disputant si le préteur avoit droit de verge sur les histrions : cela devoit lui paroître bien plaisant.

216. Une autre fois, il garda le même silence, tandis qu'on agitoit si le sénat pouvoit délibérer d'affaires publiques dans l'absence de César : et quoique la question fût plus importante, le doute ne lui en parut pas moins plaisant : en effet, de quoi s'agissoit-il entre ces graves personnages ? de savoir s'ils étoient quelque chose ou rien.

217. La liberté d'écrire et de parler impunément, marque ou l'extrême bonté du prince, ou le profond esclavage du peuple ; on ne permet de dire qu'à celui qui ne peut rien.

218. Un peuple fier comme le peuple romain, lorsqu'il dégénère, est pire qu'aucun autre ; car

toute la force qu'il avoit dans la vertu, il la porte
dans le vice ; c'est alors un mélange de bassesse,
d'orgueil, d'atrocité, de folie; on ne sait comment le gouverner ; l'indulgence le rend insolent,
la dureté le révolte.

219. Appeler le soldat camarade un jour de
bataille, c'est accepter sa part du danger commun ; c'est descendre au rang de soldat; c'est
élever le soldat au rang de chef. Ce ne peut être
que le mot d'un homme brave. Un lâche n'oseroit
pas le dire, ou le diroit mal. C'est le mot de Catilina : *Vel imperatore, vel milite, me utimini* (*).

220. Après la bataille de Pharsale, Labienus fit
courir le bruit que César étoit grièvement blessé.
Aux portes de Mante, le Mayenne en fit autant.
Mes amis, dit-il, ouvrez-moi, nous avons perdu
la bataille ; mais le Béarnois est mort.

221. Salluste a fait l'histoire de toutes les nations dans le peu de lignes qui suivent. J'ai beaucoup lu, j'ai beaucoup entendu, j'ai beaucoup
médité sur ce que la république avoit achevé
de grand dans la paix et dans la guerre ; je
me suis interrogé moi-même sur les moyens qui

_____

(1) Apud Sallust. Bell. Catilinarium, Cap. 21.
Edit. Havercamp.

NOTE DE DIDEROT.

582 MÉLANGES DE LITTÉRATURE

avoient conduit à une heureuse fin tant d'entreprises
étonnantes, et il m'a été démontré que cette énorme
besogne n'avoit été l'ouvrage que d'un très-petit
nombre de grands hommes (*).

(*) J'ai cherché ce passage dans Salluste avec assez
de soin, pour être à-peu-près sûr qu'il ne s'y
trouve pas ; je soupçonne fort Diderot d'en être
plutôt l'auteur que le traducteur. Il semble en effet
que ce passage *nil antiquum sapit* ; ce qu'il ne faut
pas entendre de la pensée qui est solide, judicieuse,
et tout-à-fait à l'antique, mais seulement du
style de la traduction, où l'on remarque des formes
de phrases, et certaines expressions libres et fami-
lières qui donnent au tout un air, et pour ainsi dire,
un goût moderne, que sans doute on ne trouveroit
pas dans l'original... Je me rappelle en ce moment
un beau passage de Salluste, dont le commencement a quelque rapport avec ce que Diderot fait
dire ici à cet historien. Le voici tout entier ; on
jugera mieux de ce qu'il a pu fournir à l'esprit et
à l'imagination de son éloquent interprète ou de
son imitateur : « Nam sæpe ego cum animo meo re-
» putans, quibus quisque rebus clarissumi viri mag-
» nitudinem invenissent ; quæ res populos, natio-
» nesve magnis auctoribus auxissent ; ac deinde qui-
» bus causis amplissima regna et imperia corruissent:
» eadem semper bona, atque mala reperiebam, om-
» nesque victores divitias contemsisse, et cupivis-
» se », etc. Sallust. *Orat. I. ad Cæsar. de republ. ordin.*
cap. 42, *edit.* Havercamp.

NOTE DE L'ÉDITEUR.

222. Dans les grandes affaires , ne prendre conseil que de la chose et du moment.

225. Les plus mauvais politiques sont communément les jurisconsultes , parce qu'ils sont toujours tentés de rapporter les affaires publiques à la routine des affaires privées.

224. *Employer les hommes à quoi ils sont propres ;* chose importante , qu'aucune nation , qu'aucun gouvernement ancien ou moderne n'a si bien su que la petite société de Jésus : aussi , dans un assez court intervalle de temps est-elle parvenue à un degré de puissance et de considération, dont quelques-uns de ses membres même étoient étonnés.

SUR L'HISTOIRE

DU

PARLEMENT DE PARIS,

PAR VOLTAIRE.

Critique de cette histoire.

Cet ouvrage est aussi sûrement de Voltaire, qu'il n'est pas de moi. Quel autre que lui sait écrire avec cette facilité, cette grace et cette négligence. Il s'en défend pourtant; et il a raison. Il a trouvé le secret d'offenser le parlement, et de déplaire au souverain. Il n'y avoit que deux lignes à effacer, et deux mauvaises lignes, pour que la cour lui sût le plus grand gré de son travail. Les magistrats haineux se sont tus jusqu'à présent; mais ils attendent que l'auteur se compromette par quelque indiscrétion; et notre maître n'est malheureusement que trop disposé à en faire. Le ressentiment des corps ne s'éteint jamais. Quand ils ne peuvent se venger sur la personne, ils se vengent sur les siens, ils se vengent sur sa postérité. Il faut n'avoir guère de liaisons dans ce monde-ci, pour se brouiller avec des gens qui ont sur le front un bandeau qu'ils sont maîtres de tirer sur leurs yeux; sur leurs genoux, une balance qui penche du côté qu'il leur plaît ; dans leurs mains, un glaive qui tranche des deux côtés ; devant eux, un livre où ils lisent à leur gré notre destinée ; et entre leurs bras, nne urne qu'ils secouent, et d'où ils peuvent faire sortir à tout nroment la perte de l'honneur de la liberté, de la fortune et de la vie. Je ne répondrois pas que Voltaire ne passât les dernières années de la sienne, comme le fils de l'homme qu'il a tant persécuté, à errer sur la surface de la terre, sans trouver où reposer sa tête. Puisse le ciel faire mentir cette triste prophétie !

Souverains de la terre, ne mettez jamais vos loix sous la sanction des dieux ; vous ne serez plus maîtres de les révoquer.

Souverains de la terre, ne confiez jamais vos privilèges à des corps particuliers ; vous ne serez plus maîtres de les revendiquer.

Si vous dites à quelques-uns de vos sujets : Rendez la justice en mon nom, ils ne pourront plus souffrir que vous rendiez la justice. Evoquez une cause à votre tribunal ; et vous entendrez leur murmure.

Voltaire prouve, très-clairement par les faits, que nos parlemens d'aujourd'hui n'ont rien de commun avec nos anciens parlemens et nos états-généraux ; et que ce ne sont que de simples cours de judicature salariées, dont les prétendus privilèges ne sont que des espèces d'usurpations, fondées sur des circonstances fortuites , quelquefois très - frivoles. Un homme plus instruit auroit sans – doute traité ce sujet important d'une manière plus profonde. En nous entretenant de l'origine des prérogatives du parlement, il nous auroit fait connoître l'esprit de ce corps. Nous l'aurions vu mettre à prix la tête d'un Condé ; et le conseiller Hévrard , évidemment compris dans la même conspiration, rester tranquille sur les fleurs de lys. Nous aurions vu les héritages augmenter ou tomber de prix, selon qu'ils étoient ou n'étoient pas situés dans le voisinage d'un de ces messieurs. Nous aurions vu ce corps se faire exiler, refuser la justice au peuple, et amener l'anarchie , lorsqu'il s'agissoit de ses droits chimériques ; jamais , quand il étoit question de la défense du peuple. Nous l'aurions vu intolérant , bigot , stupide, conservant ses usages gothiques et vandales, et proscrivant le sens commun. Nous l'aurions vu ardent à se mêler de tout , de religion, de gouvernement , de guerre , de police, de finances, d'arts et de sciences , et toujours brouillant tout d'après son ignorance , son intérêt et ses préjugés. Nous l'aurions vu insolent sous les rois foibles , lâche sous les rois fermes. Nous l'aurions vu plus arriéré sur son siècle , moins au courant des progrès de l'esprit, que les moines enfermés dans les cellules des chartreuses. Nous l'aurions vu fermant les yeux

sur le fond , et toujours dominé par l'absurdité
de ses formes. Nous l'aurions vu vendu à l'autorité; la plupart de ses membres pensionnés de
la cour; et le plus violent ennemi de toute liberté , soit civile , soit religieuse , l'esclave des
grands , l'oppresseur des petits. Nous l'aurions vu
sans cesse occupé de réforme , excepté dans la
partie de la jurisprudence et des loix , qu'il a
laissées dans le chaos où il les a trouvées. Nous
l'aurions vu poursuivant les honneurs et la richesse ,
à quelque prix que ce fût. Nous l'aurions vu étendant sa protection et ses haines jusqu'à la troisième et quatrième génération. Nous l'aurions
vu , dans les circonstances incertaines, animé du
même esprit que le théologien , pencher presque
toujours vers le côté absurde et ridicule. Nous
l'aurions vu , sous prétexte de conserver les droits
de la couronne , s'opposer à l'abolition des loix
les plus folles , et soutenir le droit d'aubaine , l'in-
dissolubilité des grands fiefs , l'aliénation des domaines royaux. Nous l'aurions vu , par une in-
conséquence inconcevable , traversant l'inquisition
et servant la fureur sacerdotale , allumant les
buchers , préparant les instrumens de supplice ,
au gré du prêtre fanatique. Nous l'aurions vu
exerçant lui – même l'inquisition dans sa procédure criminelle. Nous l'aurions vu porter dans
les fonctions publiques toute l'étroitesse du petit
esprit monastique. Nous l'aurions vu le corps

le plus pauvre, le plus ignorant, le plus petit, le plus gourmé, le plus entêté, le plus méchant, le plus vil, le plus vindicatif qu'il soit possible d'imaginer, s'opposant sans cesse au bien, ou ne s'y prêtant que par de mauvais motifs, n'ayant aucune vue saine d'administration ou d'utilité publique, aucun sentiment de son importance et de sa dignité, irréconciliable ennemi de la philosophie et de la raison.

Quoi qu'il en soit, cet ouvrage est très-bien, fait, très-intéressant, très-agréable à lire, et suffisant pour ceux qui, comme vous et moi, ne se soucient pas de s'enfoncer dans nos antiquités. *Est bien caché à qui l'on voit le cul*, dit un proverbe trivial : Voltaire renie cet ouvrage; et l'on y ôte au cardinal de Richelieu le testament qui porte son nom, opinion qui est particulière Vo ltaire.

SUR

LA PRINCESSE D'ASHKOW.

MADAME la princesse d'Ashkow a passé ici (*)
quinze jours, pendant lesquels je l'ai vue quatre
fois, depuis environ cinq heures du soir jusqu'à
minuit. J'ai eu l'honneur de dîner et de souper
avec elle; et je suis presque le seul François dont
elle ait accepté les visites.

Elle est Russe, *intùs et in cute;* grande ad-
miratrice des qualités de l'Impératrice, dont elle
m'a toujours parlé avec le plus profond respect
et la vénération la plus vraie. Elle a pris beaucoup de goût pour la nation anglaise; et je crains
un peu que sa partialité pour ce peuple anti-
monarchique ne l'ait empêché d'apprécier juste
les avantages de celui-ci. Il n'en étoit pas ainsi
de mademoiselle Caminski, sa compagne de voyage
et son amie. Elle aimoit la France et les François,
et louoit nos belles choses avec une franchise
qui n'étoit pas trop du goût de la princesse.

Madame d'Ashkow sortoit de chez elle dès les
neuf heures du matin; c'étoit au commencement

(*) Cet écrit est du mois de Novembre 1770.
NOTE DE L'ÉDITEUR.

de novembre. Elle ne rentroit qu'à la chute du jour
pour dîner. Tout son temps étoit employé à s'instruire de ce qu'on peut connoître par les yeux, tableaux, statues, édifices, manufactures; à l'entrée
de la nuit j'allois causer avec elle de ce qu'on ne
voit point, et qu'on ne peut apprendre que par un
long séjour; loix, coutumes, administration, finances, politique, mœurs, arts, sciences, littérature; je lui en disois ce que j'en savois.

Elle ne demandoit de l'Impératrice ni grandeur,
ni richesse; mais la conservation de son estime,
qu'elle croyoit mériter, et son amitié qu'elle se
se flattoit de posséder.

Nous n'avons parlé de la révolution qu'un moment; elle en réduisoit pour sa part et celle des
autres, le mérite presque à rien; elle disoit que
cela s'étoit engagé par des fils imperceptibles;
qui les avoient tous conduits à leur insu; que si
quelqu'un avoit poussé sérieusement à cette aventure, c'étoit Pierre III lui-même, par ses extravagances, le mépris de sa nation, ses vices,
son ineptie, le dégoût qu'il ne cessoit d'inspirer,
sa vie crapuleuse et publique; qu'ils avoient tous
été entraînés vers le même but par le vœu général; et qu'il y avoit si peu de concert, que
l'affaire étoit fort avancée, que ni elle, ni l'Impératrice, ni personne ne s'en doutoit: trois heures
avant la révolution, il n'y avoit personne qui
ne s'en crût encore à trois ans.

Il ne s'agissoit nullement de faire une Impératrice. L'acclamation qui plaça Catherine régnante sur le trône, commença par quatre officiers aux gardes, qui depuis ont été exilés, et qui le sont encore. Je parlerai tout-à-l'heure de leur disgrace.

La princesse m'a protesté qu'il n'y avoit pas un seul homme dans toute la Russie, même parmi les paysans, qui pensât que l'Impératrice fût complice de la mort de Pierre III. Elle ne le pensoit pas elle-même; mais on est aussi généralement convaincu dans l'empire, que dans le reste de l'Europe, que la mort de l'empereur a été violente.

Après la révolution, bien des gens qui n'y avoient pas eu la moindre part, cherchèrent à s'en faire le mérite auprès de l'Impératrice, entr'autres le général Betzkoi. Quelques jours après son avénement au trône, il se présenta devant la souveraine, et lui demanda: A qui croyez-vous, madame, devoir votre élévation? A Dieu, lui répondit-elle; à quelque zélés serviteurs, et à mon bonheur. Le Betzkoi lui répliqua: C'est à moi, madame; c'est moi qui ai distribué de l'argent aux soldats; c'est moi qui les ai engagés, etc. En parlant ainsi, il s'étoit prosterné aux pieds de l'Impératrice, qui le crut fou, et qui en parla sur ce ton à ses familiers. Cependant elle se contint devant lui; et lui dit qu'elle le croyoit sur sa parole de ce qu'il assuroit, et que, pour le lui prouver, elle le chargeoit du soin de faire faire sa couronne.

Ce que j'écris, je le tiens mot pour mot de la princesse d'Ashkow. Moins de deux fois vingt-quatre heures avant la mort de l'Impératrice Elizabeth, toute la cour étoit divisée en partis qui s'observoient les uns les autres ; toutes les avenues étoient remplies d'espions, et le moindre commerce d'un parti à l'autre exposoit à être poignardé. Cependant la princesse, âgée alors de dix-huit à dix-neuf ans, se leva pendant la nuit, se rendit au palais de la grande duchesse à travers les neiges, et passa plusieurs heures à conférer avec elle. Son premier mot fut de lui demander quel plan elle avoit formé ; l'Impératrice lui répondit : Vous êtes un ange ou un démon.... La princesse: Je ne suis ni l'un ni l'autre ; mais Elisabeth se meurt ; et il s'agit de savoir ce que vous avez résolu.... L'Impératrice : De m'abandonner au cours des événemens, puisque je ne saurois le diriger.

Chacun des partis se proposoit de donner à Pierre III sa créature pour femme, et de faire enfermer ou renvoyer l'Impératrice. Les choses tournèrent autrement.

Le comte Orlow, son amant actuel, beau garçon, bon garçon, chasseur, un peu ivrogne, fort libertin, ne se mêlant d'aucune affaire d'état, se promettoit, après la mort de Pierre III, de s'asseoir sur le trône à côté de l'impératrice. Ce

fut un Bestuchew qui vint en faire l'ouverture
au chancelier Woronsow. Celui - ci refusa d'é-
couter le Bustuchew, qu'il interrompit par ces
mots : « Par où ai - je pu mériter le mépris de
» la confidence que vous osez me faire » ?
Au même instant il courut chez l'Impératrice ,
et lui remontra l'indécence et le danger d'une
pareille démarche , lui conseillant de garder
Orlow pour son amant , si cela lui convenoit ;
de le combler de richesses et d'honneurs ; mais
de se respecter et de ne pas se prêter à un
mariage qui l'aviliroit elle et sa nation. De - là
il courut chez le comte Panin , s'ouvrit à lui de
tout ce qu'il avoit fait , et le conjura d'achever.
Cependant le projet du mariage transpira ; la populace en conçut une telle indignation, qu'on ar-
racha une des images de l'Impératrice , et qu'on
mit en pièces cette image , après l'avoir fouettée
publiquement. Ce fut à cette occasion que les
quatre officiers dont j'ai parlé plus haut furent
exilés , et qu'on se seroit saisi de la princesse d'Ashkow , si elle n'eût pas été en couche , parce qu'on
la soupçonna , elle et les siens , d'avoir trempé dans
cette émeute.

La part que la princesse d'Ashkow a eue à
la révolution , l'avoit brouillée avec toute sa famille , dont les espérances fondées sur le goût de
Pierre III pour sa sœur , bonne grosse femme ,
sans agrément et sans génie , avoient été entiè-

rement renversées : son père et ses frères ont refusé
de la voir pendant plusieurs années.

La princesse d'Ashkow n'est aucunement belle ;
elle est petite ; elle a le front grand et haut ,
de grosses joues soufflées , des yeux ni grands ni
petits , un peu renfoncés dans leur orbite , les
sourcils et cheveux noirs, le nez épaté , la bouche
grande , les lèvres grosses , les dents gâtées , le
cou rond et droit , d'une forme nationale ; la
poitrine convexe , point de taille ; de la promp-
titude dans les mouvemens; point de graces , nulle
noblesse , beaucoup d'affabilité ; l'ensemble de ses
traits fait de la phisionomie ; son caractère est
grave; elle parle aisément notre langue ; tout ce
qu'elle sait et pense, elle ne le dit pas ; mais ce
qu'elle dit , elle le dit simplement , fortement et
avec le ton de la vérité ; elle a l'ame hérissée par
le malheur; ses idées sont fermes et grandes ; elle a
de la hardiesse ; elle sent fièrement ; je lui crois
un goût profond d'honnêteté et de dignité. Elle
aime les arts. Elle connoît et les hommes et les
intérêts de sa nation ; elle est pénétrée d'aversion
pour le despotisme , ou ce qui tient de près ou
de loin à la tyrannie ; elle connoît à fond le ministère , et elle s'en explique avec la plus grande
franchise , louant nettement les bonnes qualités ,
et tout aussi tranchée sur les défauts des hommes
en place ; elle a saisi avec la plus grande justesse
les avantages et les vices des nouveaux établis-

semens; lorsqu'une action est grande , elle ne peut
souffrir qu'on la rabaissé par des petites vues politiques. Il est beau, disoit-elle à l'Impératrice,
d'avoir ordonné à l'archevêque Platon, en rendant grace à Dieu de ses succès , sur le tombeau
du czar Pierre premier , de rapporter ces succès
à Dieu d'abord , ensuite au czar; cela est beau
parce que cela est vrai : pourquoi chercher dans
cette conduite une basse flatterie adressée à la
nation ? Elle sent ce que l'état actuel de son
pays comporte ou ne comporte pas. Lorsque Catherine projeta son code , la princesse qu'elle
consulta, lui dit : Vous n'en verrez jamais la fin ,
dans un autre temps je vous en aurois dit les
raisons ; mais il sera toujours grand de l'avoir tenté ,
ce projet fera époque. Elle relève avec la même
véracité le bien et le mal qu'elle sait de ses
amis et de ses ennemis. Les chagrins l'ont ex-
trêmement vieillie, et tout-à-fait dérangé sa santé.
J'ai été frappé de sa condescendance pour son
amie , mademoiselle Caminski , vive , violente
même , la contredisant sans ménagement , et ne
la tirant jamais de son assiette tranquille. Elle
a cette année , décembre 1770, vingt-sept ans,
et paroît en avoir quarante. Elle a vendu tout
ce qu'elle possédoit pour acquitter les dettes de
son mari qu'elle aimoit, au point de regarder
sa perte comme le plus grand de ses malheurs;
elle est parfaitement résignée à l'obscurité de

sa vie et à la modicité de sa fortune ; elle auroit
pu tenir un grand état, en vendant les biens de
ses enfans , comme elle y étoit autorisée par une
permission spéciale de l'Impératrice ; elle n'en a
rien fait ; un an après sa liaison avec l'Impératrice, à l'âge de dix-neuf ans, elle s'est trouvée
à la tête d'une conspiration ou plutôt d'un grand
événement, dont les promoteurs, à son avis ,
n'étoient pas dignes du nom de conjurés. Elle
est aussi décidée dans sa haine que dans son
amitié. A Londres, elle voulut voir Paoli qui la
voulut voir : elle lui trouva de l'incertitude dans
le discours et les idées ; dans l'esprit , de petites
grimaces italiennes qui déparent toujours un grand
homme; ce sont ses propres mots. Elle ne pouvoit
lui pardonner d'être pensionnaire et courtisan du
roi d'Angleterre ; et elle répondit à M. Walpole qui lui en demandoit la raison , que la misère
étoit le vrai piédestal d'un homme tel que lui ;
idée que je conçus tout de suite , quoiqu'elle ne
l'eût développée qu'à demi, et qui échappa au
secrétaire d'ambassade avec qui elle s'entretenoit
en ma présence , et avec lequel elle ne daigna
pas s'expliquer plus nettement. Ce sécrétaire Walpole s'étant lâché très - inconsidérément sur le
compte de ma nation , je ne crus pas devoir le
souffrir ; et j'amenai M. Walpole à me faire
excuse , en m'assurant qu'il ne croyoit pas parler
devant un François. Je remontrai à ce monsieur

qu'il ne falloit pas avoir deux discours, l'un
pour les hommes présens, l'autre pour les hommes
absens, lui protestant que ce que j'aurois à dire
de lui, lorsqu'il seroit sorti, j'aurois bien le courage de le lui dire à lui-même. Walpole partit ;
la princesse d'Ashkow me loua de mon procédé,
ajoutant, qu'à ma place, lorsque le Walpole avoit
eu la bassesse de s'excuser sur ce qu'il ne me
croyoit pas François, elle n'auroit pas répliqué
un mot, mais qu'elle lui auroit tourné le dos
de mépris ; et je crois qu'elle avoit raison. Elle
a de la pénétration, du sang-froid, du jugement.
Elle rencontre presque toujours la raison vraie
des choses ; elle ne peut souffrir qu'on l'admire,
soit par le peu de valeur qu'elle met à son rôle,
soit par modestie naturelle : elle avoit quelque
envie de voir Rulhières, et d'entendre sa relation.
Je lui représentai qu'elle avoueroit tout ce qu'elle
ne contrediroit pas ; et que l'auteur ne manqueroit pas de s'honorer de son témoignage. Elle
m'embrassa, et ne vit point Rulhières.

Madame Necker vouloit lui donner à souper avec
madame Geoffrin. Je rompis cette partie, où elle
auroit été appréciée au dessous de sa valeur. On
n'étoit curieux de la voir là que pour en parler ; et
je crus qu'elle avoit plus à perdre qu'à gagner au
jugement de ces deux femmes et de ceux qui les
auroient environnées, tous gens qui auroient exigé
d'elle qu'elle parlât en chef de conspiration.

Sur ce que j'ai pu lui dire de réminiscence de la relation de Rulhières, il m'a semblé que ce n'étoit qu'un tissu romanesque, sans connoissance réelle des faits et des personnes, et qui aura pourtant avant deux siècles toute l'autorité de l'histoire. Elle m'a paru ennemie de la galanterie. On a suspecté son intimité avec le comte Panin ; et elle en étoit indignée. Elle se félicitoit de s'être assez respectée elle-même, pour que l'Impératrice n'eût osé s'ouvrir avec elle de son goût pour Orlow ; cependant elle a vécu avec elle dans l'extrême familiarité, et cette familiarité n'a point cessé par la disgrace ; la princesse entre librement chez son ancienne amie, cause, s'assied et s'en va. Si on l'en croit, celui des frères Orlow, qu'on appelle le balafré, est un des plus grands scélérats de la terre. Elle est désolée que ses succès dans la guerre présente lui donnent une illustration dont il est indigne. Elle m'a assuré que l'Impératrice jouissoit d'une admiration si méritée et d'un amour si général, que sa consistance sur le trône ne dépendoit plus de personne. Elle a coupé ses lisières, disoit-elle, avec le vrai couteau, en montrant à ses peuples que leur bonheur étoit en tout l'objet de sa pensée, de ses vœux et de ses actions. Elle est tellement maîtresse, que demain elle se déferoit du comte Panin, l'homme de l'empire le plus puissant et le plus respecté, que sa disgrace ou sa mort

même ne feroit pas la moindre sensation. Le grand
duc est si jeune, qu'elle ne prononce rien sur son
caractère. Elle étoit incertaine qu'il fût instruit
du sort malheureux de son père. Elle ne sait
quel eût été le terme des malheurs de l'empire
sous un prince imbécille et crapuleux; tout comme
elle ignore quel sera le terme de sa splendeur
sous une souveraine telle que Catherine. La princesse d'Ashkow a deux enfans qu'elle aime tendrement, un garçon et une fille. Elle fait peu
de cas de la vie. Il y a deux ans qu'elle voyage;
et elle se propose de voyager encore dix-huit
mois, de retourner à Pétersbourg, où elle séjour-
nera peu de temps, et de se retirer ensuite à
Moscou. Mais, me demanderez-vous, quelle
est la raison de sa disgrace? Peut-être ne s'est-
elle pas trouvée récompensée en raison de ses
services; peut-être avoit-elle projeté, en éle-
vant Catherine à l'empire, de gouverner l'impératrice; peut-être le soupçon d'avoir trempé
dans l'émeute de l'image flagellée avoit-il ré-
froidi l'Impératrice; peut-être l'Impératrice
avoit-elle appris, par ce que la princesse avoit
osé pour elle, ce qu'elle étoit capable d'oser
contre elle; peut-être celle-ci prétendoit-elle à
la place de ministre, même de premier ministre,
ou du-moins à l'entrée au conseil; peut-être
étoit-elle offensée que son amie, dont elle souhai-
toit de faire une régente, eût eu l'art de se faire

Impératrice, à son insu et contre ses projets;
peut-être fut-elle offensée de se trouver reléguée
dans la foule de ceux à qui on accorde le nouvel
ordre, elle qui se trouvoit à la tête des grands
décorés de l'ordre ancien. Quoi qu'il en soit,
les mécontentemens réciproques n'éclatèrent qu'à
Moscou; la princesse d'Ashkow y accompagna
Catherine; et là, sans explication, sans reproche, elle se sépara de la souveraine pour ne la
plus revoir. Le dernier voyage de l'Impératrice
à Moscou, lors du tribunal créé pour la confection du code, fut très-orageux. Un méconten-
tement général de la noblesse, occasionné par
une cause que la princesse m'a dite, et que je
ne me rappelle plus, pensa amener une seconde
révolution: cette crainte, bien fondée, accéléra
le retour de l'impératrice à Pétersbourg. Depuis
tout s'est calmé; et Catherine est également
adorée de tous les ordres de l'empire. C'est le
dernier mot de la princesse d'Ashkow, à qui
le commerce de la cour n'avoit appris qu'une
chose, c'étoit de mettre moins de chaleur,
même aux choses bonnes et utiles dont on
désiroit le succès. Les méchans, disoit-elle,
tout en les approuvant, les font échouer, ne
fut-ce que pour vous priver de l'honneur d'y
avoir pensé. J'ai beaucoup nui à mes amis par
le trop de zèle que j'ai pris à leurs intérêts. J'ai
fait manquer les plus beaux projets par l'en-

R *

thousiasme qu'ils m'inspiroient. Je blessois les
ames pusillanimes et froides qui ne s'en laissoient
pas enflammer comme moi. Les uns s'éloignoient
heureux, les autres chagrins, tous indisposés ; et
rien ne se faisoit.

Lorsque j'allai prendre congé d'elle, elle me
promit de ne me point oublier ; elle me pria
de me souvenir d'elle ; et elle eut la bonté de me
dire que j'étois un des hommes les plus agréables à entendre qu'elle eût rencontrés ; et que,
sage ou fou, elle avoit remarqué que j'étois toujours conséquent.

———————

REGRETS

SUR MA VIEILLE ROBE-DE-CHAMBRE ,

OU

AVIS A CEUX QUI ONT PLUS DE GOUT QUE DE FORTUNE.

Pourquoi ne l'avoir pas gardée ? Elle étoit faite à moi ; j'étois faite à elle. Elle mouloit tous les plis de mon corps, sans le gêner ; j'étois pittoresque et beau. L'autre roide, empesée, me mannequine. Il n'y avoit aucun besoin auquel sa complaisance ne se prêtât ; car l'indigence est presque toujours officieuse. Un livre étoit-il couvert de poussière ? un de ses pans s'offroit à l'essuyer. L'encre épaisse refusoit-elle de couler de ma plume ? elle présentoit le flanc. On y voyoit tracés en longues raies noires les fréquens services qu'elle m'avoit rendus. Ces longues raies annonçoient le littérateur, l'écrivain, l'homme qui travaille. A présent, j'ai l'air d'un riche fainéant ; on ne sait qui je suis.

Sous son abri, je ne redoutois ni la maladresse d'un valet, ni la mienne, ni les éclats du feu, ni la chute de l'eau. J'étois le maître absolu de ma vieille robe-de-chambre ; je suis devenu l'esclave de la nouvelle.

Le dragon qui surveilloit la toison d'or, ne

fut pas plus inquiet que moi. Le souci m'enve-
loppe.

Le vieillard passionné qui s'est livré, pieds
et poings liés, aux caprices, à la merci d'une
jeune fol e, dit depuis le matin jusqu'au soir :
Où est ma bonne, ma vieille gouvernante ? Quel
démon m'obsédoit, le jour que je la chassai pour
celle-ci ! Puis il pleure, il soupire.

Je ne pleure pas, je ne soupire pas ; mais à
chaque instant je dis : Maudit soit celui qui in-
venta l'art de donner du prix à l'étoffe commune
en la teignant en écarlate ! Maudit soit le précieux vêtement que je révère ! Où est mon ancien,
mon humble, mon commode lambeau de cale-
mande.

Mes amis, gardez vos vieux amis. Mes amis,
craignez l'atteinte de la richesse. Que mon exemple
vous instruise. La pauvreté a ses franchises ; l'opulence a sa gêne.

O Diogène ! si tu voyois ton disciple sous le
fastueux manteau d'Aristippe, comme tu rirois !
O Aristippe, ce manteau fastueux fut payé par bien
bassesses. Quelle comparaison de ta vie molle,
rampante, efféminée, et de la vie libre et ferme
du cynique déguenillé ! j'ai quitté le tonneau où
je régnois, pour servir sous un tyran.

Ce n'est pas tout, mon ami. Ecoutez les ravages du luxe, les suites d'un luxe conséquent.

Ma vieille robe-de-chambre étoit une avec les

autres guenilles qui m'environnoient. Une chaise
de paille, une table de bois, une tapisserie de
Bergame, une planche de sapin qui soutenoit
quelques livres, quelques estampes enfumées,
sans bordure, clouées par les angles sur cette
tapisserie ; entre ces estampes trois ou quatre
plâtres suspendus formoient avec ma vieille robe-
de-chambre l'indigence la plus harmonieuse.

Tout est désaccordé. Plus d'ensemble, plus
d'unité, plus de beauté.

Une nouvelle gouvernante stérile qui succède
dans un presbytère ; la femme qui entre dans la
maison d'un veuf ; le ministre qui remplace un
ministre disgracié ; le prélat moliniste qui s'empare du diocèse d'un prélat janséniste, ne causent
pas plus de trouble que l'écarlate intruse en a
causé chez moi.

Je puis supporter sans dégoût la vue d'une pay-
sanne. Ce morceau de toile grossière qui couvre
sa tête ; cette chevelure qui tombe sur ses joues ;
ces haillons troués qui la vétissent à demi ; ce
mauvais cotillon court qui ne va qu'à la moitié de
ses jambes ; ces pieds nus et couverts de fange
ne peuvent me blesser : c'est l'image d'un état
que je respecte ; c'est l'ensemble des disgraces
d'une condition nécessaire et malheureuse que
je plains. Mais mon cœur se soulève ; et malgré l'atmosphère parfumée qui la suit, j'éloigne
mes pas, je détourne mes regards de cette courti-

sanne dont la coiffure à points d'Angleterre , et les
manchettes déchirées, les bas blancs et la chaussure
usée , me montrent la misère du 'jour associée à
l'opulence de la veille.

Tel eût été mon domicile , si l'impérieuse écarlate n'eût tout mis à son unisson.

J'ai vu la Bergame céder la muraille , à laquelle elle étoit depuis si long-temps attachée,
à la tenture de Damas.

Deux estampes qui n'étoient pas sans mérite,
la chute de la manne dans le désert du Poussin,
et l'Esther devant Assuérus du même ; l'une
honteusement chassée par un vieillard de Rubens,
c'est la triste Esther ; la chute de la manne dis-
sipée par une tempête de Vernet.

La chaise de paille reléguée dans l'antichambre
par le fauteuil de maroquin.

Homère , Virgile , Horace , Cicéron , soulager
le foible sapin courbé sous leur masse , et se
renfermer dans une armoire marquetée , asyle
plus digne d'eux que de moi.

Une grande glace s'emparer du manteau de
ma cheminée.

Ces deux jolis plâtres que je tenois de l'amitié
de Falconet, et qu'il avoit réparés lui-même, dé-
ménagés par une Vénus accroupie. L'argile moderne brisée par le bronze antique.

La table de bois disputoit encore le terrain ,
à l'abri d'une foule de brochures et de papiers

entassés pêle-mêle , et qui sembloient devoir la
dérober long - temps à l'injure qui la menaçoit. Un
jour elle subit son sort ; et en dépit de ma paresse ,
les brochures et les papiers allèrent se ranger dans
les serres d'un bureau précieux.

Instinct funeste des convenances ! Tact délicat
et ruineux, goût sublime qui change , qui déplace ,
qui édifie , qui renverse , qui vide les coffres des
pères , qui laisse les filles sans dot , les fils sans
éducation, qui fait tant de belles choses et de si
grands maux , toi qui substituas chez moi le fatal et
précieux bureau à la table de bois ; c'est toi qui
perds les nations ; c'est toi qui , peut-être , un
jour, conduiras mes effets sur le pont Saint-michel ,
où l'on entendra la voix enrouée d'un crieur dire :
A vingt louis une Vénus accroupie.

L'intervalle qui restoit entre la tablette de ce
bureau et la tempête de Vernet, faisoit un vide désagréable à l'œil. Ce vide fut rempli par une pendule ;
et quelle pendule encore ! une pendule à la Geoffrin , une pendule où l'or contraste avec le bronze.

Il y avoit un angle vacant à côté de ma fenêtre.
Cet angle demandoit un secrétaire, qu'il obtint.

Autre vide déplaisant entre la tablette du secrétaire et la belle tête de Rubens , et rempli par
deux La-Grenée.

Ici c'est une Magdeleine du même artiste ; là ,
c'est une esquisse de Vien ou de Machi ; car je
donnai dans les esquisses. Et ce fut ainsi que le

réduit édifiant du philosophe se transforma dans le
cabinet scandaleux du républicain. J'insulte aussi
à la misère nationale.

De ma médiocrité première, il n'est resté qu'un
tapis de lisières. Ce tapis mesquin ne cadre guère
avec mon luxe, je le sens. Mais j'ai juré et je
jure, car les pieds de Denis le philosophe ne
fouleront jamais un chef-d'œuvre de la Savon-
nerie, je réserverai ce tapis, comme le paysan
transféré de la chaumière dans le palais de son
souverain, réserva ses sabots. Lorsque le matin,
couvert de la somptueuse écarlate, j'entre dans
mon cabinet, si je baisse la vue, j'apperçois mon
ancien tapis de lisières; il me rappelle mon premier
état, et l'orgueil s'arrête à l'entrée de mon cœur.
Non, mon ami, non; je ne suis point corrompu.
Ma porte s'ouvre toujours au besoin qui s'adresse
à moi; il me trouve la même affabilité. Je l'écoute,
je le conseille, je le secoure, je le plains. Mon
ame ne s'est point endurcie. Ma tête ne s'est point
relevée. Mon dos est bon et rond, comme ci-devant.
C'est le même ton de franchise; c'est la même
sensibilité. Mon luxe est de fraîche date, et le
poison n'a point encore agi. Mais avec le temps,
qui sait ce qui peut arriver? Qu'attendre de
celui qui a oublié sa femme et sa fille, qui
s'est endetté, qui a cessé d'être époux et père,
et qui, au-lieu de déposer au fond d'un coffre
fidèle, une somme utile.... Ah! saint prophète,

levez vos mains au ciel, priez pour un ami en
péril; dites à Dieu : Si tu vois dans tes décrets
éternels que la richesse corrompe le cœur de
Denis , n'épargne pas les chefs-d'œuvre qu'il
idolâtre; détruis-les, et ramène-le à sa première
pauvreté; et moi, je dirai au ciel , de mon côté : O
Dieu, je me résigne à la prière du saint prophète,
et à ta volonté! Je t'abandonne tout; reprends
tout; oui tout, excepté le Vernet. Ah laisse moi
le Vernet. Ce n'est pas l'artiste, c'est toi qui
l'as fait. Respecte l'ouvrage de l'amitié et le tien.
Vois ce phare, vois cette tour adjacente qui s'élève
à droite; vois ce vieil arbre que les vents ont
déchiré. Que cette masse est belle ! Au-dessous
de cette masse obscure , vois ces rochers couverts
de verdure. C'est ainsi que ta main puissante les
a formés; c'est ainsi que ta main bienfaisante les
a tapissés. Vois cette terrasse inégale, qui descend
du pied des rochers vers la mer. C'est l'image
des dégradations que tu as permis au temps d'exercer
sur les choses du monde les plus solides. Ton
soleil l'auroit-il autrement éclairée ? Dieu ! si tu
anéantis cet ouvrage de l'art , on dira que tu es
un dieu jaloux. Prends en pitié les malheureux
épars sur cette rive. Ne te suffit-il pas de leur
avoir montré le fond des abîmes ? Ne les as-tu
sauvés que pour les perdre ? Ecoute la prière de
celui-ci qui te remercie. Aide les efforts de celui-
là qui rassemble les tristes restes de sa fortune,

Ferme l'oreille aux imprécations de ce furieux :
hélas ! il se promettoit des retours si avantageux ;
il avoit médité le repos et la retraite ; il en étoit
à son dernier voyage. Cent fois dans la route,
il avoit calculé par ses doigts le fond de sa fortune ; il en avoit arrangé l'emploi : et voilà toutes
ses espérances trompées ; à-peine lui reste-t-il
de quoi couvrir ses membres nus. Sois touché
de la tendresse de ces deux époux. Vois la terreur
que tu as inspirée à cette femme. Elle te rend
grace du mal que tu ne lui as pas fait. Cependant, son enfant trop jeune pour savoir à quel
péril tu l'avois exposé , lui, son père et sa mère,
s'occupe du fidèle compagnon de son voyage ; il
rattache le collier de son chien. Fais grace à
l'innocent. Vois cette mère fraîchement échappée
des eaux avec son époux ; ce n'est pas pour elle
qu'elle a tremblé, c'est pour son enfant. Vois,
comme elle le serre contre son sein. Vois , comme
elle le baise. O dieu ! reconnois les eaux que tu
as créées. Reconnois-les, et lorsque ton souffle
les agite , et lorsque ta main les appaise. Reconnois les sombres nuages que tu avois rassemblés,
et qu'il t'a plu de dissiper. Déjà ils se séparent,
ils s'éloignent ; déjà la lueur de l'astre du jour
renaît sur la face des eaux ; je présage le calme
à cet horizon rougeâtre. Qu'il est loin cet horizon ! Il ne confine point avec le ciel ; achève
de rendre à la mer sa tranquillité. Permets à ces

matelots de remettre à flot leur navire échoué ;
seconde leur travail ; donne-leur des forces , et
laisse-moi mon tableau. Laisse-le-moi, comme la
verge dont tu châtieras l'homme vain. Déjà ce
n'est plus moi qu'on visite, qu'on vient entendre ;
c'est Vernet qu'on vient admirer chez moi. Le
peintre a humilié le philosophe.

O mon ami, le beau Vernet que je possède !
Le sujet est la fin d'une tempête sans catastrophe
fâcheuse. Les flots sont encore agités ; le ciel
couvert de nuages ; les matelots s'occupent sur
leur navire échoué ; les habitans accourent des
montagnes voisines. Que cet artiste a d'esprit !
Il ne lui a fallu qu'un petit nombre de figures
principales pour rendre toutes les circonstances
de l'instant qu'il a choisi. Comme toute cette
scène est vraie ! Comme tout est peint avec légèreté , facilité et vigueur ! Je veux garder ce
témoignage de son amitié. Je veux que mon gendre
le transmette à ses enfans, ses enfans aux leurs ,
et ceux-ci aux enfans qui naîtront d'eux. Si vous
voyiez le bel ensemble de ce morceau ; comme
tout y est harmonieux ; comme les effets s'y en-
chaînent ; comme tout se fait valoir sans effort
et sans apprêt ; comme ces montagnes de la droite
sont vaporeuses ; comme ces rochers et les édifices surimposés sont beaux ; comme cet arbre
est pittoresque ; comme cette terrasse est éclairée ; comme la lumière s'y dégrade ; comme ces

figures sont disposées , vraies , agissantes, naturelles , vivantes; comme elles intéressent ; la force
dont elles sont peintes ; la pureté dont elles sont
dessinées ; comme elles se détachent du fond ;
l'énorme étendue de cet espace ; la vérité de ces
eaux; ces nuées , ce ciel , cet horizon ! Ici le fond
est privé de lumière , et le devant éclairé , au
contraire du technique commun. Venez voir mon
Vernet; mais ne me l'ôtez pas.

Avec le temps , les dettes s'acquitteront; le remords s'appaisera; et j'aurai une jouissance pure.
Ne craignez pas que la fureur d'entasser de belles
choses me prenne. Les amis que j'avois , je les
ai ; et le nombre n'en est pas augmenté. J'ai Laïs ,
mais Laïs ne m'a pas. Heureux entre ses bras,
je suis prêt à la céder à celui que j'aimerai et
qu'elle rendroit plus heureux que moi. Et pour
vous dire mon secret à l'oreille , cette Laïs, qui
se vend si cher aux autres, ne m'a rien coûté.

LETTRE A MONSIEUR★★★,

SUR L'ABBÉ GALIANI.

Eh bien! Monsieur, vous avez donc quelque
peine à croire qu'un étranger, qui n'a fait en
France qu'un séjour assez court, ait pu se rendre
maître de notre langue au point d'écrire avec
cette facilité, cette force, cette élégance, et sur-
tout ce ton de plaisanterie naturelle qu'on remarque dans les dialogues sur le commerce des
bleds? Mais cet.étranger a vécu dans la meilleure
compagnie; c'est l'abbé Galiani : et cet abbé
n'est point du tout un homme ordinaire. En y
regardant de plus près, vous auriez été frappé
d'une certaine originalité qui ne peut être d'emprunt; et vous en auriez conclu, ou que l'abbé
Galiani n'avoit pas fait un mot de son ouvrage,
ou qu'il l'avoit fait tel qu'il est. Ceux qui l'ont
un peu connu, vous diront tous que ses dialogues
sont calqués sur sa conversation. Ainsi, Monsieur,
plus de doute sur ce point. Quant à l'ouvrage
italien, dont la gazette de France du 9 novembre
de l'année dernière annonce une traduction françoise, voici ce que j'en sais.

En 1726, avant que l'abbé Galiani fût né,
Barthelemi Intieri, Toscan, homme de lettres,
géomètre et mécanicien du premier ordre, ins-

venta une étuve à bled. En 1754, Intieri étoit
âgé de quatre-vingt-deux ans, et presque aveugle.
L'abbé Galiani desira que sa machine utile fût
connue; il écrivit donc le petit traité qui a pour
titre : *Della perfetta conservazione del grano ;* et
comme sa fantaisie a toujours été de garder l'anonyme, il n'avoua point cet ouvrage, qu'il laissa
paroître sous le nom de l'inventeur Intieri: mais
personne n'ignora qu'il en étoit l'auteur; et dans
les premiers temps de son séjour à Paris, il m'en
fit présent, ainsi qu'à quelques autres hommes
de lettres avec lesquels il étoit en liaison. Le
frère de l'abbé Galiani avoit dessiné les planches,
au bas desquelles on lit même son nom dans
l'édition italienne. M. Duhamel, de notre académie
des sciences, toujours poussé du beau zèle de
nous enrichir des inventions étrangères, ne dé-
daigna pas de publier la machine d'Intieri, sans
se souvenir de l'auteur. Le marquis Galiani, frère
de l'abbé, lui en avoit envoyé les dessins, que
notre académicien fit regraver, mais sans nous
prévenir que les additions et variations qu'il adop-
toit d'après Intieri, et qu'il donnoit comme des
moyens de perfection, étoient impraticables dans
l'exécution. Vous conclurez de ce petit historique
littéraire tout ce qu'il vous plaira. Quant à moi,
l'abbé Galiani ayant publié, en 1754, son ouvrage sur la conservation des grains; et en 1749,
son traité de la monnoie, il me semble que c'est

mal-à-propos qu'on a traité d'intrus, de nouveau venu dans l'étable économique, le premier né du troupeau ; et qu'on auroit bien fait de le laisser tranquille dans le coin qu'il y occupoit depuis vingt ans, époque antérieure à la formation du bercail.

Comme j'aime à m'entretenir de mes amis., je ne puis me refuser à l'occasion de vous instruire de quelques particularités de la vie studieuse de notre cher abbé : je. dis notre cher abbé, parce qu'il est cher à beaucoup d'autres qu'à moi.

Il naquit à Naples le 2 décembre 1728. Il se fit connoître en 1648, par une plaisanterie poétique et une oraison funèbre du grand-maître des hautes-œuvres à Naples, Dominique Jannaccone d'illustre mémoire. Son traité de la monnoie parut en 1749, et son ouvrage sur la conservation des bleds, en 1754. En 1755, il écrivit une dissertation sur l'histoire naturelle du Vésuve. Cette dissertation, qui n'a point été imprimée, fut envoyée au pape Benoît XIV, avec une collection des pierres produites par ce volcan. M. Bernard de Jussieu la connoît, et quelques affiliés à la secte économique en ont eu communication. En 1756, il fut nommé de l'académie d'Herculanum ; et il a eu beaucoup de part au premier volume des planches. Il composa à cette occasion, sur la peinture des anciens, une dissertation fort étendue, dont M. l'abbé Arnaud a été à portée de juger. Mais celui de ses ouvrages qu'il estime le plus est son oraison funèbre de Benoît XIV; je la connois, et c'est à mon avis un morceau plein d'éloquence et de nerf. La nécessité de se livrer aux affaires politiques ralentit sa course dans une carrière où il étoit entré à l'âge de dix-neuf ans. Il vint en France, où il ne produisit plus que des clandestins, si l'on en excepte son dernier ouvrage sur le commerce des bleds; modèle de dialogues qui restera à côté des lettres de Pascal, long-temps après qu'il ne sera plus question ni des sujets, ni des personnages dont ces deux beaux génies se seront occupés. Nous connoissions tous ici son commentaire sur Horace, ouvrage savant et gai, fruit d'un de ses momens de tristesse et d'ennui. On formeroit une liste considérable des pièces recélées dans son porte-feuille; on y trouveroit, à côté de son morceau sur les peintures d'Herculanum et de sa dissertation sur le Vésuve, une traduction de l'ouvrage de Locke sur les monnoies, avec des notes de sa façon: une traduction en vers du premier livre de l'anti-Lucrèce; quelques poésies; une dissertation sur les rois carthaginois; et d'autres écrits sur différens points d'érudition.

Je connois peu d'hommes qui aient autant lu, plus réfléchi et acquis une aussi ample provision

de connoissances. Je l'ai tâté par les côtés qui
me sont familiers, et je ne l'ai trouvé en défaut
sur aucun. Sa pénétration est telle, qu'il n'y a
point de matière ingrate ou usée pour lui. Il a
le talent de voir dans les sujets les plus communs
toujours quelque face qu'on n'avoit point observé ;
de lier et d'éclaircir les plus disparates par des
rapprochemens singuliers ; et de trancher les difficultés les plus sérieuses, par des apologues originaux dont les esprits superficiels ne sentent pas
toute la portée. Il n'appartient pas à tout le monde
de saisir sa plaisanterie. Gai en société, je le
crois mélancolique quand il est seul. Il parle volontiers et long-temps ; mais quand on aime à
s'instruire, on ne l'accuse pas d'avoir trop parlé.
Sans lui supposer une haute opinion de l'honnêteté
de l'espèce humaine, je ne l'en crois pas plus
méfiant ; quoiqu'il y ait dans sa politique et sa
morale de conversation une teinte de machia-
vélisme, je le tiens pour homme d'une probité
rigoureuse. Il est bien plat de juger sans cesse les
mœurs par les principes spéculatifs. C'est ainsi
que je vois les hommes ; donc c'est ainsi que
je me conduis avec eux : ou bien, mon expérience
m'apprend que la plupart des hommes se con-
duisent ainsi ; donc je me conduirai comme eux ;
belle conséquence ! Quant à ces théories politiques
qui nous sont proposées comme des vérités éter-

nelles par des gens qui n'ont vu la société que
par le goulot étroit de la bouteille des abstrac-
tions, personne, je l'avoue, n'en avoit un plus
souverain mépris. Le reste après sa mort, si je
lui survis.

J'ai l'honneur d'être, monsieur, etc.

SUR LES LETTRES

D'UN FERMIER DE PENSYLVANIE,

aux habitans de l'Amérique septentrionale.

C'est une grande querelle que celle de l'Angleterre avec ses colonies. Savez-vous, mon ami, par où nature veut qu'elle finisse ? Par une rupture. On s'ennuie de payer, aussi-tôt qu'on est le plus fort. La population de l'Angleterre est limitée ; celle des colonies ne l'est pas. Avant un siècle, il est démontré qu'il y aura plus d'hommes à l'Amérique septentrionale, qu'il n'y en a aujourd'hui dans l'Europe entière. Alors un des bords de la mer dira à l'autre bord : Des subsides ? Je ne vous en dois pas plus que vous ne m'en devez. Faites vos affaires, et laissez-moi faire les miennes. Me pourvoir des choses dont j'ai besoin, chez vous, et chez vous seul ? Et pourquoi, si je le puis avoir plus commodément et à meilleur prix ailleurs ? Vous envoyer les peaux de mes castors, pour que vous m'en fassiez des chapeaux ? Mais vous voyez bien que cela est ridicule, si j'en puis faire moi-même. Ne me demandez donc pas cela. C'est ainsi que ce traité de la mère-

patrie avec ses enfans, fondé sur la supériorité
actuelle de la mère-patrie, sera méprisé par
les enfans quand ceux-ci seront assez grands.

Voici une exposition abrégée des démêlés présens
de l'Angleterre et de ses colonies. Lorsque l'Angleterre avoit besoin des subsides de ses colons, elle
faisoit remettre par les gouverneurs d'outre-mer,
aux assemblées provinciales, des lettres circu-
laires écrites au nom du roi, par le secrétaire
d'état qui en faisoit la demande. Le parlement
s'adressoit aux colonies, précisément comme le
roi s'adresse au parlement. Les colonies s'impo-
soient elles-mêmes. Le parlement a tenté de
changer cette taxe volontaire en une taxe arbitraire.

L'assujettissement au papier timbré dans tous
les actes civils fut le premier écart de la forme
de réquisition accoutumée. Celui qui forma le
projet de lever arbitrairement de l'argent sur les
Américains par ce moyen, sentit toute l'oppo-
siton qu'il y trouveroit. Pour prévenir cette opposition, l'acte du timbre fut accompagné d'un bill
qui autorisoit les officiers des troupes réparties
dans les différentes contrées, à loger leurs soldats
dans les maisons particulières.

L'acte du timbre n'eut point lieu; quant au
bill qui exigeoit des assemblées provinciales de
loger des soldats, il fut modifié. L'entrée des
maisons fut fermée aux soldats, et les assemblées
fournirent aux troupes des provisions; mais cha-

cune à sa manière , sans prendre aucunement
connoissance du bill. Elles affectèrent de donner à
leur acquiescement la forme d'un acte volontaire
et libre. Les gouverneurs d'outre-mer mirent tout
en œuvre pour traduire cette conduite comme
une rébellion ; et le parlement indigné , spécialement contre la province de la Nouvelle-Yorck,
ôta à cette province tout pouvoir de législation.

Cependant le projet d'asseoir une taxe arbitraire en Amérique ne fut point abandonné. On
en tenta l'exécution sous une autre forme. Les
colons sont possesseurs de certaines matières premières qu'ils n'ont ni le droit de manufacturer,
ni de prendre ailleurs que chez leur mère-patrie.
Ce fut sur ces matières manufacturées, qu'on ima-
gina d'établir des impôts. On devoit fornier un
bureau de péages et envoyer à Boston une légion
de commis chargés du recouvrement de ces impôts , qui , selon l'énonciation de l'acte , étoient
destinés à payer les honoraires des gouverneurs,
juges et autres officiers de la couronne en Amérique , parce que c'étoit une spéculation générale
en Angleterre, que ces officiers ne doivent dé-
pendre des colons pour aucune partie de leur
entretien. Les Américains furent , comme on le
pense bien , révoltés , et de l'impôt , et de l'emploi
de l'impôt.

Le démêlé de l'Angleterre avec ses colonies
en est là ; et c'est pour confirmer les Anglois de

l'Amérique dans leur opposition à ces deux points
que les lettres du fermier ont été écrites. Ces
lettres sont pleines de raison, de simplicité et
de véritable éloquence. Elles ont eu quarante éditions à Londres en moins d'une année. Un monsieur Dikinson, qui en est l'auteur, est à-peine
âgé de trente-trois ans. Il exerce la profession
d'avocat à Philadelphie, où il a été surnommé
le Démosthène de l'Amérique. En considération
de son rôle patriotique, un ecclésiastique de la
Virginie lui a envoyé en présent dix mille livres
sterlings. Les femmes de Boston ont renoncé aux
rubans, jusqu'à ce que cette affaire soit finie.
Elle finira comme elle pourra ; en attendant, celui
qui le premier a mis les colonies dans le cas de
prendre leur quant à moi, est un fou.

J'ai été un peu surpris de voir paroître ici la
traduction de ces lettres. Je ne connois aucun
ouvrage plus propre à instruire des peuples de
leurs droits inaliénables, et à leur inspirer un amour
violent de la liberté. Parce que M. Dikinson
parloit à des Américains, ils n'ont pas conçu
que ses discours s'adressoient à tous les hommes.
Mon dessein étoit de vous en recueillir les principes généraux ; mais je m'en tiendrai à quelques
morceaux de la dernière lettre, qui a pour titre :
Assoupissement, avant-coureur de l'esclavage.
Voici comme elle commence.

« Un peuple marche à grands pas vers sa des-

» truction, lorsque les particuliers considèrent
» leurs propres intérêts comme indépendans de
» ceux du public. De telles idées sont fatales à
» leur patrie et à eux-mêmes. Cependant combien
» n'y a-t-il pas d'hommes assez foibles et assez
» vils, pour croire qu'ils remplissent tous les devoirs
» de la vie, lorsqu'ils travaillent avec ardeur à
» accroître leurs richesses, leur puissance et leur
» crédit, sans avoir le moindre égard à la société
» sous la protection de laquelle ils vivent ; qui, lors-
» qu'ils peuvent obtenir un avantage. immédiat et
» personnel, en prêtant leur assistance à ceux dont
» les projets tendent manifestement au détriment de
» leur patrie, se félicitent de leur adresse, et se
» croient fondés à s'arroger le titre de fins poli-
» tiques ? Misérables ! dont il est difficile de dire
» s'ils sont plus dignes de mépris que de pitié,
» mais dont les principes sont certainement aussi
» détestables que leur conduite est pernicieuse » !

Il peint ensuite la conduite de ces hommes ;
les espérances, les terreurs dont il faut se garantir ;
puis il ajoute :

« Notre vigilance et notre union feront notre
» succès et notre sûreté. Evitons également le
» morne engourdissement et la vivacité fébrile·
» Remplissons-nous d'une générosité véritablement
» sage. Considérons – nous comme des hommes
» et des hommes libres. Gravons réciproquement
» dans nos cœurs ; disons-nous en nous rencontrant

» dans les rues, en entrant dans nos maisons,
» en en sortant, que nous ne saurions être heu-
» reux, sans être libres; que nous ne saurions être
» libres, sans être assurés de nos propriétés ; que
» nous ne saurions être assurés de nos propriétés,
» si d'autres ont droit d'y toucher sans notre aveu;
» que des taxes arbitraires nous les enlèvent; que
» des droits établis dans la seule vue de lever de
» l'argent sont des prétextes arbitraires ; qu'il faut
» s'opposer immédiatement et vigoureusement aux
» tentatives d'imposer de tels droits ; que cette
» opposition ne peut être efficace sans la réunion
» commune des efforts ; et qu'en conséquence
» l'affection réciproque des provinces et l'una-
» nimité des résolutions est essentielle à notre salut.
» Nous sommes destinés par la nature dans l'ordre
» marqué des choses, pour être les protecteurs
» des générations à venir, dont le sort dépend de
» notre vertu. C'est à nous à savoir si nous don-
» nerons la naissance à des nobles et incontestables
» héritiers de nos titres, ou à de bas valets de
» maîtres impérieux. Pour moi, je défendrai de
» toutes mes forces la liberté que mes pères
» m'ont transmise. Le ferai-je utilement ou sans
» fruits ? c'est de vous, mes chers compatriotes,
» que cela dépend ».

On nous permet la lecture de ces choses-là,
et l'on est étonné de nous trouver, au bout d'une
dixaine d'années, d'autres hommes. Est-ce qu'on

ne sent pas avec quelle facilité des ames un peu
généreuses doivent boire ces principes et s'en
enivrer ? Ah ! mon ami, heureusement les tyrans
sont encore plus imbécilles qu'ils ne sont méchans ; ils disparoissent ; les leçons des grands
hommes fructifient, et l'esprit d'une nation s'a-
grandit.

LETTRE

DE M. DE RAMSAY,

Peintre du roi d'Angleterre,

A M. DIDEROT.

AVERTISSEMENT DE L'ÉDITEUR.

L'ORIGINAL de la lettre qu'on va lire, est en anglois : Diderot, à qui elle est adressée, jugeant avec raison que les objections de M. de Ramsay étoient trop graves pour être négligées, traduisit sa lettre dans le dessein d'en envoyer une copie à Beccaria, et de lui offrir ainsi une occasion de perfectionner son ouvrage : mais sur ce qu'il apprit bientôt de l'extrême sensibilité de l'auteur du *Traité des délits*, etc., il changea d'avis, et le laissa jouir tranquillement du succès mérité de son livre. Ceux qui entendent la matière que M. de Ramsay discute dans sa lettre, sentiront combien les difficultés qu'il y propose méritoient d'être examinées et résolues ; et ils regretteront que Beccaria n'en ait pas eu connoissance, lorsqu'il s'occupoit de la seconde édition de son ouvrage. Je pressai alors Diderot de les lui envoyer : mais l'original et la traduction étoient mêlés et confondus avec d'autres papiers qu'il n'eut pas la patience de débrouiller. Incapable de s'assujettir à un certain ordre qui économise le temps des recherches, et qui les rend même faciles, il égaroit souvent les feuilles de l'ouvrage auquel il travailloit ; et il aimoit mieux les refaire, au risque même de dire moins bien, comme cela lui arrivoit quelquefois, que de perdre un quart-d'heure à les chercher. La lettre de Ramsay ne fut donc point communiquée à Beccaria, à qui elle auroit pu être très-utile ; et Diderot ne l'a même retrouvée, ainsi que sa traduction, que long-temps après, lorsqu'il projeta de recueillir tous ses ouvrages, de les revoir, de les corriger, et d'en préparer une édition complète.

LETTRE

DE M. DE RAMSAY,

Peintre du roi d'Angleterre,

A M. DIDEROT.

Il y a environ un mois que je vous envoyai,
par mon très-digne ami M. Burke, un exemplaire des Leçons de Shéridan, les Odes de Grey,
avec le portrait gravé de M. Bentley. Je compte
qu'ils vous seront parvenus; mais si par quelqu'accident ils s'étoient égarés, je vous prie de
me le faire savoir, afin qu'on puisse les recouvrer,
ou vous en envoyer d'autres.

Voilà ce qu'un marchand appelleroit le nécessaire; mais le nécessaire est bien court entre
ceux qui trafiquent d'esprit. Si l'on se réduit au
nécessaire absolu, adieu la poésie, la peinture,
toutes les branches agréables de la philosophie, et
salut à la nature de Rousseau, à la nature à quatre
pattes. Afin donc que cette lettre ne ressemble pas
tout-à-fait à une lettre d'avis, j'y ajouterai quelques
réflexions sur le traité *De i delitti e delle pene*,
dont vous et M. Suart me parlâtes chez M. le baron
d'Holbach, lors de mon séjour à Paris.

Je n'ai fait qu'une légère lecture de ce traité,

et je me propose de le relire plus attentivement à
mon premier loisir. A en juger au premier coup-
d'œil, il me paroît renfermer plusieurs observations ingénieuses, entre lesquelles quelques-
unes pourroient peut-être avoir le bon effet qu'en
attend l'auteur, plein d'humanité. Mais à considérer cet ouvrage comme un système, j'en trouve
les fondemens bien incertains, bien en l'air, pour
y bâtir rien de solide et d'utile, à quoi l'on puisse
se fier. La notion d'un contrat social où l'on montre
le pouvoir souverain comme résultant de toutes
les petites rognures de la liberté de chaque particulier, notion qu'on ne sauroit guère contredire en
Angleterre, sans être l'hérétique le plus maudit,
n'est, après tout, qu'une idée métaphysique dont
on ne retrouvera la source dans une transac-
tion réelle, soit en Angleterre, soit ailleurs. L'histoire et l'observation nous apprennent que le nombre de ceux qui veillent actuellement à l'exécution,
de ce prétendu contrat, de cet accord imaginé
sur la formation des loix, quoique plus considérable dans un état que dans un autre, est toujours
très-petit en comparaison du nombre de ceux
qui sont obligés à l'observation des loix, sans avoir
jamais été ni appelés, ni consultés, soit avant,
soit après qu'elles ont été rédigées. C'est donmage
que l'habile auteur de l'ouvrage en question n'ait
pas pris le revers de sa méthode, et tenté, d'après
une recherche sur l'origine actuelle et réelle des

différens gouvernemens et de leurs différentes loix, d'en tirer quelque principe général de réformation ou d'institution. Son succès en auroit peut-être été plus assuré ; et il se seroit à coup sûr garanti de ces ambiguités, pour ne pas dire contradictions où s'embarrassera toujours l'auteur d'un système qui n'aura pas été pris dans la nature. Celui-ci, par exemple, avoue que chaque homme, en contribuant à sa caisse imaginaire, n'y met que la plus petite portion possible de sa propre liberté, et qu'il seroit sans cesse disposé à reprendre cette quote-part, sans la menace ou l'action d'une force toujours prête à l'en empêcher. La force doit donc être reconnue au-moins comme le lien de ce contrat volontaire. Et certainement, si pour quelque cause que ce fût, un homme se laissoit pendre sans y être contraint, il différeroit peu ou point du tout d'un homme qui, dans les mêmes circonstances, se pendroit de lui-même, sorte de conduite qu'aucun principe de morale politique n'a encore entrepris de justifier. Dans un autre endroit, il reconnoit que les sujets n'auroient point accédé à de pareils contrats, s'ils n'y avoient été contraints par la nécessité, expression obscure et susceptible de plusieurs sens, entre lesquels il est incertain que celui de l'auteur soit que ces contrats ont été volontaires, et que les hommes y ont été amenés par le besoin ou la nécessité. Cela n'est point suffisamment expliqué.

Lorsqu'au milieu des difficultés et des imperfec-
tions sans nombre d'une langue quelle qu'elle soit,
un auteur négligera de fixer par des exemples la
signification de ces mots, il aura bien de la peine à
se préserver de l'ambiguité, sorte d'écueil qu'évi-
tera toujours celui qui s'en tient à la morale
purement expérimentale. Qu'il ait tort ou qu'il
ait raison, il sera toujours clair et intelligible.
Après tout, si notre Italien n'entend autre chose
par son contrat social, que ce qu'ont entendu
quelques-uns de nos auteurs anglois, savoir l'obligation tacite, réciproque des puissans de protéger
les foibles en retour des services qu'ils en exigent,
et les foibles de servir les puissans en retour de
la protection qu'ils en obtiennent ; nous sommes
prêts à convenir qu'un tel tacite contrat a existé
depuis la création du monde, et subsistera tant
qu'il y aura deux hommes vivant ensemble sur
la surface de la terre. Mais avec quelle circonspection n'éleverons - nous pas sur cette pauvre
base un édifice de liberté civile, lorsque nous
considérerons qu'un contrat tacite de cette espèce
subsiste actuellement entre le grand Mogol et
ses sujets, entre les colons de l'Amérique et
leurs nègres, entre le laboureur et son bœuf ; et
que peut-être ce dernier est de tous les contrats
tacites celui qui a été le plus fidèlement et le
plus ponctuellement exécuté par les parties con-
tractantes ?

Mais pour en venir à quelque chose qui ait
un rapport plus immédiat à la nature du traité
des délits , il dit qu'en politique morale il n'y a
aucun avantage permanent à espérer de tout ce
qui n'est pas fondé sur les sentimens indélébiles
du genre humain ; et c'est là certainement une
de ces vérités incontestables à laquelle doivent
faire une égale attention , et ceux qui se proposent d'instituer des loix , et ceux qui ne se
proposent que de les réformer : mais après le
désir de sa propre conservation, y a-t-il dans
l'homme un sentiment plus universel , plus inef-
façable , que le desir de la supériorité et du commandement ? sentiment que la nécessité présente
peut réprimer , mais jamais éteindre dans le cœur
d'aucun mortel. Peu sont capables de remplir les
devoirs de chef ; tous aspirent à l'être. La chose
étant ainsi , si l'on veut prévenir les suites dan-
géreuses du passage continuel de la puissance d'une
main dans une autre , il est donc nécessaire que
ceux qui en sont actuellement revêtus usent de
tous les moyens dont ils peuvent s'aviser pour
maintenir leur autorité , sur-tout si leur salut est
étroitement lié avec cette puissance.

De-là naissent quelques conséquences qui me
paroissent ne pouvoir pas facilement découler de
la même source et du même canal d'où l'auteur
tire les siennes.

1.° C'est que , plus le nombre des contractans

actuels, maîtres ou chefs, en quelque société que
ce soit, sera petit en comparaison du corps entier,
plus la force et la célérité de la puissance exé-
cutrice doivent, pour la sécurité de ses maîtres
ou chefs, s'augmenter; et cela à proportion du
nombre de ceux qui sont gouvernés, ou, comme
disent les géomètres, en raison inverse de ceux
qui gouvernent.

2.° C'est que, la partie gouvernée étant toujours la plus nombreuse, on ne peut l'empêcher
de troubler la partie qui gouverne qu'en pré-
venant son concert et ses complots.

3.° C'est que, dans les cas où le gouvernement
ne porte pas sur une ou deux jambes, il est
aisément renversé; et que par conséquent il importe de prévenir et de punir, par un dégré de
sévérité et de terreur proportionné au péril, toute
entreprise, toute cabale, tout complot, tout
concert, qui, plus il seroit secret, plus il seroit
sagement conduit, plus sûrement il deviendroit
fatal du-moins aux chefs, si ce n'est à toute la
nation, à-moins qu'il ne fût étouffé dans sa naissance.

Ceux donc qui proposeroient dans les gouvernemens d'une certaine nature de supprimer
les tortures, les roues, les empalemens, les te-
naillemens, le fond des cachots, sur les soupçons
les plus légers; les exécutions les plus cruelles
sur les moindres preuves, tendroient à les priver

des meilleurs moyens de sécurité, et abandon-
neroient l'administration à la discrétion de la première poignée de déterminés qui aimeroit mieux
commander qu'obéir. La cinquantième partie des
clameurs et des cabales, qui suffirent à-peine
au bout de vingt années pour déplacer Robert
Walpoole, auroit en moins de deux heures, si
on les avoit souffertes à Constantinople, envoyé
le Sultan à la tour noire, et ensanglanté les
portes du serrail de la chute des meilleures têtes
du Divan.

En un mot, les questions de politique ne se
traitent point par abstraction, comme les questions de géométrie et d'arithmétique. Les loix
ne se formèrent nulle part *à priori*, sur aucun
principe général essentiel à la nature humaine.
Par-tout elles découlèrent des besoins, des circonstances particulières des sociétés ; et elles n'ont
été corrigées, par intervales, qu'à mesure que
ces besoins, circonstances, nécessités réelles ou
apparentes venoient à changer. Un philosophe
donc qui se résoudroit à consacrer ses médita-
tions et ses veilles à la réforme des loix, (et à
quoi les pensées d'un philosophe pourroient-elles
mieux s'employer ?) devroit arrêter ses regards
sur une seule et unique société à-la-fois ; et si
parmi ses loix et ses coutumes il en remarquoit
quelques - unes d'inutilement sévères, je lui conseillerois de s'adresser à ceux d'entre les chefs de

cette société dont il pourroit se promettre d'é-
clairer l'entendement ; et de leur montrer que
les besoins, les circonstances, les nécessités et
les dangers, à l'occasion desquels on a inventé
ces sévérités, ou ne subsistent plus, ou qu'on
peut y pourvoir par des moyens plus doux pour
les sujets, et du-moins également sûrs pour les
chefs. Les sentimens de pitié que l'Être tout-
puissant a plus ou moins semés dans les cœurs
des hommes, joints à la politique commune et
ordinaire de s'épargner tout dégré superflu de
sévérité, ne pourroient manquer d'obtenir un favorable accueil à une modeste remontrance de
cette nature ; et produire des effets desirés, que
le ton haut, fier et injurieux empêcheroit vraisemblablement. Mais si un philosophe, et dans
ce qu'il propose, et dans la manière dont il propose ses vues sur la réforme des loix, oublie
que les hommes sont hommes, n'a aucun égard
à leur foiblesse, à leur morgue même, ne con-
sulte ni l'honneur, ni le bien-être, ni la sécurité de ceux qui ont seuls le pouvoir de donner
la sanction à ces loix, ou que peut-être il n'ait
jamais pris la peine de savoir quelles sont les
personnes en qui réside ce pouvoir, toutes ses
peines n'aboutiront à rien ou à peu de chose,
du-moins pour le moment. En vain se plain-
dra-t-il que, *gli homini lasciano per lo piu in*
abbandono i piu importanti regolmenti alla

*discrezione di quelli l'interesse di quali è di op-
porsi alle più provide leggi,* de ce que les hommes
pour la plupart du temps abandonnent les ré-
glemens les plus importans à la discrétion de ceux
dont l'intérêt est de s'opposer aux plus sages
loix ; ces personnes pár lesquelles il entend sans-
doute les riches et les puissans, lui diront qu'on
n'abandonna jamais à leur discrétion la confection
des loix; que tous ont également et de tout temps
envié cette prérogative ; mais qu'elle leur est
dévolue tout naturellement, parce qu'ils étoient
les seuls propres à la posséder. Ils lui diront que
cela n'est arrivé, ni par accident, ni par négligence, ni par abus, ni par mépris ; mais
par des loix invariables et éternelles de nature,
l'une desquelles a voulu que la force en tout et
par-tout commandât à la foiblesse ; loi qui s'exécute et dans le monde physique et dans le monde
moral ; et au centre de Paris et de Londres,
et dans le fond des forets ; et parmi les hommes
et parmi les animaux.

Envain s'indignera-t-il de ce que les loix sont nées
pour la plupart d'une nécessité fortuite et passagère.
Ils lui diront que sans la nécessité il n'y auroit point
eu de loi du tout ; et que c'est à la même nécessité
que les loix actuelles sont soumises, prêtes à céder
et à durer, quand et tant qu'il lui plaira.

En vain s'écriera-t-il : *Felici sono quelle po-
chissime nationi, che non aspettarono che il lente*

*moto delle combinazioni et vicissitudini humane
facesse succedere all' estremità de i mali un
aviamento al bene, ma ne accelerarono i pas-
sagi intermedi con buone leggi.* Heureux le très-
petit nombre de nations qui n'attendirent pas
que le mouvement lent des combinaisons et des
vicissitudes humaines fît naître à l'extrémité des
maux un acheminement au bien, mais qui par
de bonnes loix en abrégèrent les passages intermédiaires. Ils lui diront qu'il s'est tout-à-fait trompé
sur un point de fait; et qu'il n'y a jamais eu
de nations telles qu'il les représente. Ils lui diront
que, s'il veut se donner la peine d'examiner soi-
gneusement l'histoire et les archives des nations
qu'il a vraisemblablement en vue, il trouvera qué
les loix qu'il préconise le plus sont sorties de ces
combinaisons, de ces vicissitudes humaines auxquelles il dispute si dédaigneusement le droit de législation. Ils lui diront que la plupart de ces loix
ont été tracées avec la pointe de l'épée, et les
tracés humectées de sang humain, et toutes à
l'avantage et au profit de leurs instituteurs; et
qu'aucune d'elles peut-être ne fut dictée par des
philosophes théoriciens, pas de subtils abstracteurs,
par de froids examinateurs de la nature humaine.

Et, selon toute apparence, ils conclueront leurs
remarques par lui dire avec leur insolence ordinaire, que, quoi qu'il en soit, sa bonne intention
et ses efforts lui procureront les éloges et les re-

mercîmens des partisans ignorés et paisibles de la raison, gens aussi inexpérimentés qu'insignifians; que quant à eux, maîtres et chefs , il peut tenir pour certain qu'ils ne souffriront jamais qu'on leur enlève, avec de la métaphysique et des injures, les avantages qu'il a plu à la force secondée de la fortune de mettre entre leurs mains , à-moins qu'on ne leur offre quelque meilleure perspective que celle de tomber en d'autres mains , dont il n'est pas à supposer qu'ils obtinssent un traitement plus raisonnable et plus humain , à-moins d'une révolution universelle et d'une refonte générale en toutes les autres choses , comme en celle-ci.

Or, comme ce seroit une étrange folie, que d'attendre cette révolution universelle , cette refonte générale ; et que même , ces deux choses ne pouvant guère s'effectuer que par des voies très-violentes , ce seroit du-moins pour la génération présente un très-grand malheur , dont la compensation seroit fort incertaine pour la génération future ; tout ouvrage spéculatif, tel que celui *De i delitti e delle pene* , rentre dans la cathégorie des utopies , des républiques à la Platon et autres politiques idéales , qui montrent bien l'esprit, l'humanité et la bonté d'ame des auteurs , mais qui n'ont jamais eu et n'auront jamais aucune influence actuelle et présente sur les affaires ; et que le seul bon ouvrage en ce genre , ce seroit celui qui , fondé sur l'étude la plus profonde, la connoissance expérimentale et longue d'un gouvernement, puis d'un autre gouvernement, et des intérêts actuels des chefs, de leurs vûes, de leur sécurité, tout en indiquant, si l'on veut, dans une préface, morceau communément assez superflu, ce qu'il y a de mieux en abstraction, sépareroit certains points particuliers dont on se réduiroit à demander humblement aux chefs l'abrogation, comme d'énormités qui furent peut-être autrefois essentielles à leur salut et bien-être, mais qui pour le présent n'ont aucun trait à ces deux objets respectables, etc. etc.

Je sais bien que ces principes généraux qui tendront à éclairer et améliorer l'espèce humaine en général, ne sont pas absolument inutiles; mais je n'ignore pas qu'ils n'amèneront jamais une sagesse générale. Je sais bien que la lumière nationale n'est pas sans quelqu'effet sur les chefs, et qu'il s'établit en eux, malgré eux, une sorte de respect qui les empêche d'être absurdes, quelquefois autant qu'ils auroient bonne envie de l'être; mais je n'ignore pas que c'est à condition qu'il ne s'agira ni de leur prérogative, ni de leur puissance, ni de leur sécurité, ni de leur autorité, ni de leur salut. Osez, en quelque lieu du monde que ce soit, avancer quelque proposition contraire à ces objets qu'ils ont consacrés tant qu'ils ont pu dans les têtes des hommes; et vous verrez le traitement que l'on vous fera.

Je sais que cette lumière générale tant vantée, est une belle et glorieuse chimère dont les philosophes aiment à se bercer, mais qui disparoîtroit bientôt s'ils ouvroient l'histoire, et s'ils y voyoient à quoi les meilleures institutions sont dues. Les nations anciennes ont toujours passé, et toutes les nations modernes passeront avant que le philosophe et son influence sur les nations aient corrigé une seule administration ; et pour en venir à quelque chose qui vous soit propre, je sais bien que la différence de la monarchie et du despotisme consiste dans les mœurs, dans cette confiance générale que chacun a dans les prérogatives de son état respectif ; que quand cette confiance, qui fait les mœurs de cette monarchie, est forte et haute, le chef n'ose la braver entièrement ; que le sultan dit à Constantinople indistinctement de l'un de ses noirs, et d'un Cadi qui commet une indiscrétion, qu'on lui coupe la tête ; et que la tête du Cadi et de l'esclave tombe avec aussi peu de conséquence l'une que l'autre ; et qu'à Versailles on châtie très-diversement le valet et le duc indiscrets ; mais je n'ignore pas que le soutien général de ces sortes de mœurs tient à un autre ressort que les écrits des sages ; qu'il est même d'expérience, et d'expérience de tout temps, que les mœurs dont il s'agit sont tombées à mesure que les lumières générales se sont accrues. Je me chargerois même de dé-

montrer que cela a dû arriver, et que cela arrivera toujours par la nature même d'un peuple
qui s'éclaire. Je sais bien que quand ces sortes
de mœurs; dont le monarque ressent et partage
l'influence, ne sont plus, le peuple est au plus bas
point de l'avilissement et de l'esclavage, parce
qu'alors il n'y a plus qu'une condition, celle de
l'esclave. Je sais bien que, plus cette échelle
d'états est longue et distincte, et plus chacun
est ferme sur son échelon, plus le monarque diffère
du despote, du tyran; mais je défie et l'auteur
des délits et des peines, et tous les philosophes
ensemble, de me faire voir que leurs ouvrages
aient jamais empêché cette échelle de se raccourcir de plus en plus, jusqu'à ce qu'enfin ses
deux bouts se touchassent. Enfin, pour en dire
mon avis, les cris des sages et des philosophes
sont les cris de l'innocent sur la roue, où ils ne
l'ont jamais empêché et jamais ne l'empêcheront
d'expirer, les yeux tournés vers le ciel, qui sus-
citera peut-être l'extravagance, l'enthousi sue,
le délire religieux, ou quelqu'autre folie venge-
resse, qui exécutera ce que toute leur sagesse
n'aura pu faire. Ce n'est jamais la harangue du
sage qui désarme le fort; c'est une autre chose,
que la combinaison des événemens fortuits amène.
En attendant, il ne faut pas vouloir en arracher,
mais il faut en supplier humblement le bien qu'il
peut accorder, sans se nuire à lui-même.

LETTRE

A M. L'ABBÉ GALIANI,

SUR

la sixième Ode du troisième livre d'Horace.

Vous croyez, monsieur et cher abbé, que je vais vous parler de moi et de tous les honnêtes gens que vous avez quittés avec tant de regrets, et qui vous reverroient avec tant de plaisir ; du vide que vous avez laissé dans la synagogue de la rue Royale ; de nos affaires publiques et particulières ; de l'état actuel des sciences et des arts parmi nous ; de nos académies et de nos coulisses ; de nos acteurs, de nos catins et de nos auteurs. Cela seroit peut-être plus amusant qu'une querelle d'érudition. Mais cette querelle s'est élevée entre M. Naigeon et moi sur la sixième ode du troisième livre d'Horace, qui commence par cette strophe :

> Delicta majorum immeritus lues,
> Romane, donec, etc....

Nous vous avons choisi pour juge ; et vous nous jugerez, s'il vous plaît.

Jusqu'à présent on a traduit la première strophe

de la manière qui suit : « Romain , tu seras châtié ;
» sans l'avoir mérité , des fautes de tes ancêtres,
» tant que tu ne relèveras pas les temples qu'ils
» ont élevés ; et que tu laisses tomber en ruine ;
» tant que tu ne répareras pas les édifices sacrés ,
» et que les simulacres des dieux resteront noircis
» et gâtés par la fumée ».

Je pense que cette version contredit le but de
l'auteur, détruit la clarté du poëme, et y répand
un air de galimatias indigne d'un écrivain aussi
élégant et aussi judicieux qu'Horace.

Je prétends qu'il faut rapporter *majorum* à
immeritus , et non pas à *delicta* , et qu'il faut
traduire : Romain, indigne de tes ancêtres , tu
seras châtié de tes forfaits , tant que tu ne relèveras pas , etc.

Je soutiens que l'expression, *immeritus majorum.,* est tout-à-fait selon le génie et la syntaxe de la langue latine, et qu'elle est autorisée
par le sens de l'auteur qu'elle éclaircit , et par
l'analogie qui a présidé à la formation de toutes
les langues.

Il n'y a peut-être pas une ode dans Horace
et dans aucun autre poète , dont le but soit plus
évident , et où le poète s'y achemine plus droit.
Dès l'exorde , on conçoit que le projet d'Horace
est de ramener ses concitoyens dissolus , aux vertus de leurs premiers ancêtres. Entre ces vertus ,
la principale est la crainte des dieux. « Vous

» serez châtiés , leur dit - il , tant que vous ne
» rendrez pas aux dieux ce qui leur est dû. Vous
» laissez tomber en ruine les édifices sacrés que
» vos aïeux ont élevés. Les simulacres des im-
» mortels sont noircis et déshonorés par la fumée.
» Cependant si vous êtes grands , c'est que vous
» avez reconnu la supériorité des immortels. Les
» immortels sont les auteurs de tout. Ce sont les
» distributeurs de la bonne et de la mauvaise
» fortune. Voyez la foule des maux que votre im-
» piété a attirés sur vous ; car , ne vous y trompez
» pas ; c'est de - là que sont venues et les dis-
» sentions intestines dont vous avez été déchirés ,
» et les défaites honteuses que vous avez éprou-
» vées au loin ». De l'ignominie publique, il passe
à l'infamie des mœurs particulières , à la turpi-
tude des mariages qui ne produisent plus qu'une
race abâtardie , et à la mauvaise éducation qui
s'est jointe au vice des naissances pour combler
la misère.

Mais, comme le poète n'a sondé la profondeur
de la plaie , que pour en indiquer le remède ; le
plus simple et le plus salutaire , à son avis, ce
seroit de prendre pour soi-même , et de proposer
aux enfans pour modèle , cette vigoureuse jeunesse
qui teignit les flots du sang des Carthaginois ;
qui chassa Annibal , qui défit Pirrhus , et lia
les bras sur le dos aux soldats d'Antiochus. Un

moraliste didactique eût montré la dépravation
s'accroissant et les malheurs s'accumulant d'âge
en âge, depuis les premiers siècles de Rome jusqu'au moment où il eût écrit; mais le poète franchit
rapidement cet intervalle; en s'écriant : « O temps,
» que n'as-tu point altéré ? Nos pères ont été
» plus corrompus que leurs ayeux; nous som-
» mes plus corrompus que nos pères ; et la
» race que nous laisserons après nous sera pire
» que nous ».

Voilà, ce me semble, l'analyse de l'ode d'Horace; ce n'est pas une enfilade de strophes isolées
dont on puisse, sans inconvénient, augmenter
ou diminuer le nombre; c'est un tout, où, du
commencement à la fin, on ne lit pas un mot
qui n'ait une liaison étroite avec le sujet. Rapportez
majorum à immeritus, et le poème est clair;
rapportez *majorum à delicta*; traduisez : « Ro-
» mains, vous serez punis des fautes de vos ancêtres;
» vous porterez la peine des fautes que vous n'avez
» point commises »; et l'ode est inintelligible. Ce
sont ceux qu'on cite pour exemple, qui sont des
vauriens; ce sont ces vauriens, qui ont irrité les
dieux et qui leur ont élevé des temples; et ce
sont leurs descendans qui les laissent tomber en
ruine, qui sont souillés d'impiétés, de sacriléges
et de vices, qui sont toute-fois innocens, et qui
seront punis. On ne sait ce qu'Horace a voulu

dire. Le but de l'ode et le sens commun exigent donc également que *majorum* soit le régime *d'in-meritus*, et non celui de *delicta*.

En conscience, quand on dit à des citoyens : Vos filles s'exercent à des danses lascives, et méditent le crime au sortir du berceau ; vos jeunes femmes dédaignent leurs époux, et volent d'adultères en adultères ; celle-ci se prostitue à un appareilleur de bâtimens ; celle-là à un capitaine de vaisseau ; comment peut-on ajouter : Et vous êtes innocens, et c'est des fautes d'autrui que vous serez punis !

Lorsque le poète s'écrie

> Damnosa quid non imminuit dies ?
> Ætas parentum, pejor avis, tulit
> Nos nequiores, mox daturos
> Progeniem vitiosiorem ;

ne distingue-t-il pas quatre générations ; des premiers ancêtres, hommes pieux, bonnes gens, chefs de descendans de plus en plus dépravés, et de plus en plus malheureux, jusqu'au temps où il écrit et qui sera suivi d'une race la plus méchante de toutes.

Si les Romains n'ont été que des scélérats depuis leur origine jusqu'aux jours d'Horace, c'est une sottise d'ajouter :

> Non his juventus orta parentibus
> Infecit æquor sanguine punico.

T *

Un contemporain de poète, s'il avoit eu de l'humeur, n'eût pas manqué de lui répliquer : Mon ami, tâchez de vous accorder avec vous-même. Ou nos premiers ayeux ne valoient pas mieux que nous; ils avoient leurs vices comme nous avons les nôtres, et il est ridicule de nous en faire des modèles ; ou s'ils étoient d'honnêtes gens, des hommes remplis de respect pour les dieux, pourquoi serons-nous châtiés de leurs fautes ? Nous vous laisserions volontiers radoter avant l'âge et rabacher l'éloge du passé ; mais nous ne pouvons vous dispenser d'avoir de la logique, tout poète et tout grand poète que vous soyez.

Nous ne sommes pas d'accord, mon antagoniste et moi, sur le mot *majores*. Je crois que, dans la famille, il comprend en général les pères, les grands-pères, les ayeux, les bisayeux, les trisayeux, πρωτογονοι, tous les ascendans à l'infini. Mais il me semble que dans la nation et dans l'ode d'Horace, il ne s'entend que des anciens des temps héroïques, des premiers Romains, des fondateurs de la république, de l'ère des Régulus, des Fabricius, des Camilles, de ceux qui ont élevé des temples aux dieux; ces vieux édifices sacrés, que leurs derniers descendans laissent tomber en ruine, et depuis le siècle desquels les races ont toujours dégénéré. En conséquence, je demande comment ces religieux adorateurs ont-ils été coupables; et comment leurs

neveux, de plus en plus dissolus, et leurs derniers neveux, les contemporains du poëte, les
plus dissolus de tous, sont-ils innocens?

L'expression *more majorum*, si fréquente dans
les orateurs et les historiens, ne s'est jamais prise
en mauvaise part, et ne s'est jamais entendue
que des siècles reculés, du bon vieux temps.

Nous n'appellerons pas les contemporains de
Henri IV, de François Ier, *majores nostri;* cette
expression nous renverroit jusqu'à Charlemagne
et par-de-là. Je m'en rapporte à votre décision.

Ah ! monsieur et très-cher abbé, pourquoi
nous avez-vous quittés si vîte ? Amoureux comme
vous l'êtes, et bien résolu de revenir à votre auteur favori à chaque infidélité de vos maîtresses,
un ou deux ans de séjour de plus à Paris; et
nous saurions tout cela. Revenez donc vous faire
tromper encore par les femmes les plus aimables
de la terre, et nous défricher le poète le plus
intéressant de l'antiquité.

A juger du siècle où vivoient les hommes
qu'Horace désigne ici par *majores*, il faut que
ce soient ou les vieux romains, si l'on s'en rapporte à la fondation d'édifices caducs dont la
construction attestoit leur piété, et dont la ruine
décéloit l'impiété de leurs derniers descendans;
ou que ce soient les contemporains de la première
guerre punique, et la suite ascendante de leurs
ayeux, si l'on s'en tient à l'opposition des mœurs

honnêtes que le poète exalte , aux mœurs dissolues
qu'il censure. Qu'en pensez-vous ?

Mais à quelque temps qu'on juge à propos de
remonter , convenez qu'il y a peu d'art et de
bon sens à dire à des méchans qu'ils seront punis
sans l'avoir mérité. On aura beau m'objecter que
les payens étoient imbus , comme nous , de l'opinion atroce que les dieux recherchoient sur les
enfans les fautes de leurs pères ; je ne vois que
de la subtilité dans cette réponse , et que de
la mal-adresse dans un poète qui déprime au
jugement des neveux leurs ancêtres dont il va
tout-à-l'heure préconiser les vertus.

Si je remarque que des édifices sont bien vieux
lorsqu'ils tombent en ruine, *œdesque labentes ,*
on prétend , contre le terme précis *labentes ,*
qu'ils avoient été détruits dans le tumulte des
guerres civiles ; l'on date l'ode de la chute récente
d'un édifice sacré , et je me tais ; mais je n'en
suis pas plus convaincu.

Voyons maintenant si l'expression *majorum immeritus ,* est ou n'est pas latine. Mais auparavant
disons un mot de ce qui donna lieu à la composition
de l'ode.

[Horace fait ici la fonction de l'abbé Coyer ,
à qui le contrôleur-général de L'Averdi avoit
accordé une pension de deux mille livres pour
préparer , par de petits ouvrages agréables , les
opérations du ministère. Les temples tomboient

en ruine. Auguste se proposa de les relever. La
dépense étoit énorme. Sous prétexte d'appaiser
les dieux, eu réparant les statues et les édifices
sacrés, il forma le projet de diminuer les fortunes
immenses de quelques particuliers, sur lesquels
il répartiroit cette entreprise, en assignant à celui-
ci tel édifice à relever, tel autre à celui-là. Suétone
nous a transmis et les édifices et les noms de ceux
qui avoient fourni à la reconstruction : et le poète
courtisan, toujours à l'affût de ce qui pouvoit être
agréable à son maître, dispose les riches à supporter
cette espèce d'imposition, et les peuples à l'exiger
d'eux, par le tableau des malheurs qu'ils ont encou-
rus, et la menace des maux qui les attendent encore.

La marche du poète épicurien est d'une scélératesse très-secrète ; il masque la politique du
tyran avec le respect pour les dieux ; il montre
des calamités passées et présentes ; il en annonce
de plus grandes pour l'avenir ; les dieux sont
irrités, ils se sont vengés, ils se vengeront bien
davantage encore. C'est ainsi qu'il suscite la frayeur
et le fanatisme des petits contre la résistance des
grands, dans le cas où ils murmureroient du sacrifice de leurs richesses, au rétablissement dis-
pendieux des temples caducs. Peut-être fut-ce la
ruine toute récente d'un édifice sacré, qui inspira
cette idée à Auguste, dont la passion de régner
despotiquement ne négligeoit aucune occasion
d'affoiblir les forces des hommes puissans. Si cette

conjecture est vraie, elle suffit pour nous faire
sentir toute la difficulté de connoître l'esprit, et
d'apprécier le mérite des ouvrages anciens (*).]

_____

(*) Ces deux pages, dans lesquelles Diderot trace
rapidement et à grands traits le plan de l'ode d'Horace, et montre par des faits rapprochés avec esprit,
le but que ce poète, un des courtisans les plus fins
et les plus déliés de la cour d'Auguste, s'y est proposé, ne se trouvent point dans l'édition que les
rédacteurs de *la Décade philosophique* ont donnée
de cette lettre, n°. 30 de leur journal. Leur manuscrit n'étoit vraisemblablement que la première
pensée de l'auteur. Il a revu depuis cet écrit auquel il a fait encore plusieurs autres additions, qui
manquent également dans l'imprimé. Le manuscrit
sur lequel je publie aujourd'hui cette ingénieuse
lettre, est celui même de Diderot : il est corrigé
en plusieurs endroits de sa main : et il a servi de
copie pour l'édition générale de ses œuvres : recueil
précieux dont ce philosophe s'occupoit encore avec
intérêt quelques mois avant sa mort. J'ignore par
quelle voie les deux opuscules de Diderot déjà impri-
més à différentes époques dans la *Décade*, sont parvenus aux rédacteurs de ce journal ; mais ils n'en ont eu
que des copies plus ou moins fautives et toutes deux
incomplètes. Il est fâcheux que leur zèle et leur
empressement à recueillir çà et là les monumens épars
des travaux d'un grand homme, aient été si mal
recompensés. S'ils eussent daigné me consulter sur
ce point seulement, j'aurois pu leur être de quelque
utilité ; ils auroient trouvé en moi un homme
très-disposé à seconder à cet égard leurs efforts :

La nature des mots et leur construction dépendent des idées qu'ils représentent, et de la manière qu'elles en sont représentées. Joignez au verbe *dico*, *bene*, *male*, *inter*, *vale*, un adverbe, une préposition, un verbe; et ces mots deviennent aussi-tôt quatre noms substantifs qui serviront de régime direct à l'actif de leur verbe, et de sujet de convenance ou de nominatif à son passif. A l'actif on dira; *benedico tibi*, je te dis du bien; *interdico tibi domo meâ*, *dico tibi inter a*, ou *ab domo meâ*, je t'interdis ma maison. Au passif, *benedicetur a me tibi*, le bien t'est dit par moi; *interdicetur a me domo meâ*, l'éloignement de ma maison t'est prescrit. C'est la règle de tous les verbes que les grammairiens appellent neutres, et qui sont, comme on voit, et pour l'observer en passant, tout aussi actifs que les autres.

En conséquence du même principe, ce n'est point de la source, dont les adjectifs et les participes sont émanés, que provient leur différence. Elle naît de l'état de la chose énoncée. Si cet état est indiqué comme momentané; ou, pour parler

---

je leur aurois confié avec plaisir les originaux de ces opuscules, sur lesquels ils auroient ensuite rectifié les copies qu'ils en avoient; et le public, les lettres et Diderot y auroient également gagné.

NOTE DE L'ÉDITEUR.

plus précisément, si ce n'est qu'une action, le mot qui l'énonce est un participe ; si l'état de la chose est habituel et durable, c'est un adjectif; mais qu'arrive-t-il alors ? C'est que le participe caractéristique d'une habitude, en quittant sa nature de participe, prend celle de l'adjectif, et ne garde d'autre régime direct que celui de l'abstrait qu'il renferme. Les verbes mêmes ne sont pas exempts de cette métamorphose, ni de la loi qu'elle entraîne.

Je ne disconviens pas qu'on n'ait quelquefois laissé le régime direct au participe transformé en adjectif; mais c'est l'effet d'un usage fréquent et journalier ; et les exemples contraires sont, et plus communs, et plus conformes au génie de la langue, qui n'a, et.ne peut avoir d'autre principe universel sur les mots que la soumission au sens; et dans l'exemple dont il s'agit, l'autorité du sens est telle, qu'il en est peu d'aussi facile à réduire à la syntaxe vulgaire.

Mais examinons la loi de cette réduction; et soit le problème général proposé : *Un mot étant donné avec son sujet de convenance et son régime direct, en trouver tous les indirects.*

Décomposez le mot en ses équivalens ; et suppléez ceux qui ne servent qu'à compléter le sens.

Cela fait, vous vous appercevrez bientôt que vous ne décomposez ni adjectifs, ni participes

transformés en adjectifs, que l'abstrait ou l'attribut n'en soit, ou absolu, ou relatif à quelque
objet extérieur. S'il est relatif, c'est qu'il émane
lui-même, ou qu'il s'étend sur cet objet. Dans
le premier cas, il exigera le nom de l'objet dont
il émane, à l'ablatif; c'est la question *undè*. Dans
le second cas, il exigera ou le datif, ou l'accu-
satif, avec les prépositions *ad* ou *in*. C'est la
question *quò*. Je dirai donc *ornatus virtute*, parce
que l'objet dont il s'agit tire son lustre de la
vertu ; *utilis ad bellum* ou *bello*, parce que l'objet, au contraire, donne de l'avantage pour la
guerre; *amatus mihi*, parce que celui qui est
aimé de moi, me donne le goût que j'ai pour lui.

Mais si l'abstrait ou l'attribut de l'adjectif ne
se rapporte à aucune des questions de lieu, plus
d'autre régime à lui donner que le génitif, ce que
la décomposition rend sensible. Exemples : *Integer
vitœ*, *memor patris*, *indignus avorum*, *indoctus
pilœ ;* c'est-à-dire, ayant la vie intègre, la mémoire de son père, n'ayant pas la dignité de
ses aïeux, la science de la paume; et *immeritus
avorum*, n'ayant pas le mérite de ses ayeux; *majorum*, de ses premiers ancêtres.

Quoi qu'on puisse dire d'*indignor*, remarquez
que la préposition *in* ne s'incorpore jamais, ni
aux verbes, ni aux véritables participes, etc.

Et veuillez, monsieur et cher abbé, conclure

de tout ce qui précède, qu'*immeritus majorum* est aussi latin qu'*indoctus pilæ*.

« Mais il n'y a point de passage connu, où » *indigne de ses ancêtres* soit rendu par *immeritus majorum* ».

D'accord; mais lorsque le poète entasse les preuves historiques, physiques et morales, pour montrer aux Romains qu'ils ne méritent pas leurs ancêtres; lorsqu'il compare les victoires de ceux-ci avec les défaites des premiers; lorsqu'il oppose la continence des ayeux aux adultères qui corrompent le sang des familles de leurs neveux; lorsqu'il reproche aux neveux de s'être avilis au point de donner eux-mêmes à leurs enfans des leçons d'une corruption dont ils ne rougissent plus; ne me dit-il pas plus clairement que Jean Despautère, qu'*immeritus majorum* est latin, et très-latin; et cet exemple, fût-il le seul, ne suffiroit-il pas pour latiniser l'expression ?

Y a-t-il un autre auteur qu'Horace qui ait dit *immeritus mori* pour qui méritoit de ne pas mourir; et cet *immeritus mori* n'est-il pas tout autrement étrange qu'*immeritus avorum* ? *Virtus recludens immeritis mori cœlum, etc.*

Immeritus mori, immeritus majorum, ἀνάξιος τῶν πατρῶν sont des façons de dire que les Romains ont empruntées des Grecs, chez lesquels ἀνάξιος est synonyme à *immeritus.*

Tous les auteurs françois subsistans renfer-
ment-ils toutes les expressions, tous les tours
françois ? La circonstance ne fait-elle pas tous
les jours éclore des mots, hasarder des expressions,
dont l'adoption date du moment ? N'est-ce pas
même l'histoire de toutes les langues, fille du
besoin, de l'harmonie et de l'analogie ?

« Mais je trouve le sens de l'ode très-clair, sans
» ce tour insolite ; et je me moque de l'analogie ».

Le tour ne me paroît point insolite ; sans ce
tour, l'ode me paroît obscure ; et cette analogie,
dont vous vous moquez, est la fondatrice des
règles de la grammaire : c'est elle qui a moulé
les unes sur les autres toutes les phrases qui se
ressemblent. Bannissez l'analogie d'une langue,
et ce n'est plus qu'un chaos bizarre ; il n'y a plus
de rudimens à faire.

« Mais il y a un certain goût de bonne lati-
» nité qui admet *immeritus mori,* et qui rejette
» *immeritus avorum* ».

Ce certain goût de bonne latinité est bien sujet à
caution, dans une langue morte depuis si long-
temps, aussi licencieuse que la latine, aussi
abondante en tours de phrases proscrits par la grammaire générale, et de manières de dire que nous
appellerions barbares, si elles n'étoient justifiées
par l'emploi que les meilleurs auteurs en ont fait.

Lorsque j'étudiois le latin sous la férule des
écoles publiques, un piége que je tendois à mon

régent et qui me réussissoit toujours , c'étoit
d'employer ces phrases insolites ; il se récrioit ,
il se déchaînoit contre moi : et quand il s'étoit
bien déchaîné , bien récrié , je renvoyois par une
petite citation toutes ses injures à Virgile , à
Cicéron ou à Tacite.

Il y a un rapport quelconque entre le nombre
des expressions que nous ne pouvons appuyer
aujourd'hui sur des autorités , et celui des bons
ouvrages qui ne nous sont point parvenus. Cette
perte est à-peu-près de neuf dixièmes. Hé bien !
qui sait si cet *immeritus*, si choquant pour M.
Naigeon , n'étoit pas d'un usage commun ?

Ce n'est point un orateur , un historien que
nous examinons ; c'est un enthousiaste , c'est un
poète ; c'est un écrivain , que la difficulté de son
art et que sa verve mettent au-dessus des règles
vulgaires. Combien de tours que nous pardonnons à
nos poètes , et que nous reprocherions à nos
prosateurs. J'en trouverois dans notre Racine ,
le plus pur peut-être de tous les écrivains du
monde. Hé bien ! jusqu'à Horace on avoit dit ,
indignus avorum, il est le premier qui ait dit ,
immeritus ; où est l'impossibilité ou l'absurdité
de cette supposition ?

Lorsqu'une manière de dire , telle , par exemple ,
qu'*immeritus mori*, ne se trouve qu'une fois dans
la collection des auteurs d'une langue , comment
juge-t-on qu'elle est bonne ? Par la nécessité

du sens ; le sens a-t-il jamais décidé plus fortement
qu'ici ? Par l'analogie ; jamais tour de phrase
a-t-il eu plus d'analogie ? Par l'importance de
l'écrivain ; en peut-on citer un plus important
qu'Horace ? Par la licence de la langue ; après
la grecque , en connoissons-nous une plus licencieuse que la latine , où la création des mots et
des phrases n'étoit bornée que par l'incompa-
tibilité des idées; encore s'affranchit-elle de cette
règle sacrée , lorsqu'elle dit : *Non veto dimitti :*
verùm cruciari fame; phrase qui , en bonne logique , me présente un sens exactement contraire
à celui que Phèdre avoit dans l'esprit.

La licence doit s'introduire dans une langue
avec l'inversion ; c'est une suite de la nécessité
d'être clair , quelquefois dans une matière très-
obscure , et cela en dépit d'un désordre de mots
qui tient l'esprit suspendu.

Je gage qu'il y a dans Pline le naturaliste ,
et dans Tacite , cent tours de phrases qui ne
sont qu'à eux. M. Naigeon le nie (*). Moi , je

***

(*) Je ne doute nullement qu'il ne me soit arrivé plusieurs fois, dans le cours de ma vie , d'a-
vancer des paradoxes , peut-être même des absurdités (car à qui n'en échappe-t-il pas , soit dans
la conversation , soit même dans des écrits composés
dans le silence et dans le recueillement du cabinet ?)
mais je suis très-sûr de n'avoir pas dit celle que
Diderot m'attribue ici un peu légèrement, et faute

le gage. Je fais plus, je soutiens qu'il n'y a si mince auteur grec, latin, italien, anglois, françois, allemand, qui n'ait quelque tour qui lui soit propre. . . . .

Quand nous ne trouverions que des objets inanimés en régime direct de *mereri* ou *merere*, employé pour dire les mériter ou être digne de les avoir ou de les avoir eus, n'en seroit-ce pas assez pour qu'un poète y substituât de son

---

d'avoir fait réflexion que ce qu'il me fait dire ne seroit pas une simple absurdité, mais l'assertion d'un ignorant ou d'un fou : et je ne suis pas assez l'un ou l'autre, pour raisonner aussi mal. Mais voici une preuve plus directe, et même sans réplique, que mon opinion sur cette question, purement grammaticale, diffère essentiellement de celle que Diderot me prête; c'est qu'ayant lû Tacite plus de cent fois, et le sachant même presque par cœur, j'y ai remarqué certains mots qui lui sont propres; d'autres déjà employés avant lui, mais auxquels il donne une acception différente, et qui deviennent aussi l'expression d'autant d'idées nouvelles. On y trouve même des ellipses très-hardies, et des formes de phrases que je n'ai rencontrées ni dans les deux Plines, ni dans aucun des auteurs qui ont écrit avant ou après lui. Il est évident, ce me semble, qu'ayant fait souvent cette observation, en lisant cet excellent historien; ayant même noté à la marge de mon exemplaire, ces ellipses, ces phrases et ces expressions qui lui sont particulières, et qui donnent à son style serré, vif et précis, ce caractère original

autorité priv, e des noms de personnes sous le même
rapport ? Ne peut-on pas aussi bien mériter une
femme, qu'un emploi ; un bienfaiteur ; qu'un bienfait ? Je ne vois rien de plus naturel que de
passer de l'un à l'autre. *Immeritus beneficiorum*
seroit sertainement très-latin ; pourquoi donc *immeritus uxoris , avi* , ne le seroit-il pas ?

Mais heureusement , je trouve de quoi rassurer

---

qui frappe tout lecteur attentif, je n'ai pu, ni
penser, ni dire ce que Diderot m'impute ici. Il change,
d'ailleurs, l'état de la question , sans rendre sa cause
meilleure, et sans faire un pas de plus vers la
solution du problème proposé. En effet , de quoi
s'agissoit-il entre nous ? de savoir , non pas , s'il
y a dans Pline et dans Tacite des tours de phrases
qui ne sont qu'à eux ; c'est un fait si évident pour
tous ceux qui entendent ces auteurs, qu'il n'a pas
besoin de preuves ; mais de citer un passage pris
indistinctement dans les écrivains du siècle d'Auguste
ou des siècles suivans, où *immeritus* se trouveroit
gouverner le génitif, comme par exemple ; *immeritus
majorum*, pour signifier *indigne de vos ancêtres*. C'est
ce passage décisif que je n'ai cessé de demander à
Diderot, parce que la question , ainsi réduite au
plus simple terme , écarte nécessairement toutes les
discussions incidentes dont on voudroit l'embar-
rasser ; et qu'au fond , c'est le seul moyen de déterminer avec exactitude la ponctuation des deux
premiers vers de cette belle ode , et d'en fixer désormais le vrai sens d'une manière invariable. Tant
qu'on s'en tiendra à cet égard à de simples assertions ,

le grammairien le plus pusillanime. Voici un exemple de Plaute, où l'on voit *mereri* et *merere* indistinctement appliqué aux choses et aux personnes.

Verum illud est ; maxumaque adeò pars vostrorum
 intellegit,
Quibus anus domi sunt uxores quæ vos dote meruerunt.

« Cela est vrai ; et vous le comprenez tous,
» vous autres qui avez à la maison des sempiter-

à des raisons de convenance ou même à d'autres
exemples d'adjectif qui gouvernent le génitif, comme *indignus avorum* , *indoctus pilæ* , *impatiens la-
boris* , *iræ impatiens* , etc. et à d'autres généralités
de cette espèce , je serai fondé à croire qu'on n'a
point de meilleure preuve à m'alléguer : et je dirai
à Diderot , dont la lettre est d'ailleurs remplie
d'observations très-justes et très-fines sur les langues
en général , et en particulier sur le génie de la
langue latine , que ces observations , qu'on peut regarder comme une nouvelle preuve de la variété de
ses connoissances, ne justifient point l'acception
étrange et très-insolite dans laquelle il prend l'*immeritus majorum :* mais que , soit que le lecteur se
range de son avis ou du mien , il résultera toujours
de cette lettre un certain nombre de vérités indé-
pendantes du petit système qu'elles étoient destinées
à établir , et qui ne pouvoient être trouvées que
par un homme de beaucoup d'esprit et d'une sagacité
peu commune.

NOTE DE L'ÉDITEUR.

» nelles qui n'ont mérité que par leur dot de
» vous avoir pour époux ». Mostel. 1. 3.

Or, si l'on dit en latin *mereri* ou *merere
virum dote*, mériter par sa dot d'avoir un mari,
il ne sera pas moins libre de dire : *mereri* ou
merere majores virtute ; et en supprimant le
titre, *mereri* ou *merere majores,* et en trans-
formant le participe en adjectif, *immeritus majorum.*

Savez-vous ce qui a consacré *majorum* régime
de *delicta ?* c'est la mesure du vers qui les a unis
par un repos après *majorum*; et si bien unis,
que nous ne pouvons plus les séparer.

Et pour vous soulager un peu de ce ramage
barbare des grammairiens ; souffrez que je m'arrête un moment sur le merveilleux de cette importante machine qu'on appelle une langue. L'entendement humain est le petit cadre, sur lequel
vient se peindre l'image de la nature ; et la langue
est la contre-épreuve de cette image infinie.
De-là cette ressemblance, cette uniformité de
moyens dans toutes les langues, qui ont été,
qui sont et qui seront. De-là, le plus ou moins
d'aptitude d'un peuple à entendre, écrire ou parler
une autre langue, morte ou vivante, que sa
langue naturelle. De-là, le latin des François plus
mauvais que celui des Italiens ; le latin des Al-
lemands, des Anglois, des Danois, des Russes,
plus mauvais que celui des François ; et chez

toutes les nations, les femmes bien élevées, plus propres à fixer la pureté de la langue que les hommes ; les hommes du monde plus propres à fixer la pureté de la langue que les savans, que les orateurs, que les poètes. Les savans l'étendent ; les orateurs l'harmonisent ; les poètes brisent ses entraves. Ce sont des fous sublimes, qui ont leur franc-parler.

Je relis l'ode d'Horace ; et il me vient en pensée que, si le poète s'adressoit à la génération qui suivra, peut-être ce *delicta* pourroit-il conserver son régime *majorum*. Vérifiez cette conjecture (*) ; ensuite prononcez pour *delicta*

(*) Ce paragraphe prouve avec quelle sincérité Diderot cherchoit le vrai, même dans les choses les plus indifférentes. On voit ici que, revenant sur la même difficulté qui l'avoit d'abord arrêté, il en avoit déjà entrevu une nouvelle solution qui rend la première inutile, en ce point seulement, que les vérités générales qu'on y trouve, ne sont pas applicables au passage en question. Je dois dire encore que, depuis l'époque de cette lettre, elle a été plusieurs fois entre Diderot et moi un sujet de conversation. De nouvelles raisons, de ma part, pour ne rien changer à la ponctuation du premier vers de l'Ode ; et de celle de Diderot, un examen plus approfondi de cette même ode, l'avoient pleinement converti sur ce point. Il étoit même charmé de ce que je n'avois pas été de son avis, parce que les différentes objections que je lui avois faites lui avoient donné occasion d'éclaircir une

majorum, ou pour *immeritus majorum* ; il n'en restera pas moins dans cette lettre quelques vues grammaticales dont j'aurai abusé , mais dont un autre pourra faire , dans une meilleure circonstance , une application plus heureuse ; et croyez sur-tout qu'il me conviendroit bien davantage de vous dire ces choses de vive voix , que de vous les écrire ; de voir votre perruque déposée sur le coin de la cheminée et votre tête fumante , et de vous entendre entamer un sujet , le suivre , l'approfondir , et , chemin faisant , jeter des rayons de lumière dans les recoins les plus obscurs de la littérature , de l'antiquité , de la politique , de la philosophie et de la morale.

> Quis desiderio sit pudor , aut modus
> Tam cari capitis. . . .

---

matière assez obscure , où la grammaire et la logique étoient également intéressées ; et qu'il étoit résulté de cette différence d'opinion quelques vues grammaticales qu'on pourroit appliquer utilement à d'autres cas : et il avoit raison.

Au reste , l'abbé Galiani n'approuva ni la ponctuation que Diderot proposoit , ni le sens qu'il donnoit à *immeritus majorum*. Il faisoit de cette ode un dialogue où chaque interlocuteur avoit sa strophe particulière: explication qu'il justifioit avec beaucoup d'esprit ; mais que je ne crois pas plus vraie que celle de Diderot.

NOTE DE L'ÉDITEUR.

Ergo *Galianum* perpetuus sopor
Urget !.....
Multis ille bonis flebilis occidit ;
Nulli flebilior quam mihi. . . .

Ce qu'Horace disoit à Virgile de la mort de
Quintilius, je l'ai dit cent fois à Grimm ., au
baron de Gleichen, de votre absence de Paris
et de votre séjour à Naples :

— Sed levius fit patientiâ,
Quidquid corrigere est nefas.

Et sur ce, je vous salue, et vous embrasse en
mon nom, et au nom de toute la société. Ce
vingt-cinq mai mil sept cent soixante-treize.

SATIRE PREMIERE,

sur les caractères et les mots de caractère, de profession, etc.

— Quot capitum vivunt, totidem studiorum
Millia.

H o r a t. Sat. lib. II.

A MON AMI M. NAIGEON,

Sur un passage de la première satire du second
livre d'Horace :

Sunt, quibus in satyrâ videor nimis acer, et ultrà
Legem tendere opus.

N'AVEZ-VOUS pas remarqué, mon ami, que
telle est la variété de cette prérogative qui
nous est propre, et qu'on appelle raison, qu'elle
correspond seule à toute la diversité de l'instinct
des animaux ? De-là vient que, sous la forme
bipède de l'homme, il n'y a aucune bête innocente ou malfaisante, dans l'air, au fond des forêts, dans les eaux, que vous ne puissiez reconnoître. Il y a l'homme loup, l'homme tigre,
l'homme renard, l'homme taupe, l'homme pour-
ceau, l'homme mouton ; et celui-ci est le plus
commun. Il y a l'homme anguille ; serrez-le
tant qu'il vous plaira, il vous échappera. L'homme

brochet, qui dévore tout. L'homme serpent, qui
se replie en façons diverses. L'homme ours, qui
ne me déplaît pas. L'homme aigle, qui plane au
haut des cieux. L'homme corbeau, l'homme éper-
vier, l'homme et l'oiseau de proie. Rien de plus
rare qu'un homme qui soit de toute pièce ; aucun
de nous, qui ne tienne un peu de son analogue
animal.

Aussi, autant d'hommes, autant de cris divers.

Il y a le cri de la nature ; et je l'entends, lorsque
Sara dit du sacrifice de son fils : *Dieu ne l'eût
jamais demandé à sa mère.* Lorsque Fontenelle,
témoin des progrès de l'incrédulité, dit : *je voudrois bien y être dans soixante ans, pour voir
ce que cela deviendra ;* il ne vouloit qu'y être.
On ne veut pas mourir ; et l'on finit toujours
un jour trop tôt. Un jour de plus, et l'on eût
découvert la quadrature du cercle.

Comment se fait-il que, dans les arts d'imitation, ce cri de nature, qui nous est propre,
soit si difficile à trouver ? Comment se fait-il
que le poète qui l'a saisi, nous étonne et nous
transporte ? Seroit-ce qu'alors il nous révèle le
secret de notre cœur ?

Il y a le cri de la passion ; et je l'entends
encore dans le poète, lorsqu'Hermione dit à
Oreste : *Qui te l'a dit ?* lorsqu'à, *ils ne se verront
plus,* Phèdre répond : *Ils s'aimeront toujours ;*
à côté de moi, lorsqu'au sortir d'un sermon élo-

quent sur l'aumône, l'avare dit : *Cela donneroit envie de demander ;* lorsqu'une maîtresse surprise en flagrant délit, dit à son amant : *Ah ! vous ne m'aimez plus, puisque vous en croyez plutôt ce que vous avez vu que ce que je vous dis ;* lorsque l'usurier agonisant dit au prêtre qui l'exhorte : *Ce crucifix, en conscience, je ne saurois prêter là-dessus plus de cent écus ; encore faut-il m'en passer un billet de vente.*

Il y eut un temps, où j'aimois le spectacle, et sur-tout l'opéra. J'étois, un jour, à l'opéra entre l'abbé de Cannaye que vous connoissez, et un certain Montbron, auteur de quelques brochures où l'on trouve beaucoup de fiel, et peu, très-peu de talent. Je venois d'entendre un morceau pathétique, dont les paroles et la musique m'avoient transporté. Alors, nous ne connoissions pas Pergolèse ; et Lulli étoit un homme sublime pour nous. Dans le transport de mon ivresse je saisis mon voisin Montbron par le bras, et lui dis : Convenez, monsieur, que cela est beau. == L'homme au teint jaune, aux sourcils noirs et touffus, l'œil féroce et couvert, me répond : je ne sens pas cela. == Vous ne sentez pas cela ? == Non ; j'ai le cœur velu.... == Je frissonne ; je m'éloigne du tigre à deux pieds ; je m'approche de l'abbé de Cannaye, et lui adressant la parole : Monsieur l'abbé, ce morceau qu'on vient de chanter, comment vous a-t-il paru ? == L'abbé me répond froidement et avec dédain: Mais assez bien, pas mal. = Et vous connoissez quelque chose de mieux ? = D'infiniment mieux. = Qu'est-ce donc ? = Certains vers qu'on a faits sur ce pauvre abbé Pellegrin.

> Sa culotte attachée avec une ficelle
> Laisse voir par cent trous un cul plus noir qu'icelle.

C'est là ce qui est beau !

Combien de ramages divers, combien de cris discordans dans la seule forêt qu'on appelle société ! = Allons ! prenez cette eau de riz. = Combien a-t-elle coûté ? = Peu de chose. = Mais encore combien ? = Cinq ou six sous peut-être. = Et qu'importe que je périsse de mon mal, ou par le vol et les rapines ? = Vous, qui aimez tant à parler, comment écoutez-vous cet homme si long-temps ? = J'attends ; s'il tousse ou s'il crache, il est perdu. = Quel est cet homme assis à votre droite ? = C'est un homme de grand mérite, et qui écoute comme personne. = Celui-ci dit au prêtre qui lui annonçoit la visite de son Dieu : *Je le reconnois à sa monture ; c'est qinsi qu'il entra dans Jérusalem....* Celui-là, moins caustique, s'épargne dans ses derniers momens l'ennui de l'exhortation du vicaire qui l'avoit administré, en lui disant: *Monsieur, ne vous serois-je plus bon à rien ?...* Et voilà le cri du caractère.

Méfiez-vous de l'homme singe. Il est sans caractère; il a toutes sortes de cris.

Cette démarche ne vous perdra pas, vous;
mais elle perdra votre ami. = *Eh! que m'importe, pourvu qu'elle me sauve?* = Mais votre
ami? = *Mon ami, tant qu'il vous plaira, moi
d'abord.* = Croyez-vous, monsieur l'abbé, que
madame Geoffrin vous reçoive chez elle avec
grand plaisir? = *Qu'est-ce que cela me fait,
pourvu que je m'y trouve bien?* = Regardez cet
homme-ci, lorsqu'il entre quelque part; il a la
tête penchée sur sa poitrine, il s'embrasse, il se
serre étroitement pour être plus près de lui-
même. Vous avez vu le maintien et vous avez
entendu le cri de l'homme personnel, cri qui
retentit de tout côté. C'est un des cris de la nature.

*J'ai contracté ce pacte avec vous, il est vrai;
mais je vous annonce que je ne le tiendrai pas.*
= Monsieur le comte, vous ne le tiendrez pas!
et pourquoi cela, s'il vous plaît? — *Parce que
je suis le plus fort....* = Le cri de la force est encore un des cris de la nature.... = *Vous penserez
que je suis un infâme, je m'en moque....* =
Voilà le cri de l'impudence.

*Mais ce sont, je crois, des foies d'oie de Tou-
louse?* = Excellens! délicieux! = *Eh! que n'ai-
je la maladie dont ce seroit là le remède!....* =
Et c'est l'exclamation d'un gourmand qui souffroit
de l'estomac.

V.

— Vous leur fîtes, seigneur,
En les croquant, beaucoup d'honneur....

Et voilà le cri de la flatterie, de la bassesse et des cours. Mais ce n'est pas tout.

Le cri de l'homme prend encore une infinité de formes diverses de la profession qu'il exerce. Souvent elles déguisent l'accent du caractère.

Lorsque Ferrein dit : *Mon ami tomba malade, je le traitai ; il mourut, je le disséquai ;* Ferrein fut-il un homme dur ? Je l'ignore.

Docteur, vous arrivez bien tard. = *Il est vrai. Cette pauvre mademoiselle du Thé n'est plus.* = *Elle est morte !* = *Oui. Il a fallu assister à l'ouverture de son corps ; je n'ai jamais eu un plus grand plaisir de ma vie...* = Lorsque le docteur parloit ainsi, étoit-il un homme dur ? Je l'ignore. L'enthousiasme de métier, vous savez ce que c'est, mon ami. La satisfaction d'avoir deviné la cause secrète de la mort de mademoiselle du Thé fit oublier au docteur qu'il parloit de son amie. Le moment de l'enthousiasme passé, le docteur pleura-t-il son amie ? Si vous me le demandez, je vous avouerai que je n'en crois rien.

Tirez, tirez ; il n'est pas ensemble. Celui qui tient ce propos d'un mauvais Christ qu'on approche de sa bouche, n'est point un impie. Son mot est de son métier ; c'est celui d'un sculpteur agonisant.

Ce plaisant abbé de Cannaye, dont je vous ai parlé, fit une petite satire bien amère et bien gaie des petits dialogues de son ami Rémond de Saint-Mard. Celui-ci, qui ignoroit que l'abbé fût l'auteur de la satire, se plaignoit un jour de cette malice à une de leurs communes amies (*). Tandis que Saint-Mard, qui avoit la peau tendre, se lamentoit outre mesure d'une piqûre d'épingle, l'abbé placé derrière lui et en face de la dame, s'avouoit auteur de la satire, et se moquoit de son ami en tirant la langue. Les uns disoient que le procédé de l'abbé étoit malhonnête; d'autres n'y voyoient qu'une espiéglerie. Cette question de morale fut portée au tribunal de l'érudit abbé Fenel, dont on ne put jamais obtenir d'autre décision, si-non, que *c'étoit un usage chez les anciens Gaulois de tirer la langue*..... Que conclurez-vous de-là ? Que l'abbé de Cannaye étoit un méchant ? Je le crois. Que l'autre abbé étoit un sot ? Je le nie. C'étoit un homme qui avoit consumé ses yeux et sa vie à des recherches d'érudition, et qui ne voyoit rien dans ce monde de quelqu'importance en comparaison de la restitution d'un passage ou de la découverte d'un ancien usage. C'est le pendant du géomètre, qui, fatigué des éloges dont la capitale retentissoit lorsque Racine donna son *Iphigénie*, voulut lire cette

---

(*) Madame Geoffrin.

Iphigénie si vantée. Il prend la pièce ; il se retire dans un coin ; il lit une scène ; deux scènes ;
à la troisième, il jette le livre en disant : *Qu'est-ce
que cela prouve ?* ... C'est le jugement et le mot
d'un homme accoutumé dès ses jeunes ans à écrire à
chaque bout de page : *Ce qu'il falloit démontrer.*

On se rend ridicule ; mais on n'est ni ignorant, ni sot, moins encore méchant, pour ne
voir jamais que la pointe de son clocher.

Me voilà tourmenté d'un vomissement périodique ; je verse des flots d'une eau caustique et
limpide. Je m'effraie, j'appelle Thierry. Le docteur
regarde, en souriant, le fluide que j'avois rendu
par la bouche, et qui remplissoit toute une cu-
vette. Eh bien ! docteur, qu'est-ce qu'il y a ?
= Vous êtes trop heureux ; vous nous avez restitué la *pituite vitrée* des anciens que nous avions
perdue..... = Je souris à mon tour, et n'en
estimai ni plus ni moins le docteur Thierry.

Il y a tant et tant de mots de métier, que je
fatiguerois à périr un homme plus patient que vous,
si je voulois vous raconter ceux qui se présentent
à ma mémoire en vous écrivant. Lorsqu'un monarque, qui commande lui-même ses armées, dit
à des officiers qui avoient abandonné une attaque
où ils auroient tous perdu la vie sans aucun avantage : *Est-ce que vous êtes faits pour autre chose
que pour mourir ?* ... il dit un mot de métier.

Lorsque des grenadiers sollicitent auprès des

leur général la grace d'un de leurs braves camarades
surpris en maraude , et lui disent : *Notre général,
remettez-le entre nos mains. Vous le voulez
faire mourir ; nous savons punir plus sévèrement
un grenadier : il n'assistera point à la première
bataille que vous gagnerez.* . . . . ils ont l'éloquence de leur métier. Eloquence sublime ! Malheur
à l'homme de bronze, qu'elle ne fléchit pas ! Dites-
moi , mon ami, eussiez-vous fait pendre ce
soldat si bien défendu par ses camarades ? Non.
Ni moi non plus.

Sire , et la bombe ! = *Qu'a de commun la
bombe avec ce que je vous dicte ?* . . . . . = *Le
boulet a emporté la timbale ; mais le riz n'y étoit
pas.* . . . . . = C'est un roi qui a dit le premier
de ces mots ; c'est un soldat qui a dit le second,
mais ils sont l'un et l'autre d'une ame ferme ;
ils n'appartiennent point à l'état.

Y étiez-vous lorsque le castrat Cafarielli nous
jetoit dans un ravissement que ni ta véhémence,
Démosthène ! ni ton harmonie, Cicéron ! ni l'élévation de ton génie, ô Corneille ! ni ta douceur,
Racine ! ne nous firent jamais éprouver ? Non ,
mon ami, vous n'y étiez pas. Combien de temps
et de plaisirs nous avons perdu sans nous connoître ! . . . Cafarielli a chanté; nous restons stupéfaits
d'admiration. Je m'adresse au célèbre naturaliste
Daubenton , avec lequel je partageois un sofa. Eh
bien! docteur , qu'en dites-vous ? = Il a les

jambes grêles , les genoux ronds , les cuisses grosses , les hanches larges ; c'est qu'un être, privé des
organes qui caractérisent son sexe , affecte la
conformation du sexe opposé.... = Mais cette
musique angélique !...= Pas un poil de barbe au
menton.... = Ce goût exquis, ce sublime pathétique , cette voix ! = C'est une voix de femme.
= C'est la voix la plus belle, la plus égale, la
plus flexible , la plus juste , la plus touchante !...
= Tandis que le virtuose nous faisoit fondre
en larmes, Daubenton l'examinoit en naturaliste.

L'homme qui est tout entier à son métier ,
s'il a du génie , devient un prodige; s'il n'en a
point , une application opiniâtre l'élève au-dessus
de la médiocrité. Heureuse la société où chacun
seroit à sa chose , et ne seroit qu'à sa chose !
Celui qui disperse ses regards sur-tout , ne voit
rien ou voit mal: il interrompt souvent , et contredit celui qui parle et qui a bien vu.

Je vous entends d'ici , et vous dites : Dieu
soit loué ! J'en avois assez de ces cris de nature, de
passion , de caractère, de profession; et m'en voilà
quitte........ Vous vous trompez, mon ami.
Après tant de mots malhonnêtes ou ridicules, je
vous demanderai grace pour un ou deux qui ne
le soient pas.

Chevalier , quel âge avez-vous ? = Trente
ans. — *Moi j'en ai vingt-cinq ; et bien ! vous
m'aimeriez une soixante d'années , ce n'est pas la*

peine de commencer pour si peu. . . . = C'est
le mot d'une bégueule. = Le vôtre est d'un homme
sans mœurs. C'est le mot de la gaieté , de l'esprit et de la vertu. Chaque sexe a son ramage ;
celui de l'homme n'a ni la légéreté , ni la délicatesse , ni la sensibilité de celui de la femme.
L'un semble toujours commander et brusquer ;
l'autre se plaindre et supplier. . . . Et puis celui
du célèbre Muret , et je passe à d'autres choses.

Muret tombe malade en voyage ; il se fait porter
à l'hôpital. On le place dans un lit voisin du grabat
d'un malheureux attaqué d'une de ces infirmités
qui rendent l'art perplexe. Les médecins et les
chirurgiens délibérèrent sur son état. Un des con-
sultans propose une opération , qui pouvoit également être salutaire ou fatale. Les avis se par-
tagent. On inclinoit à livrer le malade à la décision de la nature , lorsqu'un plus intrépide dit :
Faciamus experimentum in anima vili. Voilà
le cri de la bête féroce. Mais d'entre les rideaux
qui entouroient Muret , s'élève le cri de l'homme
du philosophe , du chrétien : *Tanquam foret
anima vilis , illa pro quâ Christus non dedi-
gnatus est mori !* Ce mot empêcha l'opération ;
et le malade guérit.

A cette variété du cri de la nature , de la
passion , du caractère de la profession , joignez
le diapason des mœurs nationales , et vous entendrez le vieil Horace dire de son fils , *qu'il*

mourût; et les Spartiates dire d'Alexandre : *Puisque Alexandre veut être Dieu*, *qu'il soit Dieu.* Ces mots ne désignent pas le caractère d'un homme ; ils marquent l'esprit général d'un peuple.

Je ne vous dirai rien de l'esprit et du ton des corps. Le clergé, la noblesse, la magistrature ont chacun leur manière de commander, de supplier et de se plaindre. Cette manière est traditionelle. Les membres deviennent vils et rampans ; le corps garde sa dignité. Les remontrances de nos parlemens n'ont pas toujours été des chefs-d'œuvre ; cependant Thomas, l'homme de lettres le plus éloquent, l'ame la plus fière et la plus digne, ne les auroit pas faites ; il ne seroit pas demeuré en-deçà ; mais il seroit allé au-delà de la mesure.

Et voilà pourquoi, mon ami, je ne me presserai jamais de demander quel est l'homme qui entre dans un cercle. Souvent cette question est impolie, presque toujours elle est inutile. Avec un peu de patience et d'attention, on n'importune ni le maître ni la maîtresse de la maison ; et l'on se ménage le plaisir de deviner.

Ces préceptes ne sont pas de moi ; ils m'ont été dictés par un homme très-fin (*), et il en fit en ma présence l'application chez mademoiselle Dornais, la veille de mon départ pour le grand

_____

(*) Rulhières.   NOTE DE L'ÉDITEUR.

voyage (*) , que j'ai entrepris en dépit de vous. Il
survint sur le soir un personnage qu'il ne connoissoit pas ; mais ce personnage ne parloit pas haut :
il avoit de l'aisance dans le maintien, de la pureté
dans l'expression et une politesse froide dans les
manières. C'est, me dit-il à l'oreille, un homme
qui tient à la cour. Ensuite il remarqua qu'il avoit
presque toujours la main droite sur sa poitrine,
les doigts fermés et les ongles en dehors. Ah !
Ah ! ajouta-t-il, c'est un exempt des gardes du
corps ; et il ne manque que sa baguette. Peu de
temps après, cet homme conte une petite histoire.
Nous étions quatre, dit-il, madame et monsieur
tels, madame de ***, et moi. . . . Sur cela, mon
instituteur continua : Me voilà entièrement au fait.
Mon homme est marié ; la femme qu'il a placée
la troisième est sûrement la sienne ; et il m'a appris
son nom en la nommant.

Nous sortîmes ensemble de chez mademoiselle
Dornais. L'heure de la promenade n'étoit pas
encore passée ; il me propose un tour aux Tuile-
ries ; j'accepte. Chemin faisant, il me dit beaucoup
de choses déliées, et conçues dans des termes fort
déliés : mais comme je suis un bon homme, bien
uni, bien rond, et que la subtilité de ses observations m'en dérobât la vérité, je le priai

_____

(*) Celui de Hollande et de Russie.
NOTE DE L'ÉDITEUR.

de les, éclaircir par quelques exemples. Les esprits bornés ont besoin d'exemples. Il eut cette
complaisance, et me dit :

Je dînois, un jour, chez l'archevêque de Paris.
Je ne connois guère le monde qui va là ; je m'em-
barrasse même peu de le connoître : mais son
voisin, celui à côté duquel on est assis, c'est
autre chose. Il faut savoir avec qui l'on cause ;
et, pour y réussir, il n'y a qu'à laisser parler
et réunir les circonstances. J'en avois un à dé-
chiffrer à ma droite. D'abord, l'archevêque lui parlant peu et assez sèchement, ou il n'est pas dévôt,
me dis-je, ou il est janséniste. Un petit mot sur
les jésuites m'apprend que c'est le dernier. On
faisoit un emprunt pour le clergé ; j'en prends
occasion d'interroger mon homme sur les ressources de ce corps. Il me les développe très-
bien, se plaint de ce qu'ils sont surchargés, fait
une sortie contre le ministre de la finance, ajoute
qu'il s'en est expliqué nettement en 1750 avec le
contrôleur général. Je vois donc qu'il a été agent
du clergé. Dans le courant de la conversation,
il me fait entendre qu'il n'a tenu qu'à lui d'être
évêque. Je le crois homme de qualité ; mais comme
il se vante plusieurs fois d'un vieil oncle lieu-
tenant-général, et qu'il ne dit pas un mot de
son père, je suis sûr que c'est un homme de fortune qui a dit une sottise. Comme il me conte
les anecdotes scandaleuses de huit ou dix évêques,

je ne doute pas qu'il ne soit méchant. Enfin il
a obtenu, malgré bien des concurrens, l'inten-
dance de *** pour son frère. Vous conviendrez
que, si l'on m'eût dit, en me mettant à table :
c'est un janséniste, sans naissance, insolent, intri-
gant, qui déteste ses confrères, qui en est dé-
testé ; enfin c'est l'abbé de *** ; on ne m'auroit
rien appris de plus que j'en ai su, et qu'on
m'auroit privé du plaisir de la découverte.

La foule commençoit à s'éclaircir dans la grande
allée. Mon homme tire sa montre, et me dit :
Il est tard, il faut que je vous quitte, à-moins
que vous ne veniez souper avec moi. = Où ?
= Ici près, chez Arnoud. = Je ne le connois
pas. = Est-ce qu'il faut connoître une fille pour
aller souper chez elle ? Du reste, c'est une
créature charmante, qui a le ton de son état
et celui du grand monde. Venez, vous vous amu-
serez. = Non, je vous suis obligé ; mais comme
je vais de ce côté, je vous accompagnerai jusqu'au cul-de-sac Dauphin.... = Nous allons,
et en allant il m'apprend quelques plaisanteries
cyniques d'Arnoud, et quelques-uns de ses mots
ingénus et délicats. Il me parle de tous ceux qui
fréquentent là ; et chacun d'eux eut son mot....
Appliquant à cet homme même les principes que
j'en avois reçus, moi, je vois qu'il fréquente
dans de la bonne et de la mauvaise compagnie....
Ne fait-il pas des vers, me demandez-vous ?

= Très-bien. = N'a-t-il pas été lié avec le maréchal de Richelieu ? = Intimement. = Ne fait-il pas sa cour à la comtesse de Granmont ? = Assiduement. = N'y a-t-il pas sur son compte ?.. = Oui, une certaine histoire de Bordeaux ; mais je n'y crois pas. On est si méchant dans ce pays-ci, on y fait tant de contes, il y a tant de coquins intéressés à multiplier le nombre de leurs semblables ! Vous a-t-il lu sa Révolution de Russie ? = Oui. = Qu'en pensez-vous ? = Que c'est un roman historique assez bien écrit et très-intéressant (*) ; un tissu de mensonges et de vérités que nos neveux compareront à un chapitre de Tacite.

Et voilà, me dites-vous, qu'au-lieu de vous avoir éclairci un passage d'Horace, je vous ai presque fait une satire à la manière de Perse. = Il est vrai. = Et que vous croyez que je vous en tiens quitte ? = Non.

Vous connoissez Burigny ? = Qui ne connoît pas l'ancien, l'honnête, le savant et fidèle serviteur de madame Geoffrin ? C'est un très-bon et très-savant homme. = Un peu curieux. = D'accord.

(*) Voyez dans le second volume de la vie de Sénèque les mélanges de littérature et de philosophie ; et là même, l'écrit de Diderot sur la princesse d'Ashkow, tome IX des œuvres de ce philosophe.

NOTE DE L'ÉDITEUR.

= Fort gauche. = Il en est d'autant meilleur. Il
faut toujours avoir un petit ridicule qui amuse
nos amis. = Eh bien! Burigny?

Je causois avec lui, je ne sais plus de quoi.
Le hasard voulut qu'en causant, je touchai sa
corde favorite, l'érudition; et voilà mon érudit
qui m'interrompt, et se jette dans une digression
qui ne finissoit pas. = Cela lui arrive tous les
jours, et jamais sans qu'on n'en soit plus instruit. ·
= Et qu'un endroit d'Horace, qui m'avoit paru
maussade, devient pour moi d'un naturel charmant, et d'une finesse exquise. = Et cet endroit?
= C'est celui où le poète prétend qu'on ne lui
refusera pas une indulgence qu'on a bien accordée à Lucilius, son compatriote. Soit que
Lucilius fût Appulien ou Lucanien, dit Horace,
je marcherai sur ses traces. = Je vous entends,
et c'est dans la bouche de Trébatius, dont Horace
a touché le texte favori, que vous mettez cette
longue discussion sur l'histoire ancienne des deux
contrées. Cela est bien et finement vu. = Quelle
vraisemblance, à votre avis, que le poète sût ces
choses! Et quand il les auroit sués, qu'il eût
assez peu de goût pour quitter son sujet, et se
jeter dans un fastidieux détail d'antiquités! = Je
pense comme vous. = Horace dit: *Sequor hunc,*
Lucanus, an Appulus. L'érudit Trébatius prend
la parole à *Anceps,* et dit à Horace: « Ne brouil-
» lons rien. Vous n'êtes ni de la Pouille, ni de

» la Lucanie ; vous êtes de Venouse , qui laboure
» sur l'un et l'autre finage. Vous avez pris la place
» des Sabelliens après leur expulsion. Vos ancê-
» tres furent placés là comme une barrière qui
» arrêtât les incursions des Lucaniens et des
» Appuliens. Ils remplirent cet espace vacant,
» et firent la sécurité de notre territoire contre
» deux violens ennemis. C'est du-moins une tra-
dition très-vieille ». L'érudit Trébatius , toujours
érudit , instruit Horace sur les chroniques surannées de son pays. = Et l'érudit Burigny ,
toujours érudit, m'explique un endroit difficile
d'Horace , en m'interrompant précisément comme
le poëte l'avoit été par Trébatius. = Et vous
partez de là , vous , pour me faire un long narré
des mots de nature et des propos de passion ,
de caractère et de profession ? = Il est vrai.
Le tic d'Horace est de faire des vers ; le tic de
Trébatius et de Burigny , de parler antiquité ;
le mien de moraliser ; et le vôtre.... (*). = Je

(*) Ce passage ne peut avoir aucun sens pour le
public ; mais il étoit très-clair pour Diderot et pour
moi : et cela suffisoit dans une lettre qui pouvoit être
interceptée et compromettre celui à qui elle étoit
écrite. Comme il n'y a plus aujourd'hui aucun danger
à donner le mot de cette énigme, qui peut d'ailleurs exciter la curiosité de quelques lecteurs , je dirai
donc que Diderot, souvent témoin de la colère et
de l'indignation avec lesquelles je parlois des maux

vous dispense de me le dire : je le sais. = Je me
tais. Je vous salue ; je salue tous nos amis de la rue
Royale et de la cour de Marsan , et me recommande à votre souvenir qui m'est cher.

P. S. Je lirois volontiers le commentaire de
l'abbé Galiani sur Horace , si vous l'aviez. A
quelques-unes de vos heures perdues, je voudrois
que vous lussiez l'ode troisième du troisième
livre , *justum et tenacem propositi verum ;* et
que vous me découvrissiez ailleurs la place de
la strophe : *Aurum irrepertum , et sic melius
situm ,* qui ne tient à rien de ce qui précède ,
à rien de ce qui suit , et qui gâte tout.

---

sans nombre que les prêtres , les religions et les dieux
de toutes les nations avoient faits à l'espèce humaine ,
et des crimes de toute espèce dont ils avoient été
le prétexte et la cause , disoit des vœux ardens que
je formois *pectore ab imo ,* pour l'entière destruction
des idées religieuses , quel qu'en fût l'objet , que
c'étoit mon tic , comme celui de Voltaire étoit *d'é-
craser l'infâme.* Il savoit de plus que j'étois alors occupé d'un dialogue entre un déiste , un sceptique et
un athée ; et c'est à ce travail , dont mes principes
philosophiques lui faisoient pressentir le résultat ,
qu'il fait ici allusion ; mais en termes si obscurs et si
généraux , qu'un autre que moi n'y pouvoit rien
comprendre : et c'est précisément ce qu'il vouloit.

NOTE DE L'ÉDITEUR.

Quant aux deux vers de l'épître dixième du premier livre ,

Imperat aut servit collecta pecunia cuique ,
Tortum digna sequi potiùs , quàm ducere funem.

voici comme je les entends.

Les confins des villes sont fréquentés par les poètes qui y cherchent la solitude , et par les cordiers qui y trouvent un long espace pour filer leur corde , *Collecta pecunia ,* c'est la filasse entassée dans leur tablier. Alternativement , elle obéit au cordier , et commande au charriot. Elle obéit , quand on la file ; elle commande , quand on la tord. Pour la seconde manœuvre , la corde filée est accrochée d'un bout à l'émérillon du rouet, et de l'autre à l'émérillon du charriot , instrument assez semblable à un petit traîneau. Ce traîneau est chargé d'un gros poids qui en ralentit la marche , qui est en sens contraire de celle du cordier. Le cordier qui file s'éloigne à reculons du rouet , le charriot qui tord s'en approche. A mesure que la corde filée se tord par le mouvement du rouet , elle se raccourcit , et en se raccourcissant , tire le charriot vers le rouet. Horace nous fait donc entendre que l'argent , ainsi que la filasse , doit faire la fonction du charriot , et non celle du cordier ; suivre la corde torse , et non la filer ; rendre notre vie plus ferme , plus vigoureuse , mais non la diriger. Le choix et l'ordre

des mots employés par le poète indiquent l'emprunt métaphorique d'une manœuvre que le poète
avoit sous les yeux, et dont son goût exquis a
sauvé la bassesse (*).

(*) On presseroit jusqu'à la dernière goutte tous
les commentaires et les commentateurs passés et
présens, qu'on n'en tireroit pas de quoi composer,
sur quelque passage que ce soit, une explication aussi
naturelle, aussi ingénieuse, aussi vraie, et d'un goût
aussi délicat, aussi exquis. Ces deux vers m'a-
voient toujours arrêté; et le sens que j'y trouvois
ne me satisfaisoit nullement. Les interprètes et les
traducteurs d'Horace n'ont pas même soupçonné la
difficulté de ce passage : et leurs notes le prouvent
assez. Il falloit, pour l'entendre, avoir la sagacité
de Diderot; et sur-tout connoître comme lui la
manœuvre des différens arts mécaniques, particulièrement de celui auquel le poète fait ici allusion :
et j'avoue, à ma honte, que la plupart de ces arts,
dont je sens d'ailleurs toute l'importance et toute
l'utilité, n'ont jamais été l'objet de mes études. Je
suis bien ignorant sur ce point; mais il n'est plus
temps aujourd'hui de réparer à cet égard le vice de
mon éducation, et, je crois aussi, celui de beaucoup
d'autres. Ces différentes connoissances, dont on a si
souvent occasion de faire usage dans le cours de sa
vie, ne sont pas du genre de celles qu'on peut acquérir par la méditation, par des études faites à l'ombre et dans le silence du cabinet. Ici il faut agir,
se déplacer; il faut visiter toutes les sortes d'ateliers;
faire, comme Diderot, travailler devant soi les

artistes ; travailler soi-même sous leurs yeux ; les interroger ; et , ce qui est encore plus difficile , savoir entendre leurs réponses souvent obscures , parce qu'ils ne veulent pas se rendre plus clairs ; et quelquefois aussi parce qu'ils n'en ont pas le talent.

NOTE DE L'ÉDITEUR.

TABLE DU TOME IX.

VIE DE SÉNÈQUE.

Mélanges de Littérature et de Philosophie.

FIN DU TOME NEUVIÈME.

Imprimé en France
FROC021944270520
24120FR00019B/514

9 782012 171145